Windows版Docker & Windowsコンテナー

テク[illegible]入門

山内 和朗 著

日経BP

はじめに

Windowsコンテナーについて、“Windows 10の最新のデスクトップ環境をDockerコンテナーで展開したい”あるいは“WindowsのデスクトップアプリをDockerコンテナーで提供したい”と期待しているなら、本書ではそのヒントは手に入れることはできません。Windowsコンテナーは、クラウドアプリと呼ばれるようなWebアプリやサービスの展開と実行をDockerのコンテナーテクノロジで実現するものです。Windowsのデスクトップ環境やGUIアプリをコンテナーで提供することは想定されていませんし、筆者が知る限りその方法もありません。

本書について

本書は、Dockerベースのアプリ開発を検討している初心者や、LinuxベースのDocker技術者、アプリの展開と実行を行うためのWindows Serverプラットフォームを準備するIT技術者向けに、Windowsコンテナーをサポートするために必要なDockerサーバー（コンテナーホスト）環境の構築に必要なテクノロジの解説と、具体的な実装手順を示す入門書です。

Dockerに代表されるコンテナーテクノロジは、ホストとカーネルを共有しながらも、ホストや他のコンテナーから独立したコンテナーを利用することで、アプリケーションをコンテナー化（ContainerizeやDockerizeと呼ばれます）し、すばやく構築、テスト、展開、実行することができるプラットフォームです。コンテナーテクノロジは、主にライフサイクルの短いクラウドアプリで注目されている、従来の仮想マシンとはまた別の仮想化テクノロジです。

Windows Serverは、Windows Server 2016で初めてDockerを正式にサポートしましたが、初期のバージョンはWindowsコンテナーのイメージのサイズが大きく、コンテナーテクノロジの“すばやく”という点に大きな課題がありました。しかし、その後に開始されたWindows Server半期チャネル（Semi-Annual Channel、SAC）においてサイズの縮小や機能拡張が続けられ、その成果がWindows Server 2019に実装されています。また、Windows Server SACでは引き続き機能の改善や拡張が行われています。例えば、次期リリースのWindows Server, version 2004（20H1）では、Windows Server Coreイメージはプリコンパイルされた.NETネイティブイメージの最適化により、さらに20%コンパクトになる予定です。

Windows ServerにおけるDockerのサポートは、特に変化の激しい領域であり、この領域を専門にしていない限り、最新の状況をキャッチアップし続けるのは大変なことです。本書は、Dockerが初めてサポートされたWindows Server 2016から、2019年11月にリリースされたWindows Server, version 1909までを対象に、これまでの技術的な進化に触れつつ、最新のLTSCリリースであるWindows Server 2019、および最新のSACリリースであるWindows Server, version 1909を中心に解説します。また、ローカルのアプリ開発環境としてWindows 10とDocker Desktopの環境の構築についても解説します。

本書では、Windowsコンテナーのためのプラットフォームの構築と、Windowsコンテナー特有の制限事項や注意事項の説明、公式イメージからのコンテナーの作成と実行、コンテナーイメージの管理の基本について説明します。Dockerベースのアプリ開発やKubernetes、DC/OS、Docker Swarmといった大規模向けのオーケストレーションについては説明していません。Dockerベースのアプリ開発に関しては、Dockerの専門書が既に数多く出版されているのでそちらを参考にしてください（Windowsや.NETアプリケーションの開発に関しても同様です）。ベースOSイメージがWindows Serverという違いがあるだけで、dockerfileを使用したアプリの構築、展開方法など、基本的な部分はLinuxベースのDockerの開発環境と変わりないからです。もちろん、Windowsコンテナー固有の部分については本書でカバーします。

本書の表記規則

本書では、次の規則に従って表記しています。

本書で使用する書体と記号

書体／記号	意味
太字	コマンドラインのコマンド名やパラメーター名を示します。また、記述されているとおりに入力する文字列を示す場合があります。
プラス記号（＋）	2つのキー名の間のプラス記号（＋）は、2つのキーを同時に押すことを示しています。例えば、Alt＋Tabは、Altキーを押しながらTabキーを押すことを示します。
Monospace（等幅フォント）	コマンドの構文、スクリプト、入力例およびサンプル、出力結果を示します。紙面の都合上、1行のコマンドラインが複数行にわたる場合がありますが、⏎までが1行です。行頭のC:¥>やPS C:¥>や~$はプロンプトであり、入力の必要はありません。特定のカレントディレクトリに移動して実行する必要がある場合、プロンプト内にそのパスを含めますが、場所に依存しない場合は常にルート（C:¥）またはLinuxユーザーのホームディレクトリ（~）で表記します。
［角かっこ］	ウィンドウ名、メニュー名、ボタン名、ダイアログボックス名など、GUI（グラフィカルユーザーインターフェイス）に表示される要素を示します。
*Italic*または<山かっこ>	変数名など、実際の状況に応じて内容が異なる要素を示します。例えば、*Filename*または<ファイル名>は、その状況において有効なファイル名を表します。

本書で使用するアイコン

アイコン	意味
メモ	ヒントや関連する参考情報を記載します。
注意	誤りやすい設定や操作、制限事項について注意を喚起します。

本書編集時の環境

本書の編集にあたり、次のソフトウェアを使用しました。本書の表記では、Windows Serverのエディション名は省略する場合がありますが、その場合、エディションの違いの影響を受けないことを示しています。

- Windows Server 2016 Standard/Datacenter
- Windows Server 2019 Standard/Datacenter
- Windows Server, version 1809 Standard/Datacenter
- Windows Server, version 1903 Standard/Datacenter
- Windows Server, version 1909 Standard/Datacenter
- Windows 10 Pro/Enterprise x64、バージョン1809
- Windows 10 Pro/Enterprise x64、バージョン1903
- Windows 10 Pro/Enterprise x64、バージョン1909
- Docker Enterprise 2.1/3.0 for Windows Server、Docker Engine 18.09.x/19.03.x
- Docker Desktop 2.0.0.x/2.1.0.x for Windows、Docker Engine 18.09.x/19.03.x
- Visual Studio 2019、バージョン16.3.8（2019年11月リリース）
- Visual Studio Code、バージョン1.40（2019年10月リリース）

評価版およびソフトウェアのダウンロード

Windowsコンテナーの環境を開発・運用環境として導入する前に実機で評価したい場合は、以下の無料のソフトウェアを利用できます。

Windows Server 2019評価版ソフトウェア｜180日
https://www.microsoft.com/ja-jp/evalcenter/evaluate-windows-server-2019

Windows 10 Enterprise評価版ソフトウェア｜90日（64-bit ISOを選択してください）
https://www.microsoft.com/ja-jp/evalcenter/evaluate-windows-10-enterprise

Docker Desktop（Docker IDのサインアップが必要です）
https://www.docker.com/products/docker-desktop

Visual Studio 2019（個人の開発者、教育機関での使用、オープンソース開発はCommunityエディションが無料）
https://visualstudio.microsoft.com/ja/vs/

Visual Studio Code（無料）
https://code.visualstudio.com/

また、Azureサブスクリプションをお持ちの場合、あるいはAzureの無料アカウント（30日の無料期間と1年間の無料サービスの特典）を使用して、Windows Server LTSC/SACのAzure仮想マシン環境、Azure Container Instances（ACI）、Azure App Service（Web App for Containers）、Azure Container Registry（ACR）で評価することもできます。

Azure無料アカウント
https://azure.microsoft.com/ja-jp/free/

公式ドキュメントおよびコミュニティ

WindowsコンテナーおよびDockerに関する詳細情報や最新情報については、以下の公式ドキュメントで確認してください。

Containers on Windows Documentation（英語）
https://docs.microsoft.com/en-us/virtualization/windowscontainers/

Windowsコンテナーのドキュメント（注：一部に機械翻訳を含みます）
https://docs.microsoft.com/ja-jp/virtualization/windowscontainers/

Docker Documentation（英語）
https://docs.docker.com/

Dockerドキュメント日本語化プロジェクト（注：古いバージョンのDockerを対象としています）
http://docs.docker.jp/

Docker Community Forums
https://forums.docker.com/

本書に掲載されているURLについて

本書に掲載されているWebサイトの情報は、本書の編集時点で確認済みのものです。Webサイトは、内容やアドレスの変更が頻繁に行われるため、本書の発行後、内容の変更、追加、削除やアドレスの移動、閉鎖などが行われる場合があります。あらかじめご了承ください。

訂正情報の掲載について

本書の内容については細心の注意を払っておりますが、発行後に判明した訂正情報については日経BPのWebサイトに掲載いたします。URLは、本書巻末の奥付をご覧ください。

謝辞

2016年12月の『Windows Server 2016テクノロジ入門』出版以降、Windows Serverに関連するテクノロジは変化が激しく、『Windows Server 2019テクノロジ入門』の執筆を断念し、『Windows Server 2016テクノロジ入門　改訂新版』としてWindows Server 2019までの変更点を加筆した上で2019年5月に出版しました。本書が対象とするWindowsコンテナーは、特にリリースサイクルの短いWindows Server SACで重要なテクノロジであり、オープンソースのDockerに完全に依存するため、さらに変化の激しい領域です。そこで、Windowsコンテナーのテクノロジに絞って、その登場からこれまでを、最新のWindows Serverバージョン（執筆時点でのバージョン1909）までを対象に本書にまとめました。関係者の皆様には、本書を出版する機会を与えていただいたことに心から感謝いたします。

2020年1月31日
山内和朗（山市良）

目 次

第1章 Dockerコンテナーテクノロジ概要

Windows Server 2016で初めて登場したWindowsコンテナーのサポートは、オープンソースのコンテナー管理テクノロジであるDockerに完全に依存するものです。Dockerのエコシステムはもともと Linuxベースで発展してきましたが、現在ではLinux、Windows、およびMacをサポートするクロスプラットフォーム（Docker Engineのプラットフォームとしては Linux と Windows）のテクノロジです。第1章では、LinuxベースのDockerの一般的な説明からはじめ、Windowsコンテナーの登場からの経緯やその実装について概要を説明します。

1.1 コンテナーテクノロジ入門

Windows Server 2016およびWindows 10バージョン1607以降（x64のみ）で利用可能になったWindowsコンテナーのためのコンテナーテクノロジは、オープンソースのDockerに完全に依存しています。今でこそ、DockerはLinuxとWindowsのクロスプラットフォーム対応ですが、DockerはLinuxのためのコンテナー分離および管理テクノロジとして発展してきました。そのため、Windowsコンテナーのテクノロジをよりよく理解するためには、LinuxコンテナーのためのLinuxベースのコンテナーテクノロジから学ぶのが早道です。

広義のWindows Serverコンテナーと狭義のWindows Serverコンテナー

Windowsコンテナーと同じ意味で“Windows Serverコンテナー”と表現する場合があります。しかし、この章で説明するように、Windowsコンテナーの実行モードの1つであり、Windows Serverの既定のモードである「プロセス分離」モードのことを“Windows Serverコンテナー”と表現する場合もあります。前者を広義のWindows Serverコンテナーとすると、後者は狭義のWindows Serverコンテナーと呼ぶことができます。また、現在ではWindows 10 EnterpriseやWindows 10 IoTベースのベースOSイメージも提供されているため、広義のWindows Serverコンテナーは誤解を与えてしまう可能性があります。混乱を避けるため、本書では広義のWindows Serverコンテナーの表現は用いず、Windowsコンテナーと表現しています。

1.1.1 従来の仮想化テクノロジとコンテナーテクノロジの違い

"すべての卵を1つの籠に入れるな（Don’ t put all your eggs in one basket.）"という格言があります。これは、オンプレミスのシステム構築のベストプラクティスとしても使われる例えです。すなわち、1台のサーバーに複数の役割を担わせてしまうと（その理由は主にコスト削減）、その中の1つの役割の障害が、他の役割をも巻き込んで影響してしまうため、役割ごとにサーバーを分けるべきだということです。

VMware ESXiやHyper-V、KVMといったハイパーバイザー型の仮想化テクノロジは、役割ごとのサーバーというベストプラクティスを維持しながら、少数のサーバーに集約（サーバー統合）することを可能にしました。ハイパーバイザー型の仮想化テクノロジは、1つのハードウェア（CPU）をパーティションに分割し、メモリ、ストレージ、ネットワークといったその他のリソースとともに仮想マシンという仮想的な専用のハードウェア環境をゲストOSに提供します。仮想マシンはホストから、および他の仮想マシンから分離されるため、セキュリティの境界としても役立ちます。

ハイパーバイザー型の仮想マシンベースの仮想化テクノロジは、企業のサーバープラットフォームとして一般的になりました。また、このテクノロジはクラウドの発展と普及にも寄与しました。複数の顧客が共用するクラウドにおいて、マルチテナント性を維持しながら高密度な集約が可能になるからです。

仮想マシンベースの仮想化テクノロジは、1台のサーバーで複数のゲストOSを実行できるため、ハードウェアの使用率を向上できます。しかし、仮想マシンごとにゲストOSを実行しているため、CPUやメモリ、ディスクのリソース使用の面では必ずしも効率的とは言えません。例えば、複数の仮想マシンで同じバージョンのWindows ServerをゲストOSとして実行する場合、ほとんど同じOSバイナリを格納するために別々のストレージ領域を使用しますし、メモリ内でも同じカーネルコードが重複して割り当てられることになります（実際にはセキュリティの目的でメモリ上の配置についてはランダム化されます）。さらに、仮想マシンを開始してアプリの実行環境が整うまでは、物理コンピューターと同じように、ゲストOSの起動とサービスの開始を待たなければなりません。ゲストOSやアプリケーションのパッチ管理についても、仮想マシンごとに行う必要があります。

Dockerに代表されるコンテナーテクノロジは、ホストOSのOSレベルの抽象化（仮想化）により、ホストOSや他のコンテナーから分離されたアプリケーション（プロセス）の実行環境を提供します。これにより、従来の仮想マシンベースの仮想化テクノロジの課題を解決します。

コンテナーはイメージを読み込んで実行するための文字通り“器”になります。コンテナーにはOSのカーネルは含まれず、複数のコンテナーがホストOSのカーネルを共用することになりますが、コンテナー側から見ると固有のホスト名とIPアドレスを持つ専用のOS環境で動いているように見えます。コンテナーに読み込まれたイメージは、バイナリやライブラリといったアプリケーション実行環境をプロセスに提供します。また、コンテナー側でのファイルシステムの変更は、仮想的なファイルシステムに書き込まれるため、ホストのOS環境を変更することはありません。ネットワークアクセスについては、ネットワークアドレス変換（NAT）やIPマスカレード、ホストのネットワークとの共用などさまざまなオプションが用意されています。

コンテナーは仮想マシンのようにOSを起動することはないため、短時間で開始できます。また、仮想マシンに比べて、リソース使用のオーバーヘッドが少ないのも特徴です。さらに、コンテナーが使用するディスク領域は、コンテナーに読み込まれたイメージとの差分であるため、コンテナー化されたアプリケーションはコンパクトで可搬性が高いのも特徴です。

図1-1　従来の仮想マシンベースの仮想化テクノロジとコンテナーベースの仮想化テクノロジの違い

メモ

Dockerが注目される理由

コンテナーテクノロジにはDocker以外にも存在しますが、Dockerはオープンソースであること、Docker Hubを中心としたエコシステムが整っていること、コンテナーの作成からアプリケーションの展開までをdockerfileというテキストファイルで簡潔に定義できるのでイメージの再構築が容易なこと、ローカルのPCやサーバーから、Amazon Web Services（AWS）、Google Cloud Platform、Microsoft Azureといった主要なパブリッククラウドが対応済みであること、オープンソースのDC/OS、Docker Swarm、Apache Mesos/Marathon、Kubernetesといったオーケストレーションツール（大規模なクラスター管理システム）が出揃っていることなどがあげられるでしょう。特に、Kubernetes（K8sと呼ばれることもあります）は、後発のソフトウェアですが事実上の標準と言われるようになるまで急成長し、他のオーケストレーションツールとの統合が進んでいます。

1.1.2　コンテナーベースのアプリ開発のワークフロー

クラウドアプリの多くは、実装予定の機能がすべて完成する前の段階でリリースされ、短いリリースサイクルで機能拡張やバグ修正が行われます。Dockerのコンテナーテクノロジは、まさにこれに適した開発および実行環境と言えます。

現在、Dockerの環境は、Linux、Windows、およびmacOSのローカル環境に簡単に準備できます（Windowsについては本書で説明します）。アプリケーション開発者は、自身のコンピューターでコーディングし、アプリケーションをローカルのDockerでテストして、コードに修正を加えながら開発を継続します。アプリケーションがリリース段階になった時点で、リポジトリ（Docker Hubなど）に公開する、あるいは運用環境にデプロイして実行します。

次の図は、Dockerのコンテナーベースのアプリケーション開発のワークフローを簡単に示したものです。従来のアプリケーション開発は本書の範囲外であるため、各ステップについて詳しく説明することはありませんが、dockerfileを使用したコンテナーイメージの作成とコンテナーのデプロイについては、すぐ後に簡単な例を紹介します。

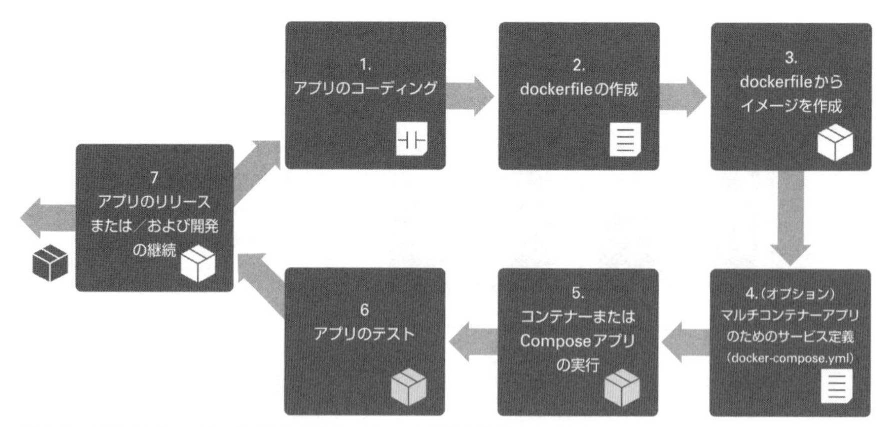

図1-2 コンテナーベースのアプリケーション開発のワークフロー

Dockerによるアプリケーション開発は、簡単なものであればコマンドライン環境だけでも完全に操作することができますし、Dockerに対応したアプリケーションの統合開発環境（IDE）は、多数存在します。マイクロソフトのWindows版Visual Studioは、2017バージョン15.7以降でDockerをサポートし、WindowsコンテナーおよびLinuxコンテナーの開発に対応しています（画面1-1）。Visual Studio for Mac（旧称、Xamarin Studio）は2017年中頃からDockerをサポートし、クロスプラットフォームのVisual Studio CodeもDockerをサポートしています。

Visual Studio
https://visualstudio.microsoft.com/ja/vs/

Visual Studio for Mac
https://visualstudio.microsoft.com/ja/vs/mac/

Visual Studio Code
https://code.visualstudio.com/download

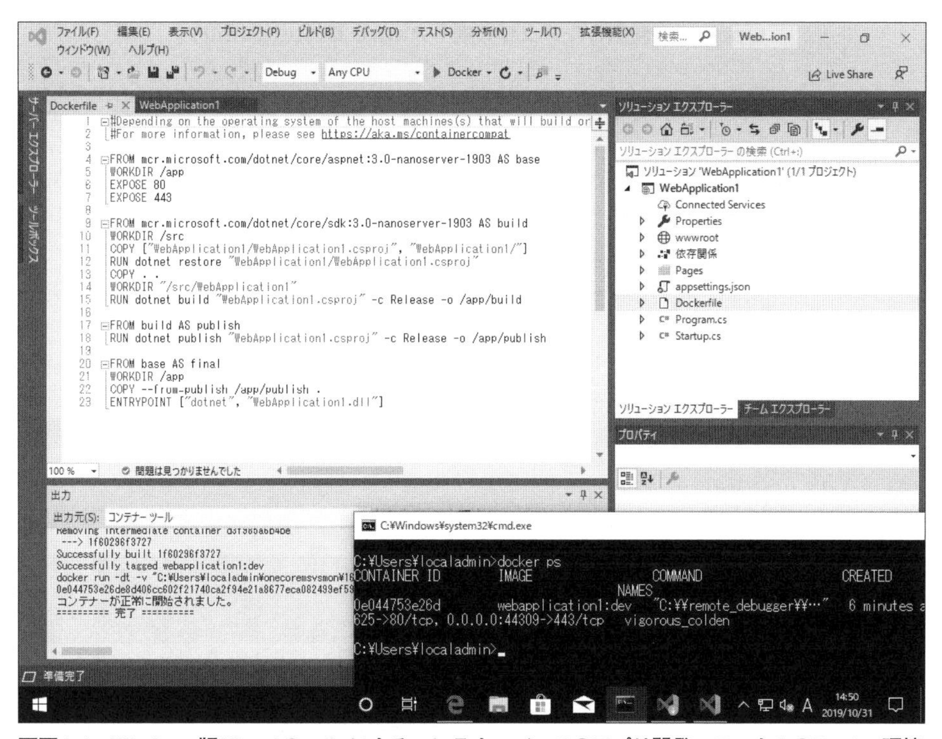

画面1-1 Windows版Visual Studioによるコンテナーベースのアプリ開発。ローカルのDocker環境としてDocker Desktopを使用

メモ

Dockerホストとコンテナーのセキュリティ更新

従来の仮想マシンベースの仮想化テクノロジの場合、OSやアプリケーションのセキュリティ更新は、仮想化ホストと仮想マシンのそれぞれで行う必要があります。Windowsのセキュリティ更新プログラムは、OSの再起動を伴うため、仮想化ホストの更新は仮想化プラットフォームの一時的なダウンタイムを発生させますが、複数ホストによるクラスター構成によって仮想マシンへの影響を回避できます。仮想マシンのゲストOSの更新は、仮想マシンの再起動を伴います。アプリケーションへの影響を回避するには、アプリケーションレベルでの高可用性構成が必要です。

セキュリティ更新は、Docker環境においてもホストとコンテナーの両方で必要なのは変わりません。Docker環境では、ホストのカーネルをコンテナーが共用しますが、ホスト側のセキュリティ更新をしたからといって、そのカーネルを共用するコンテナー側の脆弱性が解消されるわけではないことに注意してください。コンテナー側から見えるカーネルはホストのカーネルから抽象化されているため、依然として脆弱性を含むバイナリや設定の影響は残っています。しかし、コンテナーはカーネルの起動や終了の影響を受けないユーザーモード環境であるため、OSの再起動を伴うような更新プログラムのインストールは想定されていません。

Dockerコンテナーにおける、セキュリティ更新の標準的な方法は、更新されたベースOSイメージを使用して、アプリケーションを含むイメージを再構築することです。これは、dockerfileを用いて自動化することができます。更新されたイメージからコンテナーを作成、実行することで、瞬時に運用環境を置き換えることができます。

Dockerを利用したアプリの例ー Azure Cloud Shell

Dockerのコンテナーを利用したアプリケーションの例として、Azureポータルからすばやく起動できるAzure Cloud Shellがあります。Azure Cloud ShellはBash環境とPowerShell環境の2つがあり、当初、Bash環境はLinuxコンテナーにAzure CLIを組み込んだもの、PowerShell環境はWindows Server 2016ベースのWindowsコンテナーにAzure PowerShellを組み込んだものとして提供されていましたが、クロスプラットフォームのPowerShell Core 6が正式リリースになったことで、2018年7月にPowerShell環境もLinuxコンテナーに変更されました。本書でも言及しますが、Windows Server 2016ベースのWindowsコンテナーはサイズや起動時間に課題があったため、よりすばやく開始できるLinuxコンテナーが採用されたのでしょう。Azure Cloud ShellがLinuxコンテナーであることは、ルートディレクトリにある.dockerenvファイルの存在で確認することができます。

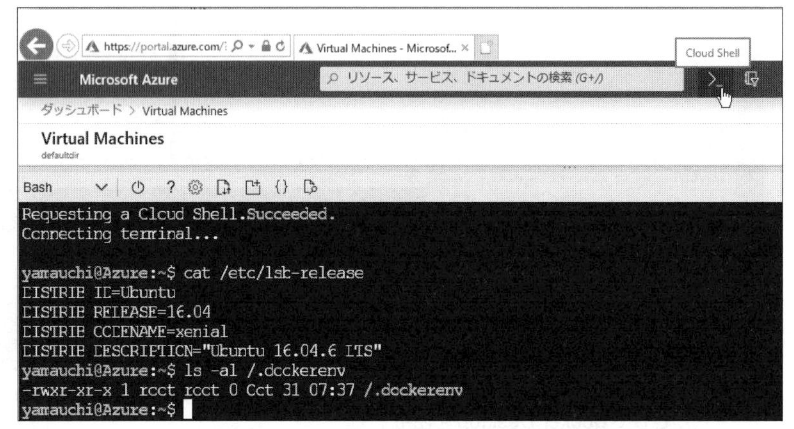

画面1-2　Azure Cloud Shellは、Linuxコンテナー（ベースOSイメージはubuntu:16.04）にAzure CLIやAzure PowerShell（PowerShell Core）を組み込んだもの

1.1.3 LinuxベースのDocker

LinuxベースのDockerは、OSレベルの抽象化のためにLinuxに組み込まれているlibcontainer（現在、開発プロジェクトはhttps://github.com/opencontainers/runcに移行）を使用し、Docker Engineはコンテナー管理機能やAPIを提供します。初期の実装（Docker 1.8より前のバージョン）では、Dockerが提供するLXC（Linux Containers）ドライバーが利用されていましたが、現在はlibcontainer（runc）に置き換わりました。

ホストOSのLinuxカーネルを共用するという仕様上、LinuxベースのDockerホストで実行できるのは、Linuxコンテナーに限定されます。しかしながら、同じDockerホスト上で、異なるディストリビューション、異なるバージョンのアプリケーション実行環境を提供でき、それぞれのディストリビューションが提供する異なるパッケージリポジトリの使用を可能にします（図1-3）。例えば、Dockerに最適化されたLinuxディストリビューションの1つであるCoreOS（画面1-3）上で、UbuntuやCentOS、Debianといった異なるディストリビューションのコンテナーを作成して、実行できます。各コンテナーでは、それぞれapt、yum、dpkgを使用してアプリケーションをインストールできます。

なお、以降の画面1-3～画面1-7は、Windows 10標準のsshクライアント（C:¥Windows¥

System32¥OpenSSH¥ssh.exe）からLinux（CoreOS）ベースのコンテナーホストに接続して操作しています。

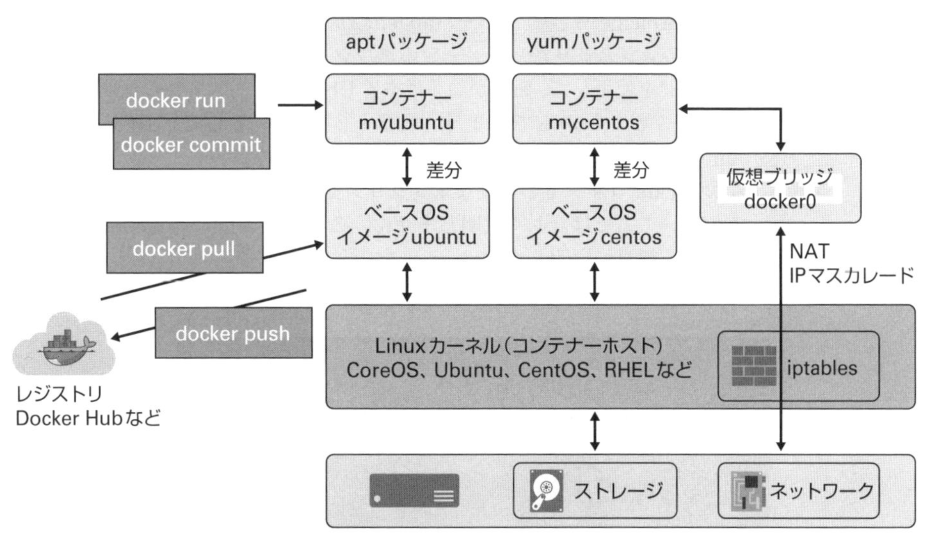

図1-3　LinuxベースのDockerホストとコンテナーの実行イメージ

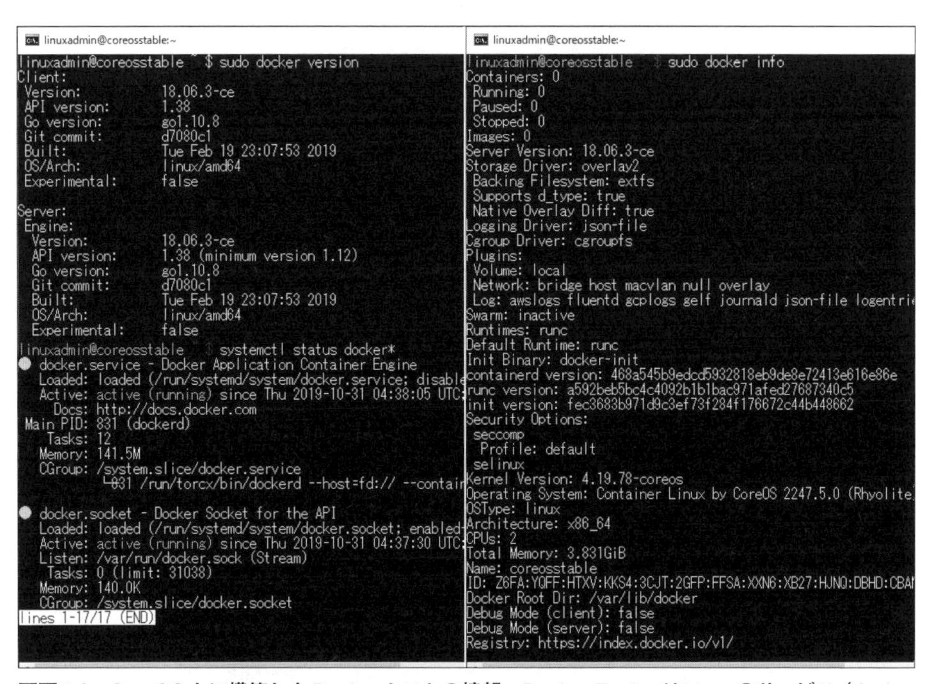

画面1-3　CoreOS上に構築したDockerホストの情報。Docker EngineはLinuxのサービス（docker.service）として実行される

次の画面は、CoreOSのDockerホストに、コンテナーのベースOSイメージとして最新のUbuntu LTS（本書の執筆時点ではUbuntu 18.04 LTS）イメージ（ubuntuまたはubuntu:latest）をダウンロードして、コンテナー（myubuntu）を作成、実行し、**apt-get**コマンドを使用してApache Webサーバー（apache2）をインストールしている様子です。**docker pull**（Dockerのレジストリからイメージのダウンロード）、**docker run**（コンテナーの作成と実行）のコマンドを使用して、簡単かつすばやくUbuntuのアプリケーション実行環境のベースを準備できることがわかるでしょう。イメージのタグとして16.04を指定すれば、1世代前のUbuntu 16.04 LTSの環境を準備できます。

なおdockerコマンドの詳細なオプションや使用方法については、本書を通じて何度も出てくるので、ここでは詳しく説明しません。この章の「1.4　本書で使用するdockerコマンド」でまとめて簡単に説明します。

画面1-4
CoreOSのDockerホストでUbuntuのベースOSイメージをダウンロードし、コンテナーとして実行

アプリケーションのインストールなどでカスタマイズしたコンテナーは、**docker commit**コマンドで再利用可能なローカルイメージとして保存できます。また、**docker push**コマンドを使用してDocker Hubなどのレジストリにカスタマイズしたイメージをアップロードすることができます。

次の画面は、先ほどのApache Webサーバーをインストールしたコンテナーを**docker commit**コマンドでローカルのイメージ（local/ubuntu1804-apache2）として保存した後に、CentOSの最新イメージ（centos、centos:latest、またはcentos:8）からコンテナーを作成、実行して、**yum**コマンドでApache Webサーバー（httpd）をインストールしているところです。

画面1-5
CoreOSのDockerホストでCentOSのベースOSイメージをダウンロードし、コンテナーとして実行

dockerfileを利用した簡単な例も紹介しましょう。次のような内容のテキストファイルを作成し、ユーザーのカレントディレクトリ（~）にdockerfileという名前で保存します。また、簡単なHTMLファイルを作成し、カレントディレクトリ（~）にindex.htmlというファイル名で保存します。

dockerfileの内容

```
FROM centos ⏎
RUN yum -y install httpd; yum clean all; systemctl enable httpd.service ⏎
EXPOSE 80 ⏎
ADD ./index.html /var/www/html/ ⏎
CMD ["/usr/sbin/init"] ⏎
```

次の最初のコマンドラインでは、**docker build**コマンドを実行し、centos-httpdというイメージを作成します。このとき、dockerfileの定義に従って、centosイメージに対して**yum**コマンドでhttpdがインストールされ、httpd.serviceの有効化、index.htmlの配置を行います。**EXPOSE**命令によるポートの指定はdockerfileを共有する際の情報提供（ドキュメント化）が目的であり、実際にポートを公開するためのものではありません（記述しなくても構いません）。

2行目のコマンドラインでは、作成したカスタムイメージからコンテナーを作成、実行します（**--cap-add=SYS_ADMIN**オプションは**tmpfs**のマウントエラーを回避するために指定しています）。Linuxベースのコンテナーホストでは、ネットワークを明示的に指定しない限り、docker0という名前のbridgeタイプの仮想ネットワークのサブネットに接続され、プライベートIPアドレスが割り当てられます。このサブネットは、NATによりインターネットアクセスが可能ですが、既定では外部からのアクセスは遮断されます。この例の**-p**オプションでは、ホストのTCPポート8080をコンテナーのポート80にリダイレクトするように指定しています。

```
~$ sudo docker build --rm -t centos-httpd . ⏎
~$ sudo docker run -d --name myhttpd --cap-add=SYS_ADMIN -v /sys/fs/cgroup:/sys/fs/cgro
up:ro -p 8080:80 centos-httpd ⏎
```

この時点でコンテナーホストの外部からWebブラウザーでコンテナーホストのIPアドレスのポート8080に接続すると、index.htmlのWebページが表示されます（画面1-6）。コンテナーホストのWebブラウザーからhttp://localhost:8080に接続して確認することもできます。

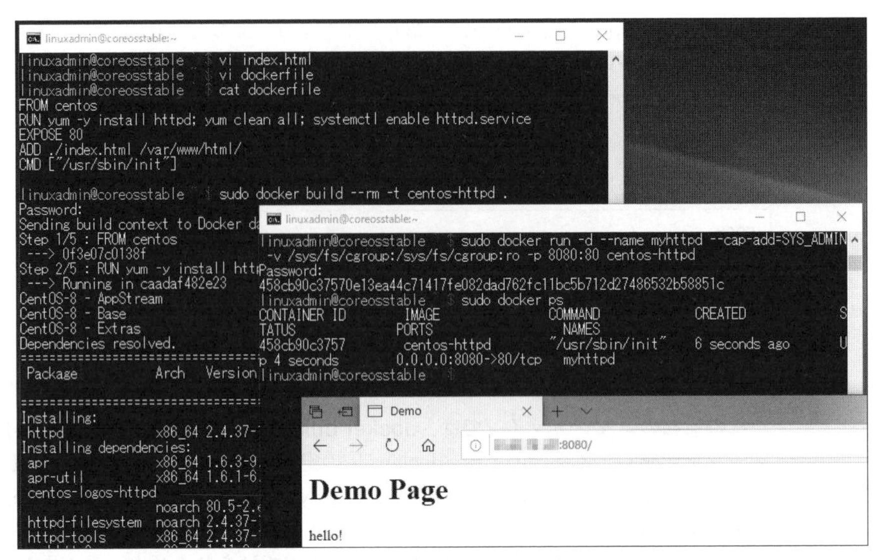

画面1-6　dockerfileを利用すると、イメージの取得からアプリケーションのインストール、コンテンツの配置までを簡単に自動化できる

Docker Hubなどで公開されている定義済みの公式イメージを利用して、アプリケーションを含むコンテナーをすばやく展開することもできます。次の例は、Dockerの公式イメージとして公開されているnginx（オープンソースのWebサーバー）からコンテナーを作成、実行したものです。このようにカスタマイズを一切しなくても、数秒でアプリケーションが利用可能になります。

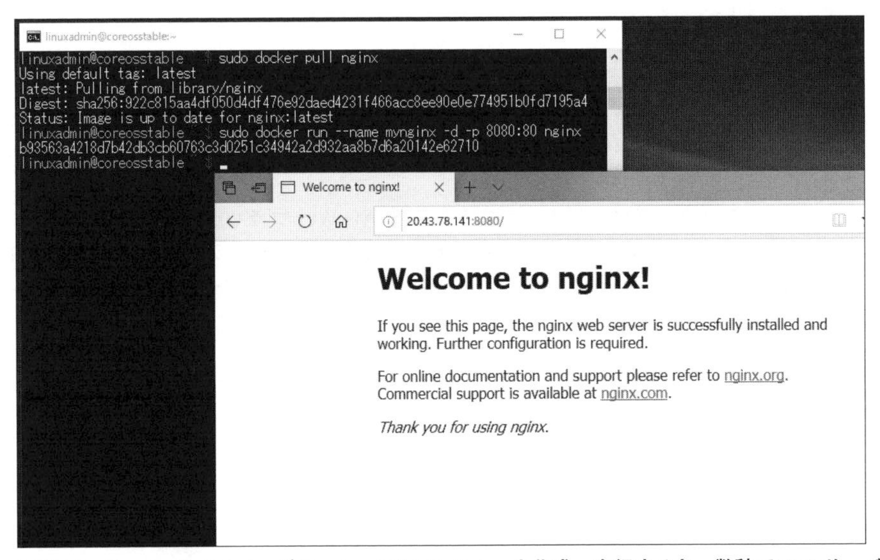

画面1-7　Docker公式イメージのnginxからコンテナーを作成、実行すると、数秒でWebサーバーが利用可能になる

この節で使用したDocker公式イメージの情報は、Docker Hubの以下のURLで公開されています。これらのページではイメージの取得方法、利用可能なタグ、カスタマイズ方法などが説明されています。

ubuntu
https://hub.docker.com/_/ubuntu

centos
https://hub.docker.com/_/centos

nginx
https://hub.docker.com/_/nginx

1.1.4 Windows ServerにおけるDockerのサポート

前述したように、ホストOSのLinuxカーネルを共用するという仕様上、LinuxベースのDockerホストで実行できるのは、Linuxコンテナーに限定されます。本書で解説するWindowsコンテナーは、LinuxベースのDockerホストでは実行できません。筆者が知る限り、実行できるようになる予定もありません。Windowsコンテナーを実行するために必要なのは、Windowsカーネルを実行するWindows Server（またはWindows 10）ベースのDockerホストということになります。

現在のDockerのサーバー（Engine）は、LinuxとWindowsのクロスプラットフォーム対応です。マイクロソフトとDockerは協力して、Windows Serverへのコンテナーテクノロジの実装と、DockerのソースコードへのWindowsコンテナーのサポートを追加しました。Windows Server 2016はDockerをサポートする初めてのWindows Serverです。※1このDockerサポートには、商用向けDockerであるDocker Enterprise（旧称、Docker Enterprise Edition、Docker EE）の使用権も含まれます。※2

次の図は、Windows ServerベースのDockerホストとLinuxベースのDockerホストの実装イメージです。Docker Enterpriseが使用するDocker Engineのソースコードはプラットフォームや商用／非商用に関係なく共通です。Linuxに組み込まれたlibcontainer（runc）に相当するものとして、Windows Server 2016以降にはContainersというサーバーの機能（Windows Server 2016日本語版での機能名は「コンテナー」）が搭載され、Docker Engineに対してWindowsコンテナーの管理APIである「Hyper-Vホストコンピューティングサービス（HCS）」（サービス名Vmcompute.exe）を提供します（画面1-8）。Containersの機能は、64

※1 Windows ServerにおけるWindowsコンテナーのサポート（特にプロセス分離モード）は、内部的にはWindowsのジョブ（Job）を拡張した「サーバーサイロ（Server Silo）」という、Windows Server 2016で実装された新しいテクノロジによって実装されています。サーバーサイロについては、『インサイドWindows　第7版　上』（筆者訳、日経BP、2018年）で詳しく解説されています。

※2 Docker社のDocker Enterpriseプラットフォーム事業は、2019年11月にMirantis社に買収されました。Docker Enterpriseのすべての顧客、既存契約、戦略的技術提携、パートナープログラムはMirantisに継承されます。詳しくは、Docker Enterprise Customer FAQ（https://www.docker.com/faq-for-docker-enterprise-customers-and-partners）を参照してください。Docker Desktopは引き続き、Docker社により開発、提供されます。

ビット（x64）版のWindows 10（Homeエディションを除く）にも搭載されており、Docker Desktop（旧称、Docker Community Edition、Docker CE）とともにローカルの開発環境を提供します。Windows 10でのWindowsコンテナーの使用は、ライセンス（コンテナーイメージのEULA）上、テストまたは開発目的に限定されます。

Dockerクライアント（dockerコマンドなどのDocker CLI）のソースコードも共通であり、Linux、Windows、およびmacOSのDockerバイナリを使用して、LinuxコンテナーとWindowsコンテナーの両方を操作することができます。

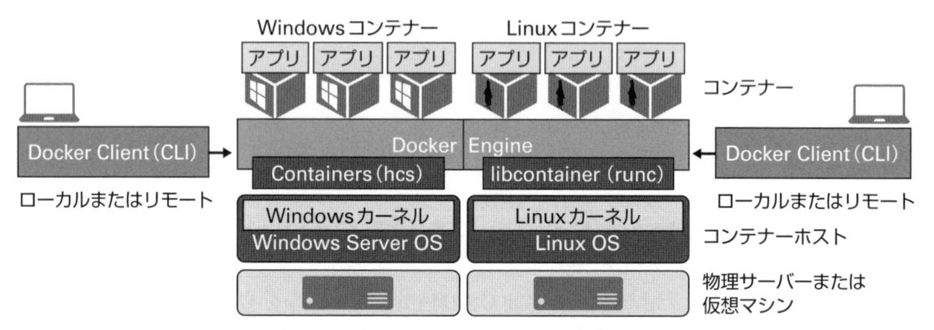

図1-4　Windows Serverベースの DockerホストとLinuxベースの Dockerホストの実装イメージ

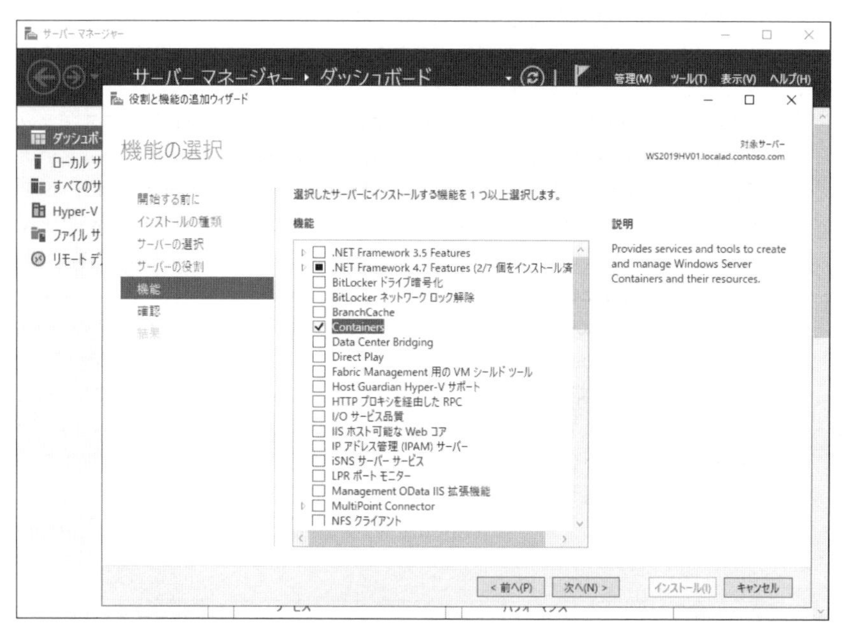

画面1-8　Windows Server 2016以降およびWindows 10 x64（Homeを除く）バージョン1607以降にはContainers（またはコンテナー）の機能が搭載された。Containersに含まれるHCSは、Linuxのruncに相当するものと考えればよい

1.2 Windowsコンテナーの概要

Windowsコンテナーについて、その登場から現在の状況までをさらに詳しく見ていきましょう。

1.2.1 Windowsコンテナーの誕生からこれまで

前述したように、WindowsにおけるDockerおよびWindowsコンテナーのサポートは、Windows Server 2016およびWindows 10 x64バージョン1607（Homeエディションを除く）で行われました。開発中のWindows Server 2016 Technical Previewの段階では、コンテナー管理についてもWindows PowerShellベースの独自の実装で、Docker API互換機能を提供することでDockerクライアントからのDocker Engine経由での操作をサポートする形でしたが（つまり、Dockerをまったく使用しない構成も可能でした）、正式リリース時には完全にDocker Engineとそのコンテナー管理機能に依存する実装になりました。

Windowsコンテナーの最も基本となるベースOSイメージとしては、Windows Server 2016のServer Coreインストールのイメージ（当初はDocker Hubのパブリックリポジトリのmicrosoft/windowsservercore:latest、現在はmcr.microsoft.com/windows/servercore:ltsc2016）と、Windows Server 2016で初めて登場した最小インストールオプションであるNano Serverのイメージ（当時はmicrosoft/nanoserver:latest、現在はmcr.microsoft.com/windows/nanoserver:sac2016、ただし既にサポート終了）が用意され、プロセス分離モードとHyper-V分離モード（詳しくは後述します）のいずれかのモードでコンテナーを作成、実行することができました。また、アプリケーション開発を用意にするために、これらのベースOSイメージにIISや.NET Frameworkを追加した公式イメージも用意されました。

Windows Server 2016でDockerが初めてサポートされたわけですが、特に、Server Coreイメージについて、Dockerコンテナーの利点である可搬性とスタートアップ時間に課題がありました。Windows Server 2016のGA（Generally Available、一般公開）の時点（2016年10月の14393.321）で、Server Coreイメージの展開サイズは8.65GB、Nano Serverイメージの展開サイズは810MBです。ダウンロード時のサイズはこれらの半分程度ですが、10GB前後というサイズはコンテナーのイメージとしては大きすぎますし、イメージの取得や更新のための入れ替えに時間を要します。LinuxコンテナーのベースOSイメージはNano Serverよりも小さく、イメージの取得から開始まで数十秒で完了するのに比べると、パフォーマンスに各段の差がありました。

なお、Windows Server 2016で初めて登場した最小インストールオプションであるNano Serverは、対話コンソールを持たず、必要最小限のコンポーネントのみでWindows Serverのインストールサイズを極限までコンパクト化したものであり、物理コンピューターや仮想マシンにインストールできるほか（Hyper-VやコンテナーホストのOSとしても利用可）、WindowsコンテナーのベースOSイメージとしても提供されました。Nano Serverは、Current Branch（現在のSemi-Annual Channel、SAC）の扱いであり、Windows Server 2016バージョンのNano Serverは2018年10月に既にサポートが終了しています。その後、Nano Serverは、Windows Server SACにおいて、WindowsコンテナーのベースOSイメージとしてのみ提供されることになりました。つまり、物理コンピューターや仮想マシンにインストールできるNano Serverは、既に廃止され、サポートも終了しました。

Server CoreイメージとNano Serverイメージの両方とも、その後、Windows Server SACにおいてイメージサイズの縮小が図られ、現在ではサイズが半減（Server Coreイメージの展開サイズは5GB前後、Nano Serverは256MB程度）され、パフォーマンスの課題は大きく改善されています。また、Windows Server 2016バージョンのNano Serverは.NET FrameworkやWindows PowerShellをサポートしていましたが、その後のWindows Server SACのNano Serverイメージではクロスプラットフォームの.NET Coreのみをサポートするようになった点も重要です。アプリケーション開発者は、.NET Coreの同じコードベースで、ベースOSイメージとしてLinuxとWindowsのいずれかを選択できるようになりました。

次の表は、Windows Server 2016でのDockerの正式サポートからこれまでを、特にWindowsコンテナーに関連する部分に絞って振り返ったものです。この表に登場する未解説の用語については、後述します。

表1-1 Windows ServerにおけるDockerのサポート

時期	内容
2016年10月	Docker EE 1.12/1.13リリース Windows Server 2016リリース、Windows Server 2016とWindows 10 x64バージョン1607（RS1）でDockerを正式サポート
2017年3月	Docker EE 17.03リリース
2017年4月	Windows 10バージョン1703（RS2）リリース
2017年8月	Docker EE 17.06リリース
2017年10月	Windows Server, version 1709、Windows 10バージョン1709（RS3）リリース ・Windows Server SACスタート ・master-dockerprojectのバイナリとLinuxKitによりLCOWの評価が可能に
2018年3月	Docker CE 18.03リリース ・Windows 10バージョン1709（RS3）以降でLCOWをExperimentalサポート
2018年4月	Windows Server, version 1803、Windows 10バージョン1803（RS4）リリース
2018年5月	マイクロソフト公式イメージの配信をDocker HubからMicrosoft Container Registry（mcr.microsoft.com）へ移行開始。Docker Hubでの情報提供は継続
2018年6月	Docker EE 18.03リリース ・Windows Server, version 1709/1803のサポート
2018年10月	Windows Server 2016バージョンのNano Server（nanoserver:sac2016を含む）、Windows Server, version 1703（servercore:1703、nanoserver:1703）のサポート終了
2018年11月	Docker Enterprise 2.1（Engine 18.09.0）リリース ・Docker Enterpriseに名称変更 Windows Server 2019、Windows Server, version 1809、Windows 10バージョン1809（RS5）リリース ・Windows Server 2019がKubernetesを正式にサポート
2018年12月	Docker Desktop 2.0.0.0（Engine 18.09.0）リリース ・Docker for Windows（Docker Community Edition）からDocker Desktop（Docker Desktop Community）に名称変更 ・LCOWで--platform=linuxオプションの指定が不要に
2019年1月	Docker Desktop 2.0.0.2（Engine 18.09.1）リリース ・Windows 10バージョン1607は非推奨に ・Windows 10バージョン1809において、Windowsコンテナーをプロセス分離モードで実行できるように
2019年4月	Windows Server, version 1709（servercore:1709、nanoserver:1709）のサポート終了
2019年5月	Windows Server, version 1903、Windows 10バージョン1903（19H1）リリース

2019年7月	Docker Enterprise 3.0（Engine 19.03.0、19.03.1）リリース ・Windows Server 2016は非推奨に（Docker Enterprise 3.1でサポート外の予定） ・Windows Serverバージョン2019/1809（RS5）以降でLCOWをExperimentalサポート
2019年8月	Docker Desktop 2.1.0.0（Engine 19.03.1）リリース※3 ・Windows 10バージョン1809（RS5）以降でLCOWをExperimentalサポート ・Windows 10バージョン1607がサポート対象外に
2019年11月	Windows Server, version 1909、Windows 10バージョン1909（19H2）リリース ・下位ビルドのWindowsコンテナーをプロセス分離モードで実行可能に Windows Server, version 1803（servercore:1803、nanoserver:1803）のサポート終了

1.2.2 Windows Serverのサービスモデルとインストールオプション

Windowsコンテナーは、そのバージョン（ビルド）に対応したWindows Serverのコンテナーホスト環境（第6章で説明するMicrosoft AzureのPaaSを含む）があれば、最新のベースOSイメージを使用して、最新のOS環境をすばやくアプリケーション用に準備できるのが大きな利点です。

問題は、コンテナーホストのWindows Serverバージョン／ビルドの選択です。詳しくは後述しますが、Windows Serverのコンテナーホストは下位バージョン／ビルドのWindowsコンテナーに対して下位互換性を提供しますが、上位互換性は提供しません。最新のバージョン／ビルドのWindowsコンテナーに対応するには、最新のバージョン／ビルドのWindows Serverでコンテナーホストを構築する必要がありますが、その場合、半年ごとにホストを後継のバージョン／ビルドに継続的にアップグレードする必要があります。

前出の表1-1にも含めていますが、Windows Server 2016のリリース後に、新しいサービスモデルとしてWindows Server SACがスタートしました。現在、Windows Serverのサービスモデルには、LTSCとSACの2つのチャネルが用意されています（表1-2）。

表1-2　Windows ServerのLTSCとSACの違い

サービスモデル	インストールオプション	リリースサイクル	サポートポリシー／サポート期間
Long Term Servicing Channel（LTSC）	Server Coreインストール デスクトップエクスペリエンス	2～3年ごと	固定／10年（5＋5年）
Semi-Annual Channel（SAC）	Server Core インストール Nano Server（コンテナーイメージとしてのみ）	半期ごと（春と秋）	モダン／18か月

※Windows Server SACの使用権は、Windows Server DatacenterまたはStandardに対する有効なソフトウェアアシュアランス（SA）を持つ場合に、ライセンスを取得したサーバーに対して付与されます。Azure上の仮想マシンについては、Windows Serverのサーバーライセンスを考慮する必要はありませんが（Windows仮想マシンの料金に含まれるため）、SAのAzureハイブリッド使用特典を利用することでコンピューティング料金をLinux仮想マシン相当に抑えることができます。

※3　2020年1月にDocker Desktop 2.2.0.0（Engine 19.03.5）がリリースされました。

Windows Server 2016およびWindows Server 2019は、Windows Server 2012 R2以前と同様に、数年ごとに新バージョンがリリースされ、固定ライフサイクルポリシーに従い、メインストリームサポート5年と延長サポート5年の、合計10年の製品サポートが提供されます。一方、Windows Server SACは、Windows 10のSACと同様に、半期ごと（春と秋）に新バージョンがリリースされ、モダンライフサイクルポリシーに従って各リリースはリリース後18か月サポートされます。Windows Server SACはWindows Server, version 1709からスタートしましたが、既にversion 1803以前のサポートは終了しています。※4

Windows Server LTSCとSACには、インストールオプションやサポートされる役割や機能についても大きな違いがあります。Windows 10と同様のデスクトップ環境を提供する「デスクトップエクスペリエンス」はLTSCバージョンでのみで提供され、Windows Server SACはServer Coreインストールのみとなります（画面1-9）。そのため、デスクトップエクスペリエンスに依存する役割や機能（リモートデスクトップサービスなど）は、SACには提供されません。また、前述したように、Nano ServerはWindows Server SACにおいて、Windowsコンテナーのベース OSイメージとしてのみ提供されます。

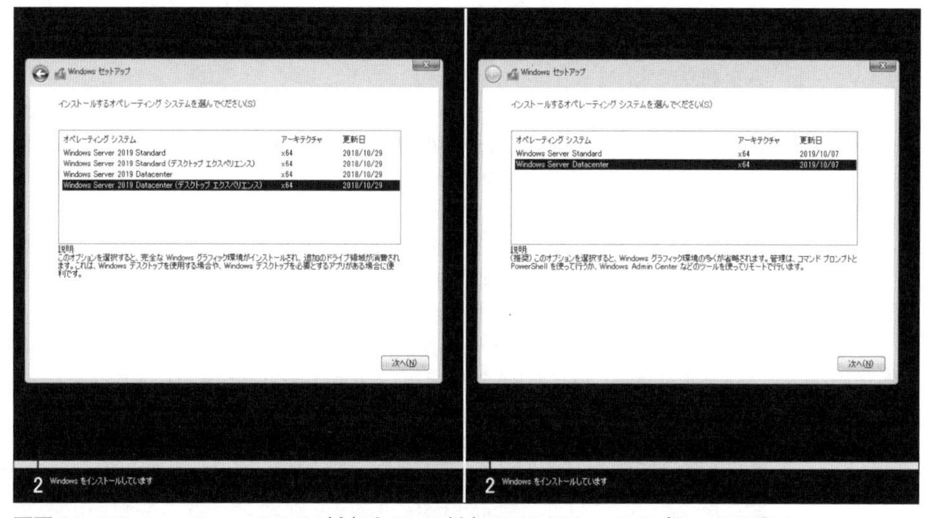

画面1-9 Windows Server LTSC（左）とSAC（右）のインストールオプションの違い

WindowsコンテナーのためのDockerサポートについては、Windows Server LTSCとSACに違いはありません。もちろん、Dockerの新機能は、特定のバージョン以降でなければ利用できないという違いはあります。しかしながら、Windows Server LTSCとSACでコードベースの継続性は保たれており、OSの互換性が制限されることはありません。つまり、Windows Server SACでWindows Server LTSCのコンテナーを実行することは制限されませんし、その逆も同様です。

Dockerとの関連では、LTSCとSACの違いよりも、エディションの違いが大きい部分があ

※4 Windows Server, version 1803は2019年11月に18か月のサポートが終了しましたが、2020年2月まで、品質更新プログラムおよびベースOSイメージの更新が継続されました。その理由については明らかにされていません。

ります。それはサーバーライセンスの違いです。Windows Serverのライセンスは物理プロセッサのコア数に応じて必要数のコアライセンスを購入する形になります。プロセス分離モードのWindowsコンテナー（Windows Serverコンテナー）は、エディションに関係なく、上限は設けられていません。一方、Hyper-V分離モードのWindowsコンテナー（Hyper-Vコンテナー）は、Hyper-V仮想マシンと同様の制約を受けます。表1-3に示すOSEとは、物理コンピューターに必要なコアライセンスを満たす場合に、物理または仮想マシン環境にインストールすることができるWindows Serverのインストール数です。Hyper-V分離モードのWindowsコンテナーは、Hyper-V仮想マシンのWindows Serverと同様にOSE（Operating System Environment）の1つとしてカウントされます。これは、Windowsコンテナーのコンテナーホストを導入する際のエディションの選択に大きく関係します。

なお、Windows 10は分離モードに関係なくWindowsコンテナー数に制限はありません。これはテストまたは開発目的のみでの利用に限定されているからです。

表1-3 DatacenterとStandardのエディションによる制約（Docker関連）

機能	Windows Server Datacenter	Windows Server Standard	Windows 10
OSEのインストールの数（Hyper-V分離モードのWindowsコンテナーは1つのOSEとしてカウント）	無制限	2	無制限（テストおよび開発目的に限る）
プロセス分離モードのWindowsコンテナーの数	無制限	無制限	無制限（テストおよび開発目的に限る）

メモ

Server Coreで利用できるようになったGUI管理ツール

詳細なシステム要件については第2章で説明しますが、Docker EnterpriseはWindows Serverのデスクトップエクスペリエンスと Server Coreインストールのどちらの環境にもインストールできます。インストール作業およびコンテナーの管理操作は、Windows PowerShellやdockerコマンドのコマンドラインで行うことになりますし、Windowsコンテナーに接続しての操作もコマンドラインが基本です。そのため、管理のためのGUIの必要性は高くありません。

Windows Serverのシステム設定やイベントログの参照など、GUIがあると便利な場合もあります。リモートの管理ツールを接続して管理することはできますし、現在はHTML5ベースのWindows Admin Center（https://www.microsoft.com/ja-jp/cloud-platform/windows-admin-center）も利用できます。Server Coreインストールのローカル環境ではSconfigというメニュー形式のシステム構成ツールはありますが、タスクマネージャー（taskmgr.exe）やメモ帳（notepad.exe）、レジストリエディター（regedit.exe）など一部のツールを除いて、GUIツールが用意されていません（画面1-10）。

Windows Server 2019のServer Coreインストール、およびWindows Server, version 1809からは、オンデマンド機能（Feature on Demand）として「Server Coreアプリ互換性（Server Core App Compatibility）」およびInternet Explorer 11（IE）がサポートされました。これらの機能を追加するには、Windows PowerShellで以下のコマンドラインを実行し、OSを再起動します。

```
PS C:¥> Add-WindowsCapability -Online -Name ServerCore.AppCompatibility~~~~0.0.1.0 ⏎
PS C:¥> Add-WindowsCapability -Online -Name Browser.InternetExplorer~~~~0.0.11.0 ⏎
PS C:¥> Restart-Computer ⏎
```

Server Coreアプリ互換性をインストールすると、次のGUIツールが利用可能になります。これらのツールは環境変数PATH内にあるため、ファイル名だけで起動することができます。なお、Hyper-VマネージャーとタスクスケジューラはWindows Server, version 1903以降で追加されました。

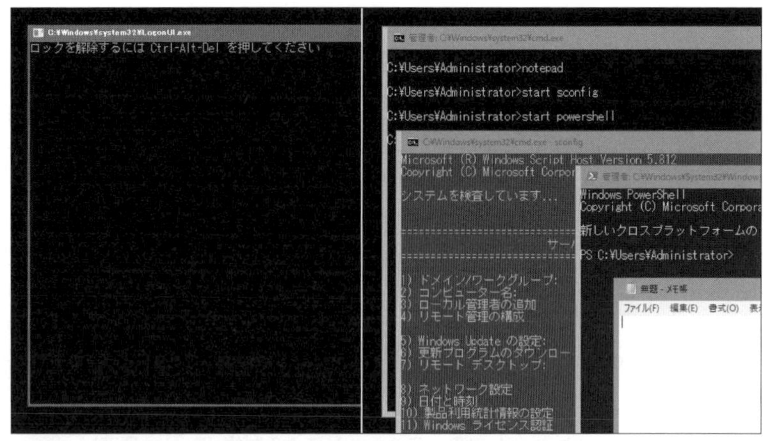

画面1-10　レジストリエディターやメモ帳など利用できるGUIツールは限られている

- エクスプローラー（explorer.exe）
- Windows PowerShell ISE（Powershell_ISE.exe）
- Microsoft管理コンソール（mmc.exe）
- イベントビューアー（eventvwr.msc）
- パフォーマンスモニター（perfmon.msc、perfmon.exe）
- リソースモニター（Resmon.exe）
- デバイスマネージャー（devmgmt.msc）
- ディスクの管理（diskmgmt.msc）
- セキュリティが強化されたWindows Defenderファイアウォール（WF.msc）
- フェールオーバークラスターマネージャー（CluAdmin.msc）
- ローカルグループポリシーエディター（gpedit.msc）
- ローカルセキュリティポリシー（secpol.msc）
- ローカルユーザーとグループ（lusrmgr.msc）
- ポリシーの結果セット（rsop.msc）
- Hyper-Vマネージャー（virtmgmt.msc）
- タスクスケジューラ（taskschd.msc）

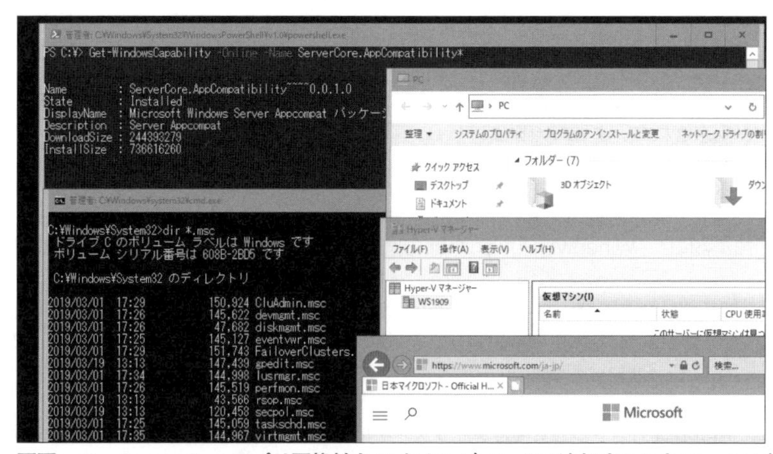

画面1-11　Server Coreアプリ互換性とIEをオンデマンドで追加することで、より多くのGUIツールが利用可能に

なお、Server Coreアプリ互換性を省いてIEだけを追加することはできません。また、環境変数PATH内にIEのパスが自動的に追加されることはないため、"C:¥Program Files¥internet explorer¥iexplore.exe"または"C:¥Program Files (x86) ¥internet explorer¥iexplore.exe"を実行して、64ビット版IEまたは32ビット版IEを起動します（画面1-11）。

インストールの種類とバージョン／ビルドの識別

Windows ServerのLTSCとSAC、インストールオプション、バージョン、ビルド番号は、特にコマンドライン環境しか利用できない場合に識別し難いところです。Windows PowerShell（またはPowerShell Core）が利用可能な場合、次のコマンドラインを実行することで、これらの情報を確認することができます。以下の出力結果は、Windows Server, version 1809 Datacenterの場合の例です。

```
PS C:¥> Get-ComputerInfo |Select WindowsInstallationType, WindowsProductName, Windows
Version, OsBuildNumber ⏎
WindowsInstallationType WindowsProductName            WindowsVersion OsBuildNumber
----------------------- ------------------            -------------- -------------
Server Core             Windows Server Datacenter     1809           17763
```

WindowsInstallationTypeは、デスクトップエクスペリエンスは「Server」、Server Coreインストールは「Server Core」を返します。WindowsProductNameはLTSCの場合「Windows Server 2016 Datacenter」、「Windows Server 2016 Standard」、「Windows Server 2019 Datacenter」、「Windows Server 2019 Standard」のいずれかを返します。SACの場合は「Windows Server Datacenter」または「Windows Server Standard」を返します。WindowsVersionとOsBuildNumberは、それぞれOSのバージョン番号（YYMM形式）とビルド番号を返します。

詳細なビルド番号（ビルド番号に続くリビジョン番号）は、品質更新プログラムのインストールによってインクリメントされる番号であり、更新レベルを識別するために重要です。Windows Server, version 1709以降はコマンドプロンプトの**ver**コマンドを実行（Windows PowerShellからは**cmd /c ver**を実行）することで、リビジョン番号（以下の出力例の「.476」の部分）を含む詳細なビルド番号を確認することができます。

```
C:¥> ver ⏎
Microsoft Windows [Version 10.0.18362.476]
(c) 2019 Microsoft Corporation. All rights reserved.
```

レジストリの「HKEY_LOCAL_MACHINE¥SOFTWARE¥Microsoft¥Windows NT¥CurrentVersion」キーを参照することで、製品名（ProductName）、バージョン番号（ReleaseId）、ビルド番号（CurrentBuild）、リビジョン番号（UBR）、インストールの種類（InstallationType）を識別することも可能です。コマンドプロンプトからは次のコマンドラインでこれらの情報を取得できます。この方法は、WMIやWindows PowerShellを利用できないNano Serverのコンテナーでも利用可能です。ただし、筆者が確認した限り、Nano ServerのProductNameは新バージョンで正しい値に変更されておらず、常にWindows Server 2016 Datacenterを返すようです。Nano Serverであることは、InstallationTypeで確認できます。

```
C:¥> REG QUERY "HKLM¥SOFTWARE¥Microsoft¥Windows NT¥CurrentVersion" /v ProductName ⏎
C:¥> REG QUERY "HKLM¥SOFTWARE¥Microsoft¥Windows NT¥CurrentVersion" /v ReleaseId ⏎
C:¥> REG QUERY "HKLM¥SOFTWARE¥Microsoft¥Windows NT¥CurrentVersion" /v CurrentBuild ⏎
```

```
C:¥> REG QUERY "HKLM¥SOFTWARE¥Microsoft¥Windows NT¥CurrentVersion" /v UBR ⏎
C:¥> REG QUERY "HKLM¥SOFTWARE¥Microsoft¥Windows NT¥CurrentVersion" /v InstallationTyp
e ⏎
```

1.2.3 プロセス分離モード（Windows Serverコンテナー）

Windowsコンテナーの実行モードには、「プロセス分離（Process isolation）」モードと「Hyper-V分離（Hyper-V isolation）」モードの2種類の分離モードがあります。Windows Serverの既定はプロセス分離モードです。この実行モードは初期には「Windows Serverコンテナー」と呼ばれており、現在もその呼称が利用されることはありますが、現在はWindows 10 EnterpriseやWindows 10 IoTのイメージ（後述します）も存在するためプロセス分離モードのほうが表現としては適しています。

プロセス分離モードは、LinuxベースのDockerホストにおけるLinuxコンテナーと同様に、ホストOSのカーネルを共用しながら、ホストOSや他のコンテナーから分離されたユーザーモードプロセスの実行環境をWindowsコンテナーに提供します。プロセス分離モードのWindowsコンテナー内で実行されるプロセスの実体は、コンテナーホストのカーネル上で実行されるプロセスです。そしてコンテナーホスト上で実行中のプロセス分離モードのWindowsコンテナーは、ホストのCPUとメモリリソースを認識し、共用することになります。

ホストOSのカーネルを共用することによる制限として、プロセス分離モードで実行するWindowsコンテナーのバージョン／ビルドは、ホストOSのバージョン／ビルドと一致していることが前提となります。つまり、ビルド17763.x のWindows Server 2019のコンテナーホストにおいてプロセス分離モードで実行できるのは、ビルド17763.xベースのイメージ（servercore:ltsc2019、servercore:1809、nanoserver:1809）に限定されます（図1-5、画面1-12）。リビジョン番号（.x）のレベルまで一致している必要はありません。なお、Windows Server, version 1909（およびWindows 10バージョン1909）のコンテナーホストでは、プロセス分離モードの条件が緩和され、過去のビルド（すべてではありません）のWindowsコンテナーをプロセス分離モードでできるようになりました。

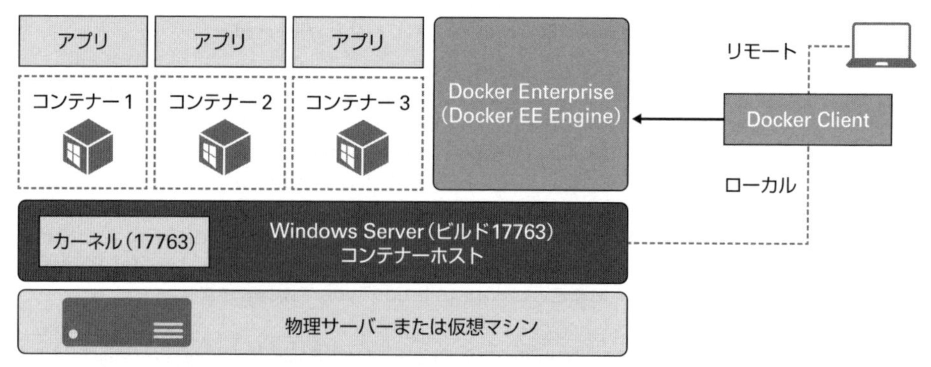

図1-5　プロセス分離モードのWindowsコンテナーの実行イメージ。ホストのカーネルを共用し、それぞれのコンテナーが分離された専用のアプリケーション実行環境を提供する

画面1-12　Windows Server 2019（ビルド17763）のコンテナーホストにおいてプロセス分離モードで実行できるのはビルド17763のWindowsコンテナー

次の図1-6は、「1.1.3　LinuxベースのDocker」の図1-3と同じ視点でWindowsコンテナーのアーキテクチャを図示したものです。ベースOSイメージやカスタムイメージはC:¥ProgramData¥docker¥windowsfilterディレクトリの下にフラットな形式で展開され、実行中のコンテナーで行われた変更は同じディレクトリの配下にある仮想ハードディスク（sandbox.vhdx）に格納されます（詳しくは第4章で説明します）。ここまでは次に説明するHyper-V分離モードも共通です。

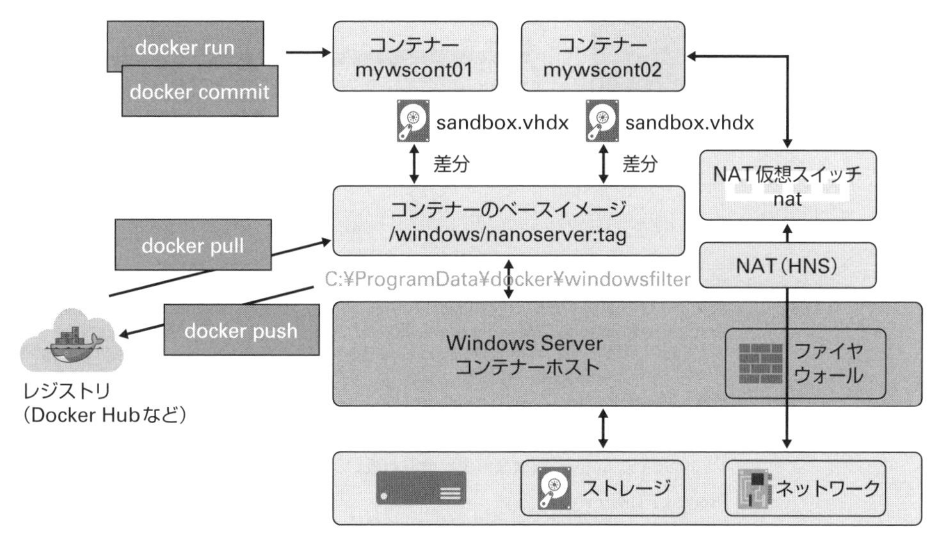

図1-6　Windows ServerのコンテナーホストでのWindowsコンテナーの実行イメージ

プロセス分離モードのWindowsコンテナーを実行すると、コンテナーごとにホストのプロセスとしてwininit.exe（Windowsスタートアップアプリケーション）プロセスが生成されてコンテナー用のユーザー環境が準備され、その中にCExecSvc.exe（コンテナー実行サービス）のプロセスが生成され、さらにその子／孫プロセスとして**docker run**コマンドで指定した実行コマンド（画面1-12の例ではcmd.exeやpowershell.exe）が実行されます。その様子は、Windows SysinternalsのProcess Explorer（Procexp.exe）を使用して参照することができます（画面1-13）。

GUIを利用できないWindowsコンテナー側では、Windows標準のTasklist.exeコマンドや、同じくWindows SysinternalsのPsList（Pslist.exe）が使用してプロセス一覧を確認できます。Windowsコンテナー側ではコンテナー用に準備されたwininit.exeと同じプロセスツリーが見えるはずです。ただし、Tasklist.exeコマンドやPsList（Pslist.exe）は現在のNano Serverでは利用できません。※5

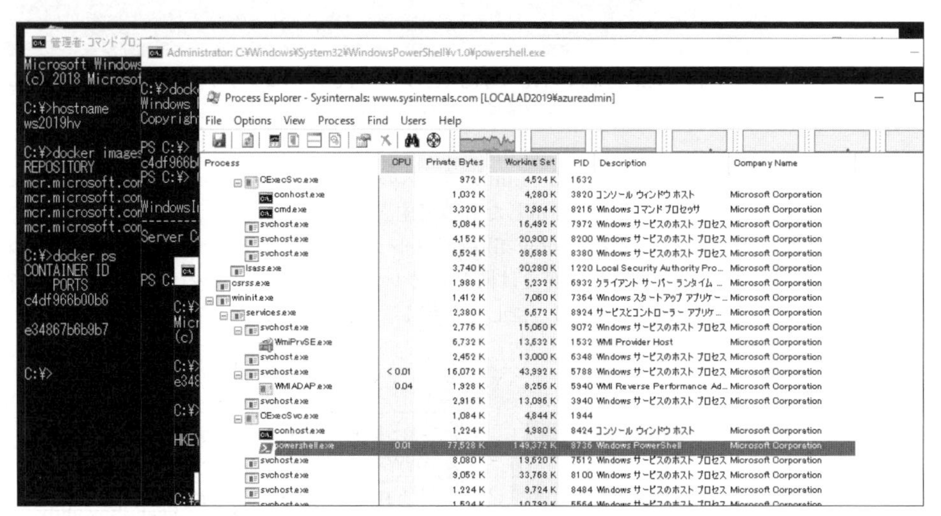

画面1-13 プロセス分離モードのWindowsコンテナー内で実行されるプロセスは、ホストのCExecSvc.exeプロセスの子／孫プロセスとして実行される

※5 Windows SysinternalsのProcess Explorer（Procexp.exe）やPsList（Pslist.exe）は、以下のURLから無料ダウンロードできます。Sysinternals Suiteのダウンロードサイトからは、Nano Server向けに選別したSysinternals Suite for Nano Serverも用意されています。こちらはNano Serverイメージのコンテナー内でも利用できますが、Windows Server 2016ベースのNano Serverを想定したものであり、一部のユーティリティは依存関係の欠如などにより、現在のNano Serverでは利用できません（PsList64.exeやPsinfo64.exeなど）。なお、Server CoreやNano ServerのWindowsコンテナーでWindows Sysinternalsのツールを利用する場合は、**-accepteula**オプションを必ず指定して、GUI画面によるEULAの同意画面が表示されないようにしてください。Windows Sysinternalsユーティリティについて詳しくは、『Windows Sysinternals徹底解説 改訂新版』（筆者訳、日経BP、2017年）をお勧めします。

Process Explorer
https://docs.microsoft.com/en-us/sysinternals/downloads/process-explorer

PsList
https://docs.microsoft.com/en-us/sysinternals/downloads/pslist

Sysinternals Suite
https://docs.microsoft.com/en-us/sysinternals/downloads/sysinternals-suite

1.2.4 Hyper-V分離モード(Hyper-Vコンテナー)

Windowsコンテナーのもう1つの実行モードである「Hyper-V分離(Hyper-V isolation)」モードは、LinuxベースのDockerホストでは利用できない、Windows ServerベースのDockerホストのために用意されたモードです。Hyper-V分離モードは、Hyper-Vハイパーバイザーを用いて隔離されたコンテナーごとの専用環境を提供し、確実なリソース制御と厳密なセキュリティ境界を提供します。Hyper-V分離モードは当初、マルチテナントのクラウドに適したものとして紹介されましたが、ホストOSとの互換性の課題を解決するための仕組みとしても重要です。なお、Hyper-V分離モードは初期には「Hyper-Vコンテナー」と呼ばれており、現在もその呼称が利用されることはあります。しかし、この章の最後のほうで説明するLinux Containers on Windows(LCOW)もHyper-V分離モードで実行されることになるため、Hyper-V分離モードで実行されるWindowsコンテナーをHyper-Vコンテナーと一括りで表現することは適切ではなくなりました。

Hyper-V分離モードのWindowsコンテナーは、ホストOSのカーネルを共用することはありません。特定のビルドのカーネルを対応するビルドのWindowsコンテナーに提供するHyper-V仮想マシンが準備され、その仮想マシンがコンテナーのためのカーネルを提供します(図1-7)。この仮想マシンはUtilityVMと呼ばれ、Hyper-Vの管理インターフェイス(Hyper-Vマネージャーや**Get-VM**コマンドレットなど)からは参照できません。

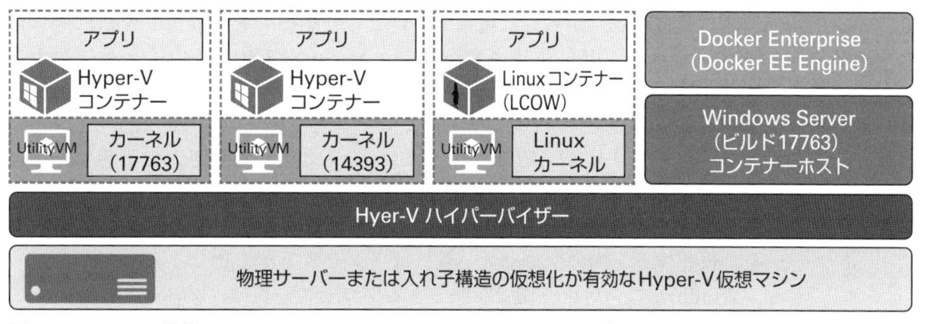

図1-7 Hyper-V分離モードのWindowsコンテナーの実行イメージ。後述するLCOW(プレビュー機能)は同じ方式でUtilityVMがLinuxカーネルを提供する

Hyper-V分離モードはこのような実装であるため、プロセス分離モードよりもスタートアップ時間とプロセッサおよびメモリリソースを多く必要とします(既定ではコンテナーごとに2コアのCPUと1GBのメモリ)。一方、UtilityVMがWindowsコンテナーに対応したビルドのカーネルを提供するため、ホストOSのビルドと一致しない下位ビルドのWindowsコンテナーを実行することができます(画面1-14)。ただし、プロセス分離モードと同様にホストOSよりも上位のビルドのWindowsコンテナーには対応していません。

Windows ServerでHyper-V分離モードのWindowsコンテナーを実行するには、**docker run**コマンドに**--isolation=hyperv**オプションを指定します。プロセス分離モードを明示的に指定するには**--isolation=process**を指定します。Windows Serverではプロセス分離モードが既定であるため、**--isolation**オプションを省略した場合、プロセス分離モードが使用されます。Hyper-V分離モードはWindows 10のDocker Desktopの既定の実行モードであり、

Windows 10では--isolation=hypervの指定は省略できます。

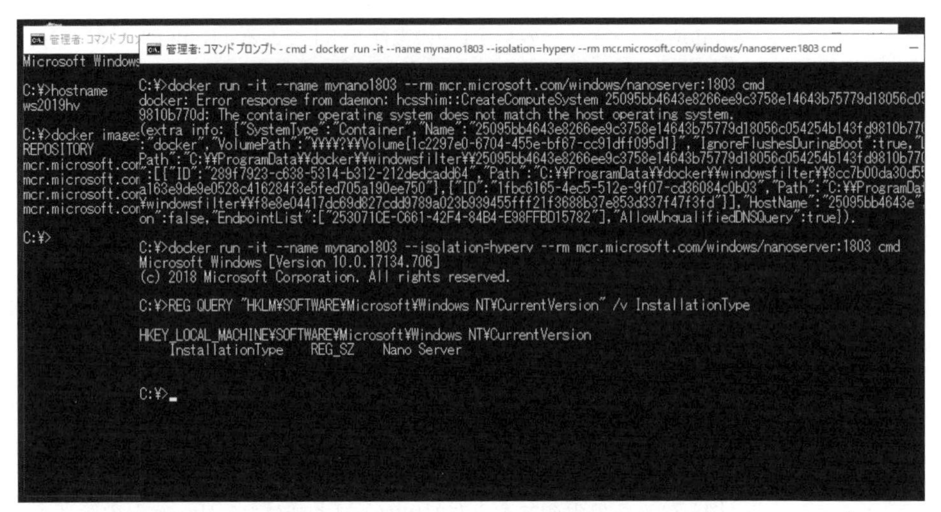

画面1-14　Windows Server 2019のコンテナーホストで下位ビルドのnanoserver:1803はプロセス分離モードで実行できないが、Hyper-V分離モードでは実行できる

プロセスの視点から見た場合、プロセス分離モードのWindowsコンテナーは、ホストOSにコンテナーごとに生成されるCExecSvc.exeプロセスの子／孫プロセスでした。一方、Hyper-V分離モードのWindowsコンテナーを実行すると、Vmcompute.exe (Hyper-Vホストコンピューティングサービス) の子プロセスとして、コンテナーごとにVmwp.exe (仮想マシンワーカープロセス) が生成され、コンテナーごとに隔離された仮想マシン内のカーネルのプロセスとしてコンテナーが実行されます。その様子は、Windows SysinternalsのProcess Explorer (Procexp.exe) を使用してホスト側から参照することができます (画面1-15)。ただし、仮想マシン内のプロセス一覧にはアクセスできません。

Windowsコンテナー側で参照できるプロセス一覧は、プロセス分離モードでもHyper-V分離モードでも変わりません。しかし、Hyper-V分離モードの場合、ホストではなく、仮想マシンのOS環境がWindowsコンテナー用に準備して提供します。そのため、ホストや他のWindowsコンテナーからは完全に隔離された、そのWindowsコンテナー専用の環境になります。また、仮想マシンに割り当てられたCPUおよびメモリリソース (既定は2コア、1GBメモリ) をそのWindowsコンテナーは専用で利用できます。

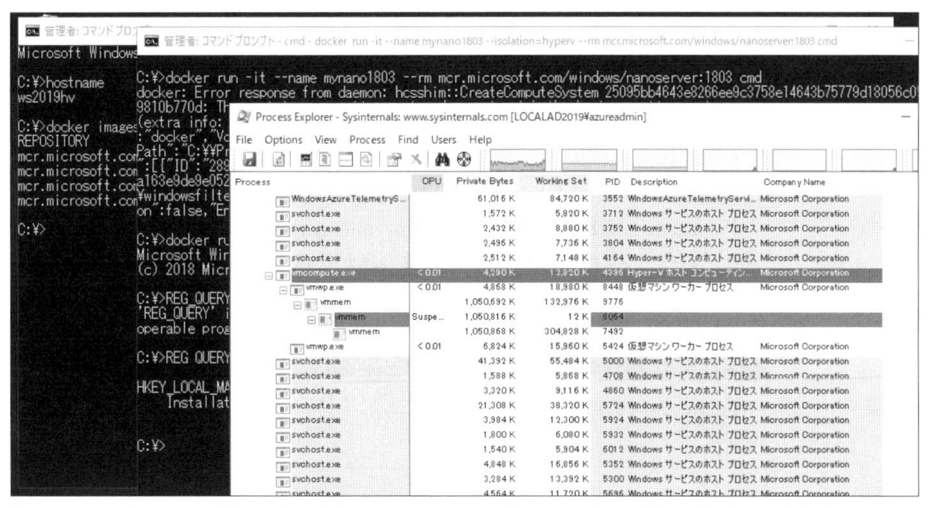

画面1-15　Hyper-V分離モードのWindowsコンテナーは、コンテナーごとに準備される仮想マシンでホストされる。Hyper-Vの管理インターフェイスからは見えないが、プロセスレベルではHyper-V仮想マシンと同様のプロセスが動いているのがわかる

1.2.5 WindowsコンテナーのベースOSイメージとその用途

マイクロソフトはWindowsコンテナーのベースOSイメージとして、次ページの表1-4に示す4つのイメージを提供しています（これ以外にInsider向けのイメージもあります）。Windows Server LTSCおよびSACのServer CoreをベースとしたWindows Server Core（mcr.microsoft.com/windows/servercore）と、Windows Server SACのNano Server（mcr.microsoft.com/windows/nanoserver）が最も基本となるイメージであり、通常はこれらのいずれか、またはこれらのベースOSイメージから作成された公式またはプライベートなイメージを使用します。

Windows Server Coreは、IISのWebサイトやASP.NET、Windows Communication Framework（WCF）といった従来の.NET Frameworkアプリケーション向けです。一方、Nano Serverはコンパクト化のためにWindows PowerShellやWMI、Windowsサービススタック（役割や機能の追加）、WOW64（Windows 32-bit On Windows 64-bit）のコンポーネントが省略されています。そのため、64ビットの.NET CoreやASP.NET Coreアプリケーション専用のイメージになります。WOW64が削除されているため、32ビットアプリケーションの実行はできません。

Windowsイメージは、完全なWindows APIセットを提供するもので、Windows Server Coreで依存関係が解決できない場合に利用することが想定されています。Windows IoT CoreイメージはAzure IoT Edgeデバイスのアプリケーション向けであり、Windows ServerやWindows 10のDockerホストではサポートされません（コンテナーエンジンとしてMobyオープンソースプロジェクトのmoby-engineが必要です）。

これらのベースOSイメージは、以下のWindowsコンテナーベースイメージEULA（End-User License Agreement、ソフトウェアライセンス条項）に基づいて提供されます。このEULAは、Windowsコンテナーのファイルシステムルートにも配置されています（C:¥License.txt）。

MICROSOFT SOFTWARE SUPPLEMENTAL LICENSE FOR WINDOWS CONTAINER BASE IMAGE
https://docs.microsoft.com/en-us/virtualization/windowscontainers/images-eula

なお、Windows Server 2016バージョンのWindows Server CoreおよびNano Server (:sac2016) のベースOSイメージには日本語 (ja-jp) を含む多言語版のタグが用意されていますが (servercore:10.0.14393.3326-ja-jp、nanoserver: 10.0.14393.2551_ja-jpなど)、以降のバージョンのベースOSイメージは英語版のみが提供されています。

表1-4　WindowsコンテナーのベースOSイメージ

公式イメージ	ベースのOSおよびガイドライン	サービスチャネル
Windows Server Core	Windows Server LTSC/SACのServer Coreベースのイメージ。IIS、ASP.NET、WCFなど.NET Frameworkアプリケーション向け	LTSC、SAC
Nano Server	Windows Server SACのNano Serverイメージ。.NET Coreアプリケーション向け	SAC
Windows	Windows 10 Enterpriseベースのイメージ。完全なWindows APIセット (GDIなど) を提供。Windows Server Coreで依存関係が見つからない場合に利用	SAC
Windows IoT Core	Windows IoT Coreベースのイメージ。Azure IoT Edgeデバイス用アプリの開発向け。ホスト環境として、ビルド17763のWindows 10 IoT CoreまたはIoT EnterpriseまたはWindows Server 2019/IoT 2019とmoby-engineが必要	LTSC

メモ

ベースOSイメージのサイズ

WindowsコンテナーのベースOSイメージは、1つまたは複数のレイヤーで構成され、レイヤーごとにダウンロードされます。また、セキュリティ更新やバグ修正を含む各バージョン／ビルドの更新バージョンが毎月 (通常、第2火曜日の翌日) 提供され、複数レイヤーの場合は上位レイヤーのみがダウンロードされます。表1-5に示すように、Windows Server 2016で課題となっていたベースOSイメージのサイズは大幅に縮小されました。特にNano Serverイメージは顕著です。

Windows Server, version 1709以降のNano Serverイメージはサイズ縮小のため、Windows PowerShellやWMI、Windowsサービススタックが省略され、.NET Coreアプリ向けに最適化されました。なお、Windows Server SACの次期バージョンであるWindows Server, version 2004 (20H1) では、Windows Server Coreイメージのサイズがさらに20%縮小される予定です。

これらのベースOSイメージに基づくアプリケーションスタックを含むイメージ (Windows IISや.NET Coreなど) は、ベースOSイメージと下位レイヤーが共通であり、依存関係にあるベースOSイメージが取得済みであれば、差分の上位レイヤーのみの小さなダウンロードサイズで済みます。

表1-5 ベースOSイメージのダウンロードサイズと展開サイズ（1909バージョンは2019年11月のリリース時、その他は2019年10月版の更新イメージ、nanoserver:sac2016は2018年10月9日で更新終了）

ベースOSイメージ	タグ	OsVersion	ダウンロードサイズ	展開サイズ
servercore	ltsc2016	10.0.14393.3274	4.07GB+1.651GB	11.1GB
	1809	10.0.17763.805	1.535GB+666.6GB	4.79GB
	1903	10.0.18362.418	1.527GB+737.8MB	5.03GB
	1909	10.0.18363.476	1.613GB+422.5MB	4.58GB
nanoserver	sac2016	10.0.14393.2551	252.7MB+182.7MB	1.17GB
	1809	10.0.17763.805	102.9MB	256MB
	1903	10.0.18362.418	100.6MB	256MB
	1909	10.0.18363.476	103.1MB	258MB
windows	1903	10.0.18362.418	3.657GB+2.103GB	13.1GB
	1909	10.0.18363.476	3.877GB+1.759GB	12.7GB
iotcore	1809	10.0.17763.805	306MB	788MB

Windows Server CoreのベースOSイメージには、DISMやInstall-WindowsFeatureコマンドレットを用いてサーバーの役割や機能（すべての役割や機能に対応しているわけではありません）を追加したり、インストーラーを使用したミドルウェアをインストールしたり、カスタムアプリケーションを追加したりしてカスタマイズしたイメージを作成することができます。ただし、再起動を伴うインストールには対応できませんし、GUIの対話や表示を伴うインストーラーにも対応できません。ソフトウェアのインストールは、コマンドラインからサイレントインストールできる必要があります。Nano ServerのベースOSイメージは、Windowsサービススタックを含む多くのコンポーネントが省かれており、インストーラーを利用したカスタマイズは大きく制限されます。

WindowsコンテナーのServer CoreやNano ServerのベースOSイメージに基づいて、アプリケーションスタックやサンプルアプリケーションを組み込んだ公式イメージが提供されています。表1-6はその代表的なものです。.NETや.NET Coreベースのアプリケーション開発には、これらの公式イメージを利用するのが簡単かつ確実です。

表1-6 アプリケーションスタックを含む公式イメージ

公式イメージ	説明
Windows IIS	Windows Server Coreをベースに、IIS Webサーバーの役割を追加したイメージ
.NET Framework	Windows Server Coreをベースに、.NET Framework、ASP.NET、WCFのサポートを追加したイメージ
.NET Core	Nano Serverをベースに、.NET Core、ASP.NET Coreのサポートを追加したイメージ。.NET Coreはクロスプラットフォームであり、Nano Serverのほか、Linuxベースのイメージもある

例えば、Windows IISのイメージを使用すると、すばやくIIS Webサーバーを準備できます（画面1-16）。

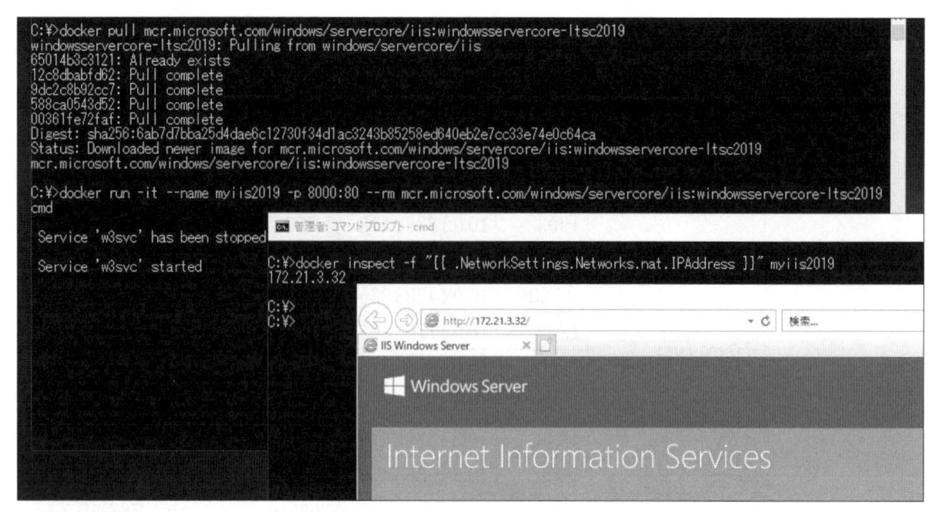

画面1-16　Windows IISイメージを使用すると、IIS Webサーバーをすばやく展開できる

アプリケーションスタックを含むイメージとdockerfileを組み合わせれば、「1.1.3　Linuxベースの Docker」の項で説明したのと同じように、WebサイトやWebアプリを含むWebサーバーのカスタムイメージを作成して、そのカスタムイメージからすばやくWebサイトやWebアプリを展開することが可能です。例えば、次のdockerfileの例は、Windows IISのイメージ（Windows Server 2019のIISである/servercore/iis:windowsserver-ltsc2019）をベースに、C:¥inetpub¥wwwrootを事前に準備しておいたカスタムコンテンツに置き換えます。

dockerfileの内容

```
FROM mcr.microsoft.com/windows/servercore/iis:windowsservercore-ltsc2019
RUN powershell -NoProfile -Command Remove-Item -Recurse C:¥inetpub¥wwwroot¥*
WORKDIR /inetpub/wwwroot
COPY contents/ .
```

このdockerfileを使用したイメージの構築とコンテナーの作成は、次のように非常にシンプルです。次の例は、Windows Server 2019またはWindows Server, version 1809のコンテナーホストにおいて、C:¥workをカレントディレクトリとしてdockerfileを作成し、c:¥work¥contentsディレクトリにカスタムコンテンツが準備済みの場合の例です。

```
C:¥work> docker build --rm -t customiis .
C:¥work> docker run -d --name myiis -p 8080:80 customiis
```

Windows Server, version 1903以降のコンテナーホストの場合は、ホストとコンテナーのビルドの違いの関係で、次のように構築時およびコンテナー実行時にHyper-V分離モードを指定します（画面1-17）。dockerfileの**:windowsservercore-ltsc2019**タグを**:windowsservercore-1903**タグに書き換えることで、プロセス分離モードに対応させる方法もあります。Hyper-V分離モードの使用を考慮する必要がある点は、Linuxコンテナーとの大きな相違点です。

```
C:¥work> docker build --isolation=hyperv --rm -t customiis . ⏎
C:¥work> docker run -d --name myiis -p 8080:80 --isolation=hyperv customiis ⏎
```

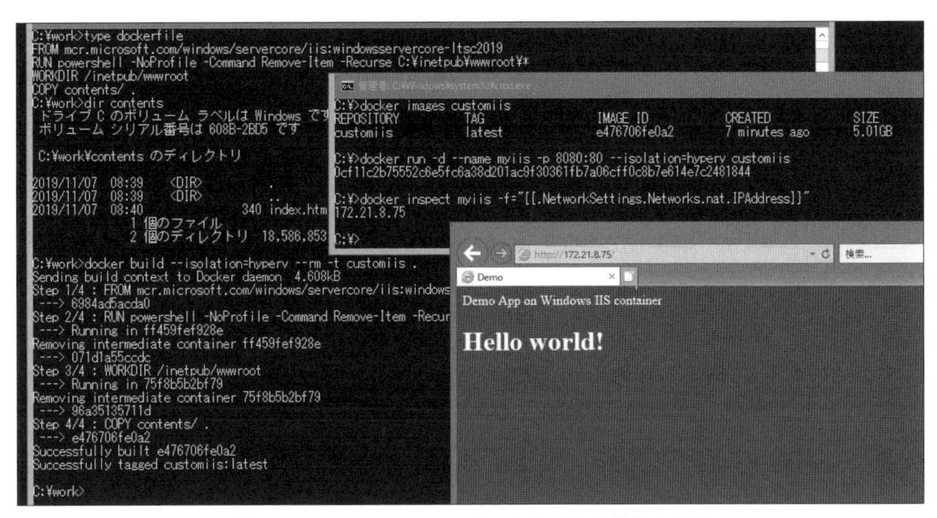

画面1-17　dockerfileを使用してカスタムWebサイトをすばやく構築する例

メモ

dockerfileとWindowsコンテナー

Windowsコンテナーのイメージの構築やコンテナーの実行時に分離モードを考慮しなければならない場合があることは、Linuxコンテナーとの大きな相違点です。そのほかに、dockerfileの構文におけるWindows固有の制限事項もあります。

dockerfileの基本的な構文は、Windowsコンテナーのイメージを対象とする場合でも同様に使用できます。ただし、主にコンテナーのファイルシステムの影響から、一部のパス指定で、パスに含まれる¥を¥¥にエスケープしたり、相対パスやスラッシュ（/）区切りで指定したりする必要がある場合があります。前出のdockerfileの例では、**WORKDIR**と**COPY**命令の部分です。

この部分はアプリケーション開発に関わることであり、本書の範囲外です。詳しくは、以下の公式ドキュメントで確認してください。

Windows上のDockerfile
https://docs.microsoft.com/ja-jp/virtualization/windowscontainers/manage-docker/manage-windows-dockerfile

この節で紹介した公式イメージは、Docker Hubの次のURLで見つけることができます。各URLには、入手方法（**pull**コマンドのコマンドライン）や利用可能なタグ、サンプルアプリケーションを含むイメージとそのタグ、dockerfileのサンプル、更新サポートが終了したタグの案内などを確認できます（Windows Server Coreイメージのカスタマイズ例については第4章でも紹介します）。なお、サポートが終了したイメージについても、引き続き取得して実行することは可能ですが、サポート終了後はイメージが更新されなくなります。

Windows Server Core
https://hub.docker.com/_/microsoft-windows-servercore

Nano Server
https://hub.docker.com/_/microsoft-windows-nanoserver

Windows
https://hub.docker.com/_/microsoft-windows

Windows IoT Core
https://hub.docker.com/_/microsoft-windows-iotcore

Windows IIS
https://hub.docker.com/_/microsoft-windows-servercore-iis

.NET Framework
https://hub.docker.com/_/microsoft-dotnet-framework

.NET Core
https://hub.docker.com/_/microsoft-dotnet-core

SQL Serverのコンテナーイメージについて

マイクロソフトはSQL Server 2017以降、それまでWindowsだけをサポートしていたSQL ServerをLinuxにも対応させ、SQL Server on Linuxとして提供しています。SQL Server 2017のリリース時には、SQL Serverを組み込んだWindowsおよびLinuxコンテナーイメージとして、SQL Server 2017 Developer EditionまたはExpress Editionを組み込んだWindows Server 2016バージョンのWindows Server Coreイメージと、SQL Server 2017 on Linuxを組み込んだUbuntuイメージをDocker Hubから提供しました。しかし現在は、SQL Server 2017/2019 on Linuxを組み込んだUbuntuイメージのみをMicrosoft Container Registry（MCR）から提供しています。SQL Server 2019からは、Windowsコンテナーイメージでの提供は行われていません。また、旧リポジトリのイメージは2017年9月を最後に更新されていないことに注意してください（使用しないことをお勧めします）。WindowsコンテナーのアプリケーションでSQL Serverデータベースが必要な場合は、SQL Server on LinuxのLinuxコンテナーと組み合わせるか、Microsoft AzureのSaaSであるAzure SQL DatabaseやIaaS上の仮想マシンのSQL Serverインスタンスと組み合わせることを検討してください。

Microsoft SQL Server（SQL Server on Linuxの新リポジトリ）
https://hub.docker.com/_/microsoft-mssql-server

Windows版SQL Server 2017の旧リポジトリ（2017年9月に更新終了）
https://hub.docker.com/r/microsoft/mssql-server-windows-developer/
https://hub.docker.com/r/microsoft/mssql-server-windows-express/

クイックスタート：Dockerを使用してSQL Serverコンテナーイメージを実行する
https://docs.microsoft.com/ja-jp/sql/linux/quickstart-install-connect-docker

1.2.6 Windowsコンテナーのバージョン互換性とライフサイクル

Windows Serverのコンテナーホストは、ホストと同一ビルドのWindowsコンテナーをプロセス分離モードおよびHyper-V分離モードで、下位ビルドのWindowsコンテナーをHyper-V分離モードで実行できます。ホストより上位ビルドのWindowsコンテナーはサポートされず、イメージの取得もできません。Windows Server, version 1909およびWindows 10バージョン1909からは、プロセス分離モードの要件が緩和され、下位ビルドのWindowsコンテナーについてもプロセス分離モードで実行できるようになりました。ただし、すべての下位ビルドがサポートされるわけではありません。表1-7～表1-10に、本書の執筆時点で製品サポートの対象となるWindowsコンテナーの、各Windows Server LTSC/SACおよびWindows 10(SAC)のコンテナーホストで実行可能なWindowsコンテナーとそのモード、およびサポート期限（日付はPacific Time、PT）をまとめました。Windows Server, version 1803以前のSACリリースのイメージ、およびSAC扱いであるWindows Server 2016バージョンのNano Serverのイメージ（nanoserver:sac2016）のサポートは既に終了しています(サポートが終了している場合でもイメージは引き続き取得可能です)。

Docker Desktop 2.0.0.2 (Docker Engine 18.09.1) 以降は、Windows 10バージョン1809以降において、プロセス分離モードによるWindowsコンテナーの実行に対応しました。以下の表には、Windows 10におけるプロセス分離モードの実行の可否が含まれます。

表1-7 Windows Server, version 1909(SAC)およびWindows 10バージョン1909のコンテナーホスト

ベースOSイメージ	イメージ名:タグ	プロセス分離モード	Hyper-V分離モード	サポート期限(PT)
Windows Server, version 2004 (20H1) 以降のLTSC/SAC	–	×	×	–
Windows Server, version 1909 (SAC)	servercore:1909	○	○	2021/5/11
	nanoserver: 1909	○	○	2021/5/11
Windows Server, version 1903 (SAC)	servercore:1903	○	○	2020/12/8
	nanoserver: 1903	○	○	2020/12/8
Windows Server 2019 (LTSC)	servercore:ltsc2019	×	○	2029/1/9
Windows Server, version 1809 (SAC)	servercore:1809	×	○	2020/3/12
	nanoserver:1809	△*	○	2020/3/12
Windows Server 2016 (LTSC)	servercore:ltsc2016	×	○	2026/10/13

* Windows 10のDocker Desktopとイメージのバージョンとの組み合わせによっては、"The virtual machine or container exited unexpectedly. (0xc0370106)" エラーやSTOPエラーが発生

表1-8 Windows Server, version 1903(SAC)およびWindows 10バージョン1903のコンテナーホスト

ベースOSイメージ	イメージ名:タグ	プロセス分離モード	Hyper-V分離モード	サポート期限(PT)
Windows Server, version 1909以降のLTSC/SAC	–	×	×	–
Windows Server, version 1903 (SAC)	servercore:1903	○	○	2020/12/8
	nanoserver: 1903	○	○	2020/12/8
Windows Server 2019 (LTSC)	servercore:ltsc2019	×	○	2029/1/9

ベースOSイメージ	イメージ名:タグ	プロセス分離モード	Hyper-V分離モード	サポート期限(PT)
Windows Server, version 1809（SAC）	servercore:1809	×	○	2020/3/12
	nanoserver:1809	×	○	2020/3/12
Windows Server 2016（LTSC）	servercore:ltsc2016	×	○	2026/10/13

表1-9 Windows Server 2019（LTSC）、Windows Server, version 1809（SAC）、およびWindows 10 バージョン1809のコンテナーホスト

ベースOSイメージ	イメージ名:タグ	プロセス分離モード	Hyper-V分離モード	サポート期限(PT)
Windows Server, version 1903以降のLTSC/SAC	−	×	×	−
Windows Server 2019（LTSC）	servercore:ltsc2019	○	○	2029/1/9
Windows Server, version 1809（SAC）	servercore:1809	○	○	2020/3/12
	nanoserver:1809	○	○	2020/3/12
Windows Server 2016（LTSC）	servercore:ltsc2016	×	○	2026/10/13

表1-10 Windows Server 2016（LTSC）のコンテナーホスト

ベースOSイメージ	イメージ名:タグ	プロセス分離モード	Hyper-V分離モード	サポート期限(PT)
Windows Server, version 1709以降のLTSC/SAC	−	×	×	−
Windows Server 2016（LTSC）	servercore:ltsc2016	○	○	2026/10/13

メモ

Windowsコンテナーのバージョン互換性の公式情報

Windowsコンテナーとコンテナーホストとのバージョン／ビルドの互換性の完全なリスト、および最新情報については、以下の公式ドキュメントで確認することができます。

Windowsコンテナーのバージョンの互換性

https://docs.microsoft.com/ja-jp/virtualization/windowscontainers/deploy-containers/version-compatibility

本書の表1-7～1-10は実際に実行できるかどうかを示しており、公式なリストとは一部異なる場合があります。上記の公式ドキュメントにはWindows 10のプロセス分離モードのサポートが反映されていませんが、以下のFAQ（よくある質問）ページの“Can I run Windows containers in process-isolated mode on Windows 10?”のところで説明されています。

Frequently asked questions about containers

https://docs.microsoft.com/en-us/virtualization/windowscontainers/about/faq

表1-10が示すように、Windows Server 2016のコンテナーホストはWindows Server 2016のベースOSイメージしか実行できず、イメージサイズの課題もあります。また、第2章で説明しますが初期のDockerネットワークの実装に関連した制約もあります。そのため、これからWindowsコンテナーの環境を構築しようと考えている場合は、Windows Server 2019（LTSC）または最新のWindows Server SACバージョンで構築することをお勧めします。

1.3 LCOW（Experimental機能のプレビュー）

Linux Containers on Windows（LCOW）は、Windowsコンテナー向けのDockerホストにおいて、Windowsコンテナーのサポートはそのままに、Linuxコンテナーを実行可能にするテクノロジです。LCOWに対して、これまで説明してきたWindowsコンテナーの環境をWindows Containers on Windows（WCOW）と呼ぶこともあります。

1.3.1 LCOWとは

LCOWはWindows Server, version 1709およびWindows 10バージョン1709のときから安定版（Stable）Dockerへの実装が始まりましたが、現在はDocker Engine 19.03.1以降のDocker EnterpriseおよびDocker DesktopのExperimental機能（試験段階の機能）として、Windows Server 2019、Windows Server, version 1809、およびWindows 10バージョン1809以降のホストでプレビュー評価が可能です（画面1-18）。その具体的な方法については、第2章および第3章で説明します。

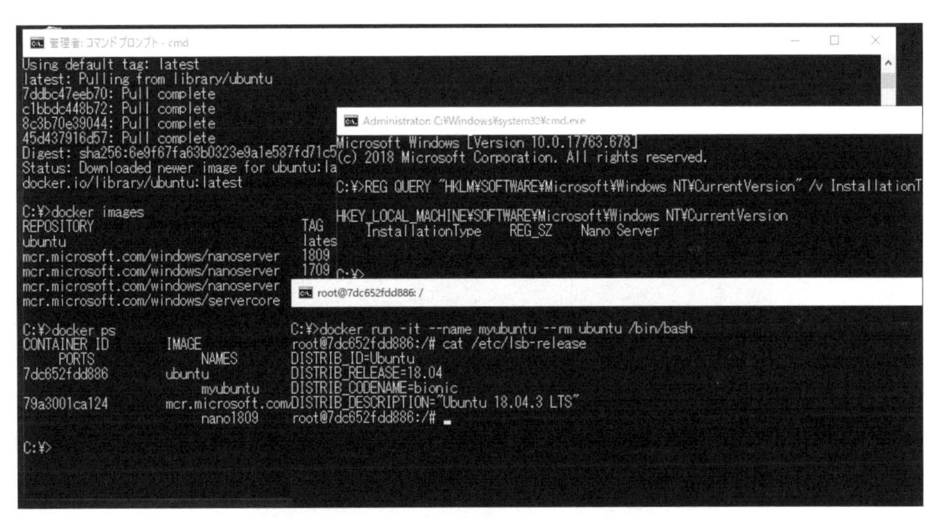

画面1-18 Windows Server 2019（バージョン1809、ビルド17763）のコンテナーホストでNano ServerのWindowsコンテナー（nanoserver:1809）とUbuntuのLinuxコンテナー（ubuntu:latest）を同時に実行している様子

Windows 10のDocker DesktopにおけるWindowsコンテナーのアーキテクチャは、Windows Serverのアーキテクチャとほぼ共通です。ただし、Windows 10での利用はHyper-V分離モードでのWindowsコンテナーの実行が基本であり、Hyper-Vの機能が必須です。前述したようにDocker Desktop 2.0.0.2（Docker Engine 18.09.1）以降は、Windows 10バージョン1809以降においてプロセス分離モードによるWindowsコンテナーの実行に対応しましたが、Windows 10でLinuxコンテナーをサポートするためにはLCOWを利用するかしないかに関係なくHyper-Vが必須です。

Windows ServerやWindows 10のWindowsコンテナー環境で、LCOWを利用してLinuxコンテナーを扱う場合、Linuxコンテナーは実質的にHyper-V分離モードで実行されることになります。簡単に言うと、Hyper-V分離モードを利用してLinuxカーネルを提供するUtilityVMを実行し、Linuxカーネルの作成と実行をサポートします。

1.3.2 Docker DesktopのWindowsコンテナー環境とLinuxコンテナー環境とLCOW

Windows 10のDocker Desktopでは、インストール時およびインストール後にLinuxコンテナーをサポートするように選択、切り替えすることができます（画面1-19）。このLinuxコンテナーのサポートは、LCOWのアーキテクチャとは異なり、Docker Desktopの初期のバージョンからの標準的なアーキテクチャであり、Windowsコンテナーのサポートは後から追加された機能です。

Windowsコンテナーの環境からLinuxコンテナーの環境に切り替えるには、タスクバーの［Docker Desktop］アイコンを右クリックして［Switch to Linux containers］を選択します（画面1-19）。これでコンテナーホストがLinuxコンテナー用に準備され、Dockerサービスが再起動されます。切り替え前は**docker version**で確認できるサーバー（Server）のOSおよびアーキテクチャ（OS/Arch）がwindows/amd64であるのに対して、切り替え後はlinux/amd64になります。また、Linuxコンテナーの環境では、Hyper-Vの仮想マシンとしてLinux（Moby Linux）を実行するDockerDesktopVM（旧称、MobyVM）が出現します（画面1-20）。コンテナー用ネットワークもWindowsコンテナー環境とは異なるものになりますが、これはDockerDesktopVMのゲストOSであるLinux（Moby Linux）が提供するものです。

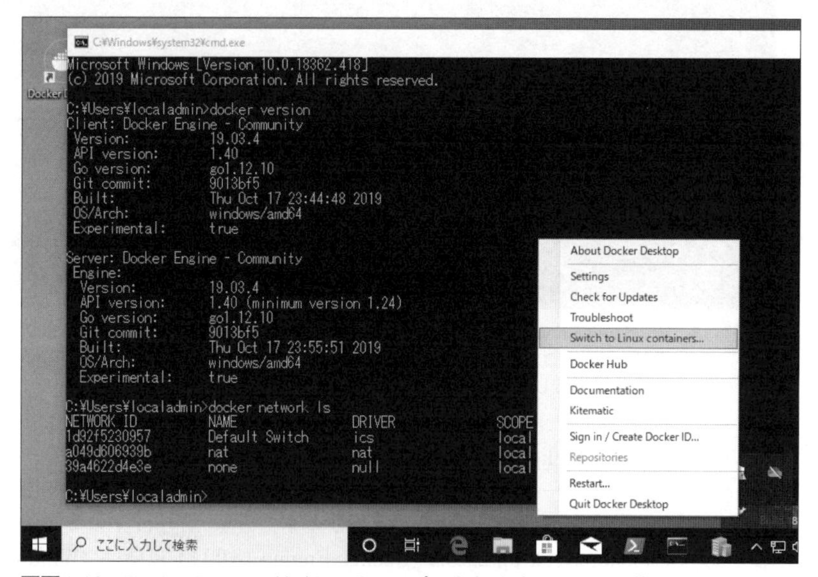

画面1-19　Docker Desktopはインストール時、またはインストール後にLinuxコンテナーをサポートするように切り替えることが可能。コンテナー用ネットワークもWindowsコンテナー環境とは異なるものに

画面1-20 Linuxコンテナーの環境に切り替えると、サーバー環境がlinux/amd64になり、Hyper-V仮想マシンとしてDockerDesktopVMが出現する

このWindowsコンテナー環境とLinuxコンテナー環境の違いを図示すると、図1-8および図1-9のようになります。Windowsコンテナー環境は、Windows Serverと同じアーキテクチャであり、Docker Enterprise for Windows ServerをDocker Desktop（Windows版Docker CE Engine）に置き換えた形になります。一方、Linuxコンテナー環境は、Hyper-V仮想マシン（DockerDesktopVM）として実行されるLinuxベースのコンテナーホストがLinux版Docker CE Engineをホストし、WindowsのDockerクライアントからの接続を受け付ける形になります。Linuxコンテナー環境はLinuxコンテナーのみを実行可能ですが、LCOWを利用できるWindowsコンテナー環境は、WindowsコンテナーとLinuxコンテナーの両方に対応できます。

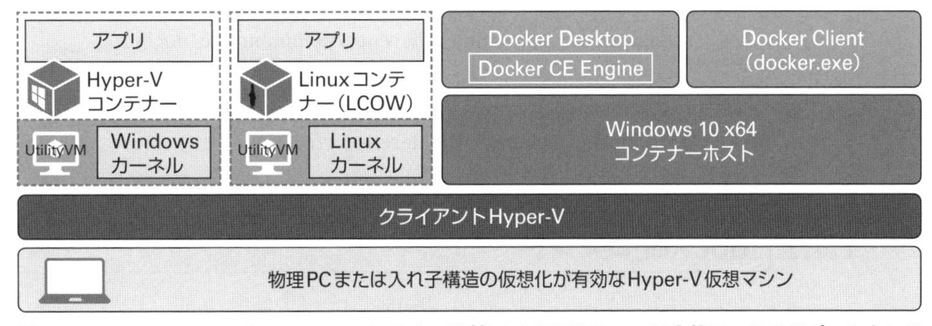

図1-8 Docker DesktopのWindowsコンテナー環境。LCOWはHyper-V分離モードでサポートされる

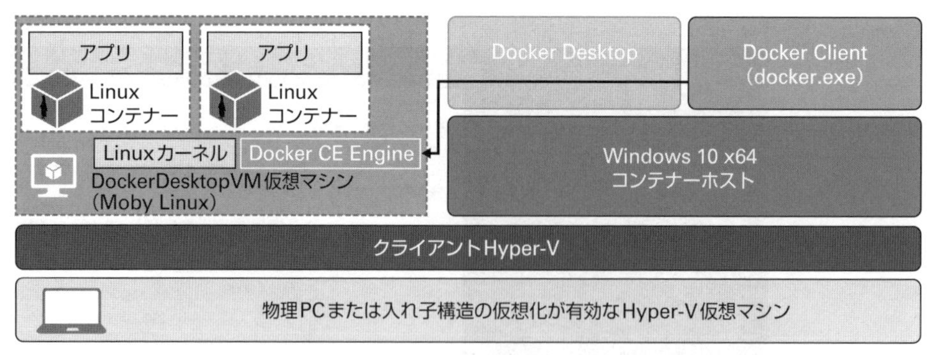

図1-9 Docker DesktopのLinuxコンテナー環境。Hyper-VマシンとしてLinuxベースのコンテナーホストが動作し、WindowsのDockerクライアントはこのDocker Engineに接続する

1.4 本書で使用するdockerコマンド

第1章の最後に、本書で使用する（および第1章で使用した）dockerコマンドについてまとめておきます。本書では、詳しい解説なくdockerコマンドのコマンドラインの例を示す場合がありますが、その場合はこの節で確認してください。なお、ほとんどのdockerコマンドは、Dockerのサーバーおよびクライアントのプラットフォームに関係なく共通です。Windowsクライアントの場合は、コマンドプロンプトとWindows PowerShellのどちらからでも実行可能です。

dockerコマンドの完全なコマンドラインリファレンスについては、以下のDockerの公式ドキュメントで確認してください。

Use the Docker command line
https://docs.docker.com/engine/reference/commandline/cli/

docker（base command）
https://docs.docker.com/engine/reference/commandline/docker/

Docker run reference
https://docs.docker.com/engine/reference/run/

1.4.1 dockerコマンド

dockerコマンドは、Dockerクライアント（Windowsのdocker.exeやLinuxの/usr/bin/dockerなどのDocker CLI）からDockerサーバーに指示する命令です。さまざまなコマンドが利用可能ですが、いずれも次のコマンドライン構文で使用します。1つ目のコマンドラインは、Dockerクライアントの既定の接続先のDockerサーバーに対する実行です。2つ目のコマンドラインは、リモートのDockerサーバーに対する実行です。なお、TLSによるセキュアなリモート接続については第2章で説明します。

```
docker <dockerコマンド> <オプションなど> ⏎
docker -H <サーバーのIPアドレスまたはFQDN:ポート番号> <dockerコマンド> <オプションなど>
⏎
```

1.4.2 管理用コマンド

Dockerのサーバーやクライアントの構成情報、イメージやコンテナーの詳細情報、Dockerネットワークの構成情報を取得するためのコマンドについて説明します。

docker version

ローカルのDockerクライアント、および接続先（ローカルまたはリモート）のDockerサーバーのバージョン情報、APIバージョン、OS/アーキテクチャ、Experimental機能の有効／無効の状態などの情報を表示します。-fまたは--format=オプションを使用すると、クライアントのバージョンやサーバーのバージョンなど、特定の情報だけを取り出すことができます。

```
docker version ⏎
docker version -f "{{.Client.Version}}" ⏎
docker version -f="{{.Server.Version}}" ⏎
docker version --format="{{.Server.Experimental}}" ⏎
```

Docker Enterprise 3.0（Docker Engine 19.03.5）がインストールされたWindows Server 2019のコンテナーホストでの実行結果は、次のようになります。

```
Client: Docker Engine - Enterprise
 Version:           19.03.5
 API version:       1.40
 Go version:        go1.12.12
 Git commit:        2ee0c57608
 Built:             11/13/2019 08:00:16
 OS/Arch:           windows/amd64
 Experimental:      false

Server: Docker Engine - Enterprise
 Engine:
  Version:          19.03.5
  API version:      1.40 (minimum version 1.24)
  Go version:       go1.12.12
  Git commit:       2ee0c57608
  Built:            11/13/2019 07:58:51
  OS/Arch:          windows/amd64
  Experimental:     true
```

Docker Desktop 2.1.0.5（Docker Engine 19.03.5）がインストールされたWindows 10バージョン1909での実行結果は、次のようになります。

```
Client: Docker Engine - Community
 Version:           19.03.5
 API version:       1.40
 Go version:        go1.12.12
 Git commit:        633a0ea
 Built:             Wed Nov 13 07:22:37 2019
 OS/Arch:           windows/amd64
 Experimental:      true

Server: Docker Engine - Community
 Engine:
  Version:          19.03.5
  API version:      1.40 (minimum version 1.24)
  Go version:       go1.12.12
  Git commit:       633a0ea
  Built:            Wed Nov 13 07:36:50 2019
  OS/Arch:          windows/amd64
  Experimental:     true
```

docker info

Dockerのインストールに関するシステム情報を表示します。

```
docker info ⏎
```

Docker Enterprise 3.0（Docker Engine 19.03.5）がインストールされたWindows Server 2019のコンテナーホストでの実行結果は、次のようになります。

```
Client:
 Debug Mode: false
 Plugins:
  cluster: Manage Docker clusters (Docker Inc., v1.2.0)

Server:
 Containers: 0
  Running: 0
  Paused: 0
  Stopped: 0
 Images: 9
 Server Version: 19.03.5
 Storage Driver: windowsfilter (windows) lcow (linux)
  Windows:
  LCOW:
```

```
Logging Driver: json-file
Plugins:
 Volume: local
 Network: ics internal l2bridge l2tunnel nat null overlay private transparent
 Log: awslogs etwlogs fluentd gcplogs gelf json-file local logentries splunk syslog
Swarm: inactive
Default Isolation: process
Kernel Version: 10.0 17763 (17763.1.amd64fre.rs5_release.180914-1434)
Operating System: Windows Server 2019 Datacenter Version 1809 (OS Build 17763.864)
OSType: windows
Architecture: x86_64
CPUs: 4
Total Memory: 16GiB
Name: ws2019hv
ID: XXXX:XXXX:XXXX:XXXX:XXXX:XXXX:XXXX:XXXX:XXXX:XXXX:XXXX:XXXX
Docker Root Dir: C:¥ProgramData¥docker
Debug Mode: false
Registry: https://index.docker.io/v1/
Labels:
Experimental: true
Insecure Registries:
 127.0.0.0/8
Live Restore Enabled: false
```

Docker Desktop 2.1.0.5（Docker Engine 19.03.5）がインストールされたWindows 10バージョン1909での実行結果は、次のようになります。

```
Client:
 Debug Mode: false
 Plugins:
  app: Docker Application (Docker Inc., v0.8.0)
  buildx: Build with BuildKit (Docker Inc., v0.3.1-tp-docker)

Server:
 Containers: 0
  Running: 0
  Paused: 0
  Stopped: 0
 Images: 7
 Server Version: 19.03.5
 Storage Driver: windowsfilter (windows) lcow (linux)
  Windows:
  LCOW:
 Logging Driver: json-file
 Plugins:
  Volume: local
  Network: ics internal l2bridge l2tunnel nat null overlay private transparent
  Log: awslogs etwlogs fluentd gcplogs gelf json-file local logentries splunk syslog
```

```
Swarm: inactive
Default Isolation: hyperv
Kernel Version: 10.0 18363 (18362.1.amd64fre.19h1_release.190318-1202)
Operating System: Windows 10 Enterprise Evaluation Version 1909 (OS Build 18363.476)
OSType: windows
Architecture: x86_64
CPUs: 2
Total Memory: 3.881GiB
Name: WTG1909E
ID: XXXX:XXXX:XXXX:XXXX:XXXX:XXXX:XXXX:XXXX:XXXX:XXXX:XXXX:XXXX
Docker Root Dir: C:¥ProgramData¥Docker
Debug Mode: true
 File Descriptors: -1
 Goroutines: 27
 System Time: 2019-11-22T16:11:31.3534655+09:00
 EventsListeners: 1
Registry: https://index.docker.io/v1/
Labels:
Experimental: true
Insecure Registries:
 127.0.0.0/8
Live Restore Enabled: false
Product License: Community Engine
```

■ docker inspect

コンテナーイメージやコンテナーに関する詳細な情報を表示します。既定ではJSON配列で大量の結果が表示されるため、特定の情報だけを取り出すには**-f**（または**-f=**または**--format=**）オプションを利用します。イメージ名はリポジトリ（REPOSITORY）名と表現することもあります。

```
docker inspect <イメージ名またはコンテナー名またはID> ⏎
```

例えば、次のコマンドラインは、コンテナーで実行されるコマンド（{{.Path}}、例：cmd.exeやpowershell.exe、/bin/bash、その他のスタートアップコマンド）、Windowsコンテナーイメージの詳細なビルド番号（{{.OsVersion}}、例：10.0.18362.418）、コンテナーに使用されたベースOSイメージ（{{.HostConfig.Image}}）、Windowsコンテナーの分離モード（{{.HostConfig.Isolation）}）、コンテナーに割り当てられたNATサブネットのIPアドレス（{{.NetworkSettings.Networks.nat.IPAddress}}）を表示します。

```
docker inspect "<コンテナー名またはID>" -f="{{.Path}}" ⏎
docker inspect "<イメージ名またはID>" -f="{{.OsVersion}}" ⏎
docker inspect "<コンテナー名またはID>" -f="{{.HostConfig.Image}}" ⏎
docker inspect "<コンテナー名またはID>" -f="{{.HostConfig.Isolation}}" ⏎
docker inspect "<コンテナー名またはID>" -f="{{.NetworkSettings.Networks.nat.IPAddres
s}}" ⏎
```

Windows Server, version 1909のNano Serverのイメージ（mcr.microsoft.com/windows/nanoserver:1909）に対するdocker inspectコマンドの実行結果は次のようになります。


```
[
    {
        "Id": "sha256:5bce901b797b37108bb008b2b96946c9903be5c3841e5be6de0d3579d21ed8c
d",
        "RepoTags": [
            "mcr.microsoft.com/windows/nanoserver:1909"
        ],
        "RepoDigests": [
            "mcr.microsoft.com/windows/nanoserver@sha256:cf7603dc99051a8c110658204c8d9d
6ee258d52cf7361e9137a2d12b02d65be9"
        ],
        "Parent": "",
        "Comment": "",
        "Created": "2019-11-07T09:10:59.960383Z",
        "Container": "",
        "ContainerConfig": {
            "Hostname": "",
            "Domainname": "",
            "User": "",
            "AttachStdin": false,
            "AttachStdout": false,
            "AttachStderr": false,
            "Tty": false,
            "OpenStdin": false,
            "StdinOnce": false,
            "Env": null,
            "Cmd": null,
            "Image": "",
            "Volumes": null,
            "WorkingDir": "",
            "Entrypoint": null,
            "OnBuild": null,
            "Labels": null
        },
        "DockerVersion": "",
        "Author": "",
        "Config": {
            "Hostname": "",
            "Domainname": "",
            "User": "ContainerUser",
            "AttachStdin": false,
            "AttachStdout": false,
            "AttachStderr": false,
            "Tty": false,
            "OpenStdin": false,
```

```
            "StdinOnce": false,
            "Env": null,
            "Cmd": [
                "c:¥¥windows¥¥system32¥¥cmd.exe"
            ],
            "Image": "",
            "Volumes": null,
            "WorkingDir": "",
            "Entrypoint": null,
            "OnBuild": null,
            "Labels": null
        },
        "Architecture": "amd64",
        "Os": "windows",
        "OsVersion": "10.0.18363.476",
        "Size": 257681436,
        "VirtualSize": 257681436,
        "GraphDriver": {
            "Data": {
                "dir": "C:¥¥ProgramData¥¥Docker¥¥windowsfilter¥¥067e7cc8ac6827466a136e6
9e237ff72d8ddbb1fb9cd5c88a651c2f53fd6b31c"
            },
            "Name": "windowsfilter"
        },
        "RootFS": {
            "Type": "layers",
            "Layers": [
                "sha256:91d5cdb63f8f343cf0e6529f7f2a3650a26f66fbadcc3338da64f08076c3c0
f0"
            ]
        },
        "Metadata": {
            "LastTagTime": "0001-01-01T00:00:00Z"
        }
    }
]
```

docker network

コンテナー用の利用可能なネットワークを一覧表示します。既定では、コンテナーはbridge（Linuxコンテナー環境の場合）またはnat（Windowsコンテナー環境の場合）タイプのNATネットワークに接続されます。Dockerのネットワークについては、第2章および第3章で説明します。

```
docker network ls ⏎
```

1.4.3 イメージ用コマンド

コンテナーのベースとなるイメージを操作するコマンドについて説明します。

docker images

ローカルで利用可能なすべてのイメージを一覧表示します。1つのイメージはイメージID（IMAGE ID）で識別され、複数のイメージ名とタグを持つことができます。イメージIDには、12桁の16進数の短いIDと、sha256:から始まる完全なIDがあります。完全なIDを表示させるには、docker imagesに--no-truncオプションを追加します。

```
docker images ⏎
```

次の出力例は、Linux（CoreOS）のコンテナーホストで実行したものです。このうち、centos-httpd:latestはカスタムイメージ、nginx、ubuntu、centosの3つはDocker公式（Official）イメージです。

```
~$ sudo docker images ⏎
REPOSITORY          TAG                 IMAGE ID            CREATED             SIZE
centos-httpd        latest              7d0eaeb2adb4        4 weeks ago         241MB
nginx               latest              540a289bab6c        5 weeks ago         126MB
ubuntu              latest              cf0f3ca922e0        5 weeks ago         64.2MB
centos              latest              0f3e07c0138f        8 weeks ago         220MB
```

コンテナーのイメージは、<イメージID（IMAGE ID）>または<イメージ名:タグ>で扱うことができますが、<イメージ名:タグ>は正確には<レジストリサーバーのURI/（リポジトリ名/）イメージ名:タグ>のようになります。

Dockerは既定のレジストリとしてDocker Hub（https://index.docker.io/v1/）を使用します。Docker Hubのパブリックリポジトリにある Docker公式イメージおよびプライベートリポジトリは、レジストリサーバー（index.docker.ioまたはdocker.io）の指定なしで参照できます。例えば、nginxはdocker.io/nginxですが、docker.io/の部分は省略できます。

次の出力例は、Windows 10バージョン1909のDocker Desktop（LCOW有効）で実行したものです。マイクロソフトの公式イメージは、初期にはDocker Hubから提供されていましたが、現在はMicrosoft Container Registry（MCR）から提供されています。そのため、レジストリサーバーとしてmcr.microsoft.com/の指定が必要です。一方、LCOWで実行するLinuxコンテナーの公式イメージ（nginxなど）は、レジストリサーバーの指定なしで扱うことができます。

```
C:¥> docker images ⏎
REPOSITORY                              TAG                          IMAGE ID
CREATED             SIZE
nginx                                   latest                       4152a9608752
8 days ago          140MB
mcr.microsoft.com/dotnet/core/samples   aspnetapp-nanoserver-1909    69e40a181d4b
8 days ago          352MB
```

```
mcr.microsoft.com/windows/servercore    1909                          ec69effa48a7
2 weeks ago         4.58GB
mcr.microsoft.com/windows/nanoserver    1909                          5bce901b797b
2 weeks ago         258MB
mcr.microsoft.com/windows/nanoserver    1903                          1bced873d3b2
3 weeks ago         256MB
```

docker commit

作成、カスタマイズしたコンテナーをローカルのイメージとして保存します。

```
docker commit <コンテナー名またはID> <イメージ名:タグ> ⏎
```

docker tag

ローカルの既存のイメージに新たなイメージ名、タグ名を設定します。

```
docker tag <イメージ名:タグ> <新しいイメージ名:新しいタグ> ⏎
例：イメージのOsVersion（docker inspectで確認可能）をタグに設定する
docker tag mcr.microsoft.com/windows/nanoserver:1903 mcr.microsoft.com/windows/nanoserv
er:10.0.18362.418 ⏎
```

docker rmi

ローカルのイメージから指定したイメージまたはタグ付けを削除します。別のコンテナーやイメージから参照されているイメージは、削除できません。イメージ名、タグ名、イメージID（IMAGE ID）は、**docker images**コマンドで確認できます。

```
docker rmi <イメージ名:タグまたはID> ⏎
```

docker build

指定したパス（カレントディレクトリは.）にあるdockerfileに基づいて、カスタムイメージを構築し、ローカルイメージとして保存します。**--rm**オプションはイメージの構築に成功した場合に、構築中に使用された一時的なコンテナーをすべて削除します。dockerfileの使用例については、「1.1.3　Linuxベースの Docker」や「1.2.5　Windowsコンテナーのベース OSイメージとその用途」を参照してください。第4章でも簡単な例を紹介しています。

```
docker build --rm -t <イメージ名:タグ> <パス> ⏎
```

Docker Composeの主なコマンド

Docker Compose（**docker-compose**コマンド）を使用すると、複数のコンテナーからなるアプリケーションを一括で定義（各コンテナーをサービスとして定義）、構築し、実行することができます。例えば、フロントエンドのWebアプリケーションを実行するコンテナーと、バックエンドのデータベースを実行するコンテナーをdocker-compose.ymlというファイルに定義し、一括で構築することができます。本書ではDocker Composeについては詳しく説明することはしませんが、**docker-compose**コマンドの主なコマンドラインについて説明します。docker-compose.ymlの書き方については、説明しません。

カレントディレクトリのdocker-compose.ymlに基づいて、複数のコンテナーを構築、リンクして、起動します。docker-compose.ymlとは別のファイル名を使用する場合は、**-f**オプションにファイル名を指定します。コンテナーをバックグラウンドで実行する場合は、さらに**-d**オプションを指定します。

```
docker-compose up ⏎
```

実行中の複数コンテナーを一覧表示します。

```
docker-compose ps ⏎
```

docker-compose upで作成した複数コンテナーを停止し、コンテナーやネットワークを削除します。コンテナーを削除せずに停止する場合は、**docker-compose stop**を使用します。

```
docker-compose down ⏎
```

作成済みの複数コンテナーを一括で起動、停止、再起動、強制停止します。

```
docker-compose start ⏎
docker-compose stop ⏎
docker-compose restart ⏎
docker-compose kill ⏎
```

複数コンテナーの標準出力、標準エラーを表示します。

```
docker-compose logs ⏎
```

サービス名で指定したコンテナーで一度だけコマンドを実行します。

```
docker-compose run <サービス名> <コマンド> ⏎
```

サービスを実行するコンテナー数を指定します。

```
docker-compose scale <サービス名>=<数> <サービス名>=<数> ... ⏎
```

停止中の複数コンテナーを一括で削除します。

```
docker-compose rm ⏎
```

1.4.4 コンテナー用コマンド

イメージから作成したコンテナーを操作するコマンドについて説明します。

■ docker run

コンテナーを作成、実行するには、docker runコマンドを使用します。docker runコマンドは、コンテナーを作成してイメージを読み込み、指定されたコマンド（1つまたは一連のプロセス）を開始します。開始するコマンドは、通常、アプリケーションのスタートアップコマンドや対話的に接続するためのシェルになります。そのコマンド（プロセス）が終了すると、コンテナーも終了します。docker runコマンドの詳細については、次の「1.4.5　docker runコマンド」で説明します。

```
docker run <オプション> <イメージ名:タグ> <コマンド> <コマンド引数> ⏎
```

■ docker ps

実行中のコンテナーを一覧表示するには、docker psコマンドを使用します。停止中のコンテナーを含むすべてのコンテナーを一覧表示するには、-aまたは--allオプションを追加します。docker psコマンドは12桁の16進数からなる短い形式のコンテナーIDを出力します。完全なコンテナーIDを出力するには、--no-truncオプションを追加します。

```
docker ps ⏎
docker ps -a ⏎
docker ps --no-trunc ⏎
```

■ docker rm

コンテナーを削除するには、コンテナーを停止後にdocker rmコマンドを使用します。コンテナーに名前を付けていない場合は、docker psコマンドで確認できるコンテナーID（CONTAINER ID）を使用します。

```
docker rm <コンテナー名またはID> ⏎
```

■ docker start/stop

作成済みのコンテナーに対して開始、停止操作を行うには、次のコマンドラインを実行します。

```
docker start <コンテナー名またはID> ⏎
docker stop <コンテナー名またはID> ⏎
```

■ docker attach

実行中のコンテナーの標準入出力に接続します。docker attachコマンドは、-itオプションで実行中のコンテナーへの接続に使用できます（画面1-21）。

```
docker attach <コンテナー名またはID> ⏎
```

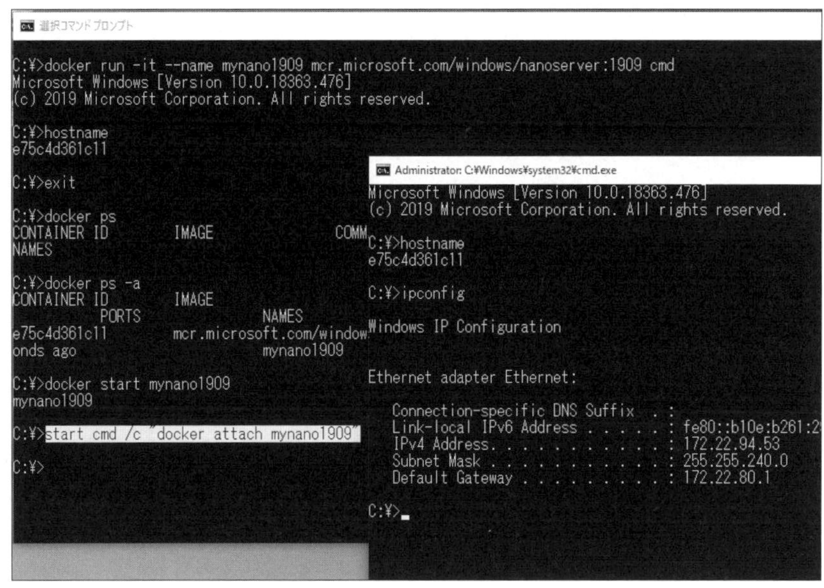

画面1-21 docker attachは対話モード(-it)で実行中のコンテナーに接続するために使用する

docker exec

docker execコマンドを使用すると、-itまたは-dオプションで実行中のコンテナーに対して任意のコマンドラインを実行させることができます。シェル(/bin/sh、/bin/bash、cmd.exe、powershell.exeなど)に対話的に接続するには、-itオプションを追加して実行します(画面1-22)。

```
docker exec <コンテナー名またはID> <コマンド> <コマンド引数> ⏎
docker exec -it <コンテナー名またはID> <シェル> ⏎
```

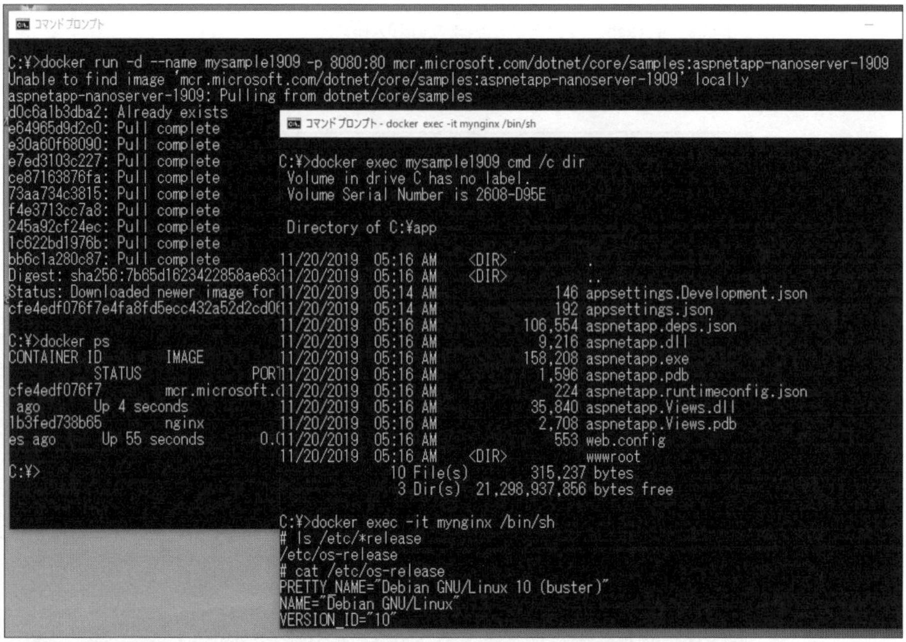

画面1-22　実行中のコンテナーに対して任意のコマンドラインを実行させる。コンテナーのシェルに対話的に接続するには、-itオプションを追加して実行する

docker logs

バックグラウンドで実行中のコンテナーの標準出力および標準エラーをホスト側から確認するには、**docker logs**コマンドを使用します。オプションを指定せずに実行すると、コンテナーの開始からこれまで出力されたすべてのログを表示します。**-f**（**--follow**）を指定すると新しいログを表示し続けます。ログの参照を終えるには［Ctrl］＋［C］キーを押します。また、**-t**（**--timestamps**）を指定するとログをタイムスタンプ付で表示します。ログの最後から指定した行のみを表示するには**--tail=<行数>**を指定します（画面1-23）。

```
docker logs <コンテナー名またはID> ⏎
docker logs -f -t --tail=<行数> <コンテナー名またはID> ⏎
```

```
管理者: C:¥Windows¥system32¥cmd.exe - docker logs demo -f -t --tail=5

C:¥>docker run --name demo -d -p 8080:80 mcr.microsoft.com/dotnet/core/samples:aspnetapp
a4a3593e795a2bd437d6121dc109c6e6486bbd17401bf03d778739c0958352cc

C:¥>docker logs demo
warn: Microsoft.AspNetCore.DataProtection.Repositories.FileSystemXmlRepository[60]
      Storing keys in a directory 'C:¥Users¥ContainerUser¥AppData¥Local¥ASP.NET¥DataProte
 that may not be persisted outside of the container. Protected data will be unavailable w
er is destroyed.
info: Microsoft.Hosting.Lifetime[0]
      Now listening on: http://[::]:80
info: Microsoft.Hosting.Lifetime[0]
      Application started. Press Ctrl+C to shut down.
info: Microsoft.Hosting.Lifetime[0]
      Hosting environment: Production
info: Microsoft.Hosting.Lifetime[0]
      Content root path: C:¥app

C:¥>docker logs demo -f -t --tail=5
2019-11-25T06:50:27.479178000Z       Application started. Press Ctrl+C to shut down.
2019-11-25T06:50:27.479178000Z info: Microsoft.Hosting.Lifetime[0]
2019-11-25T06:50:27.479178000Z       Hosting environment: Production
2019-11-25T06:50:27.479178000Z info: Microsoft.Hosting.Lifetime[0]
2019-11-25T06:50:27.479178000Z       Content root path: C:¥app
```

画面1-23 コンテナーの標準出力と標準エラーに出力されたログを参照する。-fオプションで参照した場合は、Ctrl＋Cキーでログの参照を終了

docker kill

コンテナーがクラッシュし、応答しなくなった場合は、次のコマンドラインで強制終了できます。docker killコマンドでも停止できない場合は、Dockerデーモン／サービスを再起動してください。

```
docker kill <コンテナー名またはID> ⏎
```

1.4.5 docker runコマンド

docker runコマンドは、コンテナーを作成してイメージを読み込み、指定されたコマンド（1つまたは一連のプロセス）を開始します。開始するコマンドは、通常、アプリケーションのスタートアップコマンドや対話的に接続するためのシェルになります。そのコマンド（プロセス）が終了するか、docker stopまたはdocker killコマンドを実行すると、コンテナーは終了（停止）します。開始するコマンドの指定を省略した場合、イメージに定義されている既定のコマンドが実行されます。ベースOSイメージの場合は、通常、OSのシェル（/bin/sh、/bin/bash、cmd.exeなど）が定義されています。

docker runコマンドの以下のオプションの指定について、よく使われるもの、およびWindowsコンテナー固有のものを説明します。

```
docker run <オプション> <イメージ名:タグ> <コマンド> <コマンド引数> ⏎
```

--name（コンテナー名の割り当て）

コンテナーに名前を付けて作成、実行します。

```
--name <コンテナー名>
```

-it（標準入力の端末に接続、フォアグラウンド実行）

コンテナーを開始後、標準入力（STDIN）および標準出力（STDOUT）、標準エラー出力（STDERR）に対話的にTTY接続します。-iはinteractive、-tはTTYの頭文字に由来します。コンテナーをフォアグラウンドで実行する場合に使用します。

```
-itまたは-i -t
```

-d（バックグラウンド実行）

コンテナーを作成後、対話的に接続せずにコンテナーID（完全なID）を返し、すぐにホスト側のコンソールに戻ります。-dはdetachedの頭文字に由来します。このオプションは、コンテナーをバックグラウンドで実行する場合に使用します。コンテナーに読み込むイメージに指定された実行コマンドにもよりますが、-dオプションでコンテナーを作成すると、すぐにコンテナーは終了状態になる場合があります（コマンドが指定されていない場合、あるいはコマンドの実行がすぐに終了する場合）。その場合、docker startコマンドで作成済みのコンテナーを開始するか、docker run実行時に-itと一緒に指定してフォアグラウンドで実行させます（-itdまたは-it -dまたは-i -t -d）。

```
-d
```

--rm（コンテナーの自動削除）

コンテナーの実行が終了した後に、コンテナーをローカルに保存せずに破棄します。イメージをテストする際に便利です。このオプションを指定しない場合、コンテナーを削除するにはdocker rmコマンドを使用する必要があります。

```
--rm
```

-v（ボリュームのマウント）

ホストのファイルシステムのパスをコンテナーのファイルシステムにマウントします。コンテナーに永続的または一時的な記憶域を提供するにはこのオプションを使用します。-vはvolumesに由来するもので、--volume=形式による指定も可能です。既定では、読み書きモードでマウントされます。読み取り専用モードでマウントするには:roオプションを指定します（画面1-24）。マウントモードを省略した場合、:rwオプションが指定されたものとみなされます。

```
-v <ホストのパス>:<コンテナーのパス>
-v <ホストのパス>:<コンテナーのパス>:ro

例：ホストのC:¥Toolsをコンテナーの同じパスに読み取り専用でマウントする
-v c:¥tools:c:¥tools:ro
```

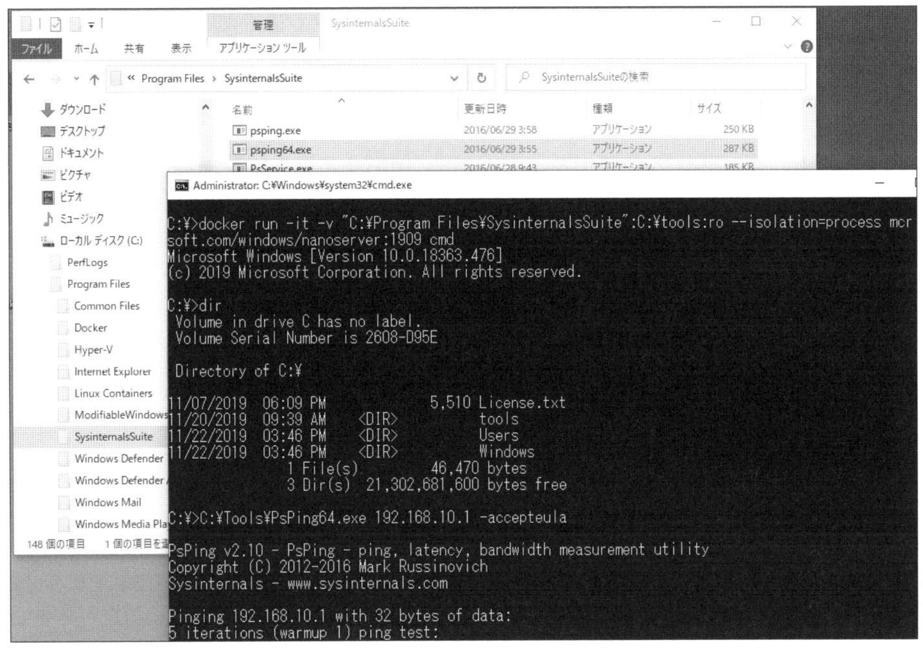

画面1-24 ホストのC:¥Program Files¥SysinternalsSuiteディレクトリをWindowsコンテナーのC:¥Toolsに読み取り専用でマウントし、コンテナー内でWindows Sysinternalsツールを実行している様子

-p(ポートの公開と転送)

コンテナーは、既定でNATが有効なプライベートIPのサブネットに接続され、IPアドレスが自動割り当てされます。コンテナーはNATによりインターネットアクセスを含む外部との通信が可能ですが、外部からの受信トラフィックはホスト側で破棄されます。外部からコンテナーへの特定ポートへの着信を許可するには、**-p**(または**--publish**)オプションでホストのポート番号とコンテナーのポート番号をマッピングしてホストのポートへの着信をコンテナーに転送するように構成します。

```
-p <ホストのポート番号>:<コンテナーのポート番号>

例:ホストのポート8080への着信をコンテナーの80に転送する
-p 8080:80
```

--network(コンテナーをネットワークに接続)

コンテナーを接続するネットワークを明示的に指定します。このオプションを省略した場合はホストに既定で作成されるNATネットワークが使用されます。Linuxコンテナー環境の既定のネットワーク名は**"bridge"**(bridgeドライバー)、Windowsコンテナー環境の既定のネットワーク名は**"nat"**(natドライバー)になります。コンテナー用ネットワークは、ネットワークを分離するテクノロジであり、LinuxコンテナーとWindowsコンテナー環境では実装が異なることに注意してください。ネットワークに接続しない場合は、LinuxとWindowsの両方のコンテナー環境ともに**"none"**(nullドライバー)を指定します。コンテナー用ネットワークについて詳しくは、第2章および第3章で説明します。

```
--network="<ネットワーク名>"
```

--isolation（分離モードの指定、Windowsコンテナーのみ）

Windowsコンテナーの分離モードを指定します。プロセス分離モードを指定するには**--isolation=process**、Hyper-V分離モードを指定するには**--isolation=hyperv**を指定します。省略した場合、**--isolation=default**が指定されたのと同じ扱いになり、ホストの既定のモードが使用されます。Windows Serverの既定はプロセス分離モード、Windows 10の既定はHyper-V分離モードです。

```
--isolation=hypervまたはprocessまたはdefault
```

--isolationオプションはWindowsコンテナー固有のものです。Linuxベースのコンテナーホストの Linuxコンテナーでは、**--isolation**オプションの指定は不要ですが、明示的に指定する場合は**default**のみがサポートされます（画面1-25）。なお、Windows ServerやWindows 10でLCOWを利用する場合、暗黙的にHyper-V分離モードが使用されるため、**--isolation**オプションの指定は不要です。また、以前は**--platform=linux**の指定が必要でしたが、現在のDockerでは不要です。

```
root@bd05f775039c: /
linuxadmin@coreosstable  $ sudo docker images
REPOSITORY          TAG                 IMAGE ID            CREATED             SIZE
centos-httpd        latest              7d0eaeb2adb4        5 days ago          241MB
nginx               latest              540a289bab6c        13 days ago         126MB
ubuntu              latest              cf0f3ca922e0        2 weeks ago         64.2MB
centos              latest              0f3e07c0138f        4 weeks ago         220MB
linuxadmin@coreosstable  $ sudo docker run --name myubuntu -it --rm --isolation="hyperv" ubuntu /bin/bash
/run/torcx/bin/docker: Error response from daemon: Invalid isolation: "hyperv" - linux only supports 'default'.
See '/run/torcx/bin/docker run --help'.
linuxadmin@coreosstable  $ sudo docker run --name myubuntu -it --rm --isolation="process" ubuntu /bin/bash
/run/torcx/bin/docker: Error response from daemon: Invalid isolation: "process" - linux only supports 'default'.
See '/run/torcx/bin/docker run --help'.
linuxadmin@coreosstable  $ sudo docker run --name myubuntu -it --rm --isolation="default" ubuntu /bin/bash
root@bd05f775039c:/#
```

画面1-25　--isolationオプションはWindowsコンテナー固有のもの。Linuxベースのコンテナー環境では指定は不要で、明示的に指定する場合でもdefault以外は受け付けない

1.4.6 レジストリ用コマンド

Dockerのパブリックおよびプライベートレジストリを操作するコマンドについて説明します。詳しくは、プライベートレジストリとして利用できるAzure Container Registry（ACR）を含めて第4章でも説明します。

docker search/pull

Docker HubからDocker公式イメージを検索し、取得するには、次のコマンドラインを実行します。**docker run**コマンドの実行時にローカルにイメージが存在しない場合、自動的にDocker Hubが検索され、利用可能であれば**pull**コマンドを明示的に実行しなくてもイメージを取得できます。**pull**コマンドは、イメージの更新バージョンの取得にも使用します。

```
docker search <検索文字列> ⏎
docker pull <イメージ名:タグ> ⏎
```

マイクロソフトの公式イメージは、Docker Hubではなく、Microsoft Container Registry（mcr.microsoft.com）のURIを指定して取得します。Windows Server CoreおよびNano Serverイメージの場合は、次のようになります。

```
docker pull mcr.microsoft.com/windows/servercore:<タグ> ⏎
docker pull mcr.microsoft.com/windows/nanoserver:<タグ> ⏎
```

古いドキュメントや書籍での説明

Windows Server 2016でDockerがサポートされた当初は、Docker Hubからマイクロソフト公式イメージが提供されていましたが、現在、最新および更新バージョンのイメージはMicrosoft Container Registry（MCR）のみから提供されています。古いドキュメントや書籍には、Docker Hubから取得するように説明されている場合があることに注意してください。Docker HubのWindowsコンテナーのベースOSイメージは更新されていない古いものです。

■ docker login/pull/push/logout

Dockerのレジストリサーバー（例えば、Docker Hubのプライベートリポジトリ）へのログイン、イメージの取得、イメージの送信、ログアウトを行うには、次のコマンドラインを実行します。詳しくは、第4章で説明します。

```
docker login ⏎
docker pull <イメージ名:タグ> ⏎
docker push <イメージ名:タグ> ⏎
docker logout ⏎
```

docket execコマンドのように使えるPowerShell Direct

Windows Server 2016 Hyper-Vでは、新機能として内部の通信チャネルを介してHyper-V仮想マシンのゲストOSのPowerShellに接続することができるPowerShell Directがサポートされました。この機能は、接続元と接続先でPowerShell Remotingの構成を行うことなく、PowerShell Remotingと同等の機能を**Enter-PSSession**および**Invoke-Command**コマンドレットに提供します。これらのコマンドレットには、仮想マシンを指定するための**-VMName**および**-VMId**オプションが新たに追加されました。

PowerShell Directの機能は、実は、プロセス分離モードやHyper-V分離モードで実行中のWindowsコンテナーに対してもサポートされ、**docker exec**コマンドのように利用できます。PowerShell Directを使用すると、**-it**や**-d**オプションで実行中の、Windows PowerShellを搭載したWindowsコンテナーのPowerShellセッションにコンテナー用ネットワークを使用せずに接続できます。**Invoke-Command**は**docker exec**に、**Enter-PSSession**は**docker exec -it**でpowershell.exeに対話的に接続するのと似ています。

コンテナーホストのWindows PowerShellからWindowsコンテナーのPowerShellセッションに接続するには、管理者として開いたWindows PowerShellウィンドウから、**Enter-PSSession**または**Invoke-Command**コマンドレットの**-ContainerId**オプションにコンテナーIDを指定して実行します。なお、コンテナーIDは**docker ps**で出力される短縮形のIDではなく、**docker ps --no-trunc**で出力される完全なコンテナーIDを指定する必要があります（画面1-26）。この完全なコンテナーIDは、**docker run -d**コマンドの実行時に返されるIDと同じものです。

この機能を利用するには、WindowsコンテナーでWindows PowerShellが利用可能である必要があります。そのため、Windows Server CoreやWindowsイメージのWindowsコンテナーに対しては利用可能ですが、Nano ServerイメージのWindowsコンテナーに対しては利用できません。Windows Server, version 1709以降のNano Serverは、Windows PowerShellを搭載していないからです（画面1-27）。また、筆者が確認した限り、LCOWで実行中のLinuxコンテナーにセットアップしたPowerShell Coreにも接続することはできません。

```
PS C:¥> docker ps --no-trunc ⏎
PS C:¥> Enter-PSSession -ContainerId <コンテナーID> -RunAsAdministrator ⏎
PS C:¥> Invoke-Command -ContainerId <コンテナーID> -ScriptBlock {<実行するスクリプト
>} -RunAsAdministrator ⏎
```

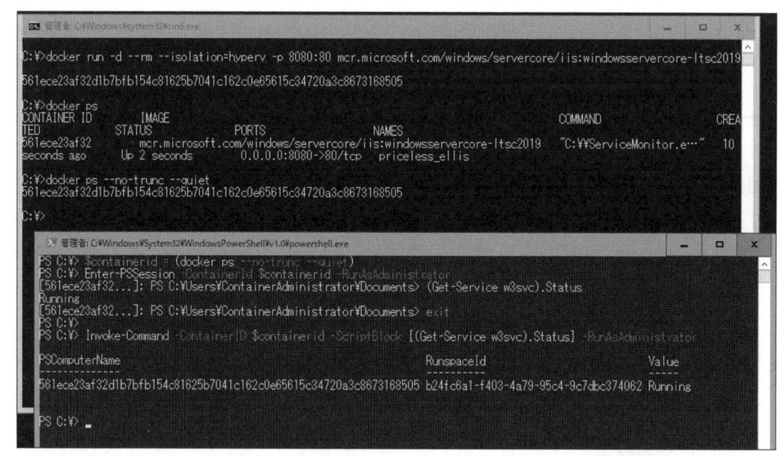

画面1-26 PowerShell DirectはWindowsコンテナーに対しても機能する

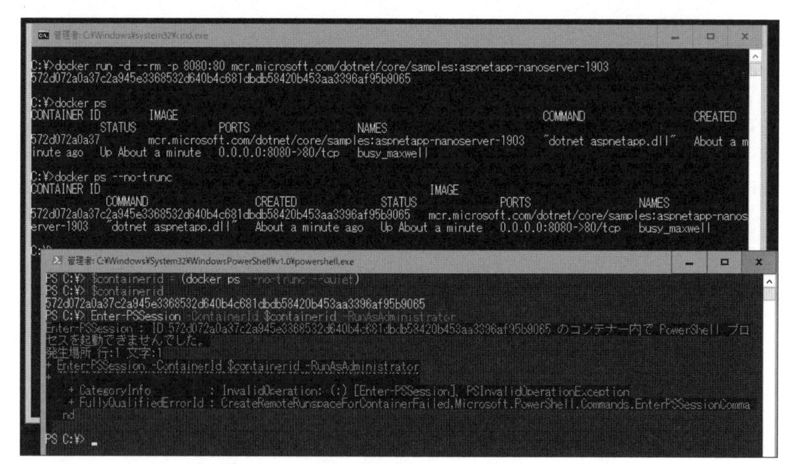

画面1-27 Nano ServerベースのWindowsコンテナーは、Windows PowerShellを搭載していないため、PowerShell Directで接続することはできない

第2章 Docker Enterprise for Windows Server

第2章では、Windows Server 2016またはそれ以降のWindows ServerのLTSCおよびSACリリースに、Docker Enterprise for Windows Serverをインストールして、Windowsコンテナーのためのコンテナーホストとしてセットアップする手順を説明します。

特に明記していない場合でも、コンテナーホストのセットアップやアップデート、アンインストール、サービスの再起動などの操作は、管理者権限のあるユーザー（ビルトインのAdministratorまたはAdministratorsローカルグループのメンバー）が、管理者権限で実行してください。例えば、ユーザーアカウント制御（UAC）が有効なユーザーの場合は、コマンドプロンプトやWindows PowerShellウィンドウを管理者として開いてコマンドラインを実行します。Docker Enterprise for Windows Serverの既定の構成では、dockerコマンドも管理者として実行する必要があります（UACが有効な場合は昇格が必要です）。

2.1 コンテナーホストのセットアップ

Windows ServerでWindowsコンテナーをサポートするには、商用版のDocker Enterprise for Windows Serverを導入する必要があります。Windows Server 2016以降には、商用版のDocker Enterprise for Windows Serverの使用権が含まれます。

2.1.1 コンテナーホストのシステム要件

Docker Enterpriseは、Windows Server 2016以降のデスクトップエクスペリエンスとServer Coreインストールのどちらの環境にもインストールできます。表2-1に本書の執筆時点で最新のDocker Enterprise 3.0 for Windows Serverのシステム要件を示します。Windows Server SACベースでコンテナーホストを構築する場合は、Server Coreインストール環境のみとなります。

表2-1 Docker Enterprise for Windows Serverのシステム要件

OSバージョン	・Windows Server 2016（Server Coreまたはデスクトップエクスペリエンス） ・Windows Server 2019（Server Coreまたはデスクトップエクスペリエンス） ・サポート期間中のWindows Server SAC（Server Coreインストールのみ）
プロセッサ	Hyper-V分離モードを利用するには、以下のHyper-Vの要件をサポートするプロセッサが必要です。 ・Intel VTまたはAMD-V ・ハードウェア強制データ実行防止（DEP） ・第2レベルアドレス変換拡張機能（Second Level Address Translation、SLAT）
メモリ	4GB以上
ディスク	C:ドライブに32GB以上の追加のディスク領域。C:¥Program Files¥dockerディレクトリへのバイナリの格納に加えて、C:¥ProgramData¥dockerディレクトリ配下へのイメージとコンテナーの格納に必要です。イメージとコンテナーを別のドライブのパスに変更する方法については、第4章で説明します。

注意

Windows Server 2016のコンテナーホストは非推奨

Docker Enterprise 3.0 for Windows ServerではWindows Server 2016のコンテナーホストは推奨されませんが、サポートされます。このバージョンがWindows Server 2016をサポートする最後のメジャーバージョンとなることに注意してください。Docker Enterprise 3.1からはWindows Server 2016はサポートされなくなる予定です（表2-2）。

表2-2 Docker EnterpriseのWindows Serverのサポート

	Docker Engine	Windows Server 2016	Windows Server, version 1709以降のSAC/LTSC
Docker EE	17.6.x	○	○
Docker EE	18.3.x	○	○
Docker Enterprise 2.1	18.09.x	○	○
Docker Enterprise 3.0	19.03.x	○（非推奨）	○
Docker Enterprise 3.1	未リリース	×	○

2.1.2 前提となるサーバーの役割と機能

Docker Enterprise for Windows Serverのすべての機能を利用するには、Windows Serverのサーバーの役割と機能として、Hyper-Vの役割とContainers（Windows Server 2016日本語版での機能名は「コンテナー」）の機能が必要です。Containersの機能は必須ですが、プロセス分離モードのみで利用する場合は、Hyper-Vの役割は必須ではありません。Hyper-Vの役割は、Hyper-V分離モードを利用する場合に必要になります。なお、Linux Containers on Windows（LCOW）はHyper-V分離モードを使用するため、Hyper-Vの役割が必要です。

Containersの機能については、次に説明するDocker PowerShellモジュールおよびパッケージを利用したインストールの中で必要に応じて自動的にインストールされますが、事前にHyper-Vの役割（オプション）とContainersの機能をインストールしておくと、この後のインストールがスムーズに進みます。

デスクトップエクスペリエンス環境の場合、Hyper-Vの役割とContainersの機能のインストールは、サーバーマネージャーから開始する［役割と機能の追加ウィザード］を使用できます。Windows PowerShellで次のコマンドラインを実行すると、デスクトップエクスペリエンスとServer Coreインストールで共通の方法でインストールすることができます。役割と機能のインストールを完了するには、ホストOSの再起動が必要です。なお、Hyper-VとContainersのインストールは、-Nameオプションにカンマ（,）で区切って指定することで、1行のコマンドラインでまとめて実行することもできます（画面2-1）。

```
PS C:¥> Install-WindowsFeature -Name Containers ⏎
PS C:¥> Install-WindowsFeature -Name Hyper-V -IncludeManagementTools ⏎
PS C:¥> Restart-Computer -Force ⏎
```

```
管理者: C:¥Windows¥system32¥cmd.exe
Microsoft Windows [Version 10.0.18363.418]

C:¥>start powershell

C:¥>  管理者: C:¥Windows¥System32¥WindowsPowerShell¥v1.0¥powershell.exe
Windows PowerShell
Copyright (C) Microsoft Corporation. All rights reserved.

新しいクロスプラットフォームの PowerShell をお試しください https://aka.ms/pscore6

PS C:¥> Install-WindowsFeature -Name Hyper-V, Containers -IncludeManagementTools

Success Restart Needed Exit Code      Feature Result
------- -------------- ---------      --------------
True    Yes            SuccessRest... {Containers, Hyper-V, Windows PowerShell ...
警告: インストール処理を完了するには、このサーバーを再起動する必要があります。
警告: インストールされているコンポーネントの自動更新を開始できませんでした。 エラー: 0x80080005

PS C:¥> Restart-Computer -Force
```

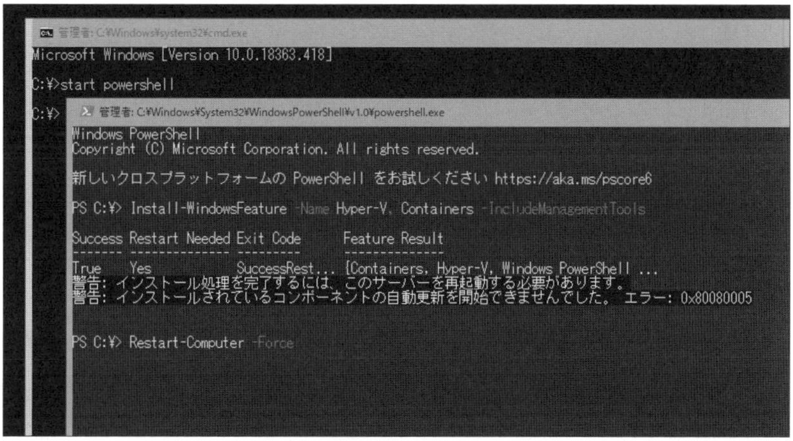

画面2-1 Hyper-Vの役割とContainersの機能をインストールし、ホストOSを再起動する。Containersの機能は必須、Hyper-Vの役割はHyper-V分離モードをサポートする場合に必要

2.1.3 Docker Enterpriseのインストール

Docker Enterprise for Windows Serverのインストールを簡素化するために、Docker PowerShellモジュール（DockerMsftProvider）およびインストール用パッケージ（Docker）が用意されています。Containersの機能およびHyper-Vの役割（Hyper-V分離モードのためのオプション）がインストール済みであれば、Windows PowerShellで次の3つのコマンドラインを実行することでDocker Enterprise 3.0 for Windows Serverの最新バージョンを簡単に導入することができます。Docker PowerShellモジュールおよびパッケージを使用すると、Docker EngineとDockerクライアントのWindowsバイナリパッケージ（.zip）のダウンロードと展開、コンテナー用の既定のネットワーク（nat）の作成、環境変数の設定、Dockerサービスの登録などが自動的に行われます（画面2-2、画面2-3）。

なお、Docker PowerShellモジュール（DockerMsftProvider）は、マイクロソフトが提供する.NET Framework対応のオープンソースのパッケージマネージャーであるNuGetに依存します。NuGetがインストールされていない場合、インストールするように問われるので、Yを入力してください。

```
PS C:¥> Install-Module DockerMsftProvider -Force ⏎
PS C:¥> Find-Package -Name Docker -ProviderName DockerMsftProvider ⏎
PS C:¥> Install-Package -Name Docker -ProviderName DockerMsftProvider -Force ⏎
PS C:¥> Start-Service docker ⏎
```

```
C:¥>start powershell
C:¥>   管理者: C:¥Windows¥System32¥WindowsPowerShell¥v1.0¥powershell.exe
Windows PowerShell
Copyright (C) Microsoft Corporation. All rights reserved.

新しいクロスプラットフォームの PowerShell をお試しください https://aka.ms/pscore6

PS C:¥> Get-WindowsFeature -Name Hyper-V,Containers

Display Name                                    Name                Install State
------------                                    ----                -------------
[X] Hyper-V                                     Hyper-V                 Installed
[X] Containers                                  Containers              Installed


PS C:¥> Install-Module DockerMsftProvider -Force

続行するには NuGet プロバイダーが必要です
PowerShellGet で NuGet ベースのリポジトリを操作するには、'2.8.5.201' 以降のバージョンの NuGet
プロバイダーが必要です。NuGet プロバイダーは 'C:¥Program Files¥PackageManagement¥ProviderAssemblies' ま
'C:¥Users¥Administrator¥AppData¥Local¥PackageManagement¥ProviderAssemblies'
に配置する必要があります。'Install-PackageProvider -Name NuGet -MinimumVersion 2.8.5.201 -Force' を実行
プロバイダーをインストールすることもできます。今すぐ PowerShellGet で NuGet
プロバイダーをインストールしてインポートしますか?
[Y] はい(Y)  [N] いいえ(N)  [S] 中断(S)  [?] ヘルプ (既定値は "Y"): Y
```

画面2-2 NuGetをインストールするかどうか問われた場合はYを入力する

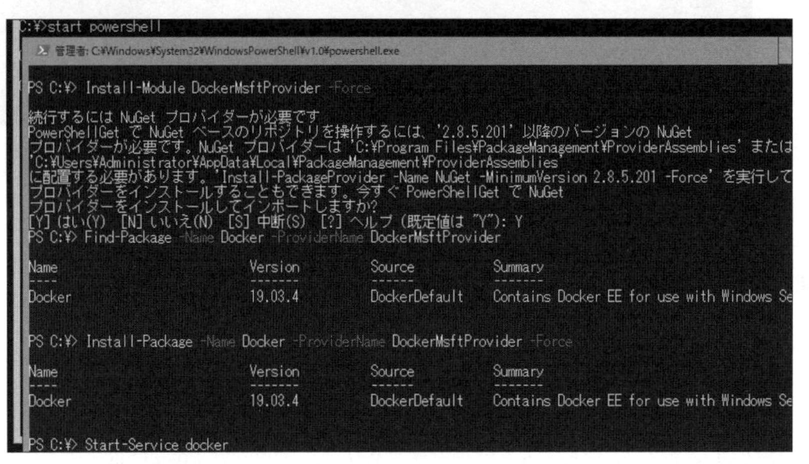

画面2-3 Find-PackageコマンドレットでDockerパッケージの最新バージョンを検索し、Install-PackageコマンドレットでDockerパッケージをインストールする

Docker Enterpriseのインストールが完了し、Dockerサービスを開始したら、**docker version**コマンドでバージョン情報を確認してください（画面2-4）。この時点でWindowsコンテナーの公式イメージの取得やコンテナーの作成と実行などを行う準備ができました。

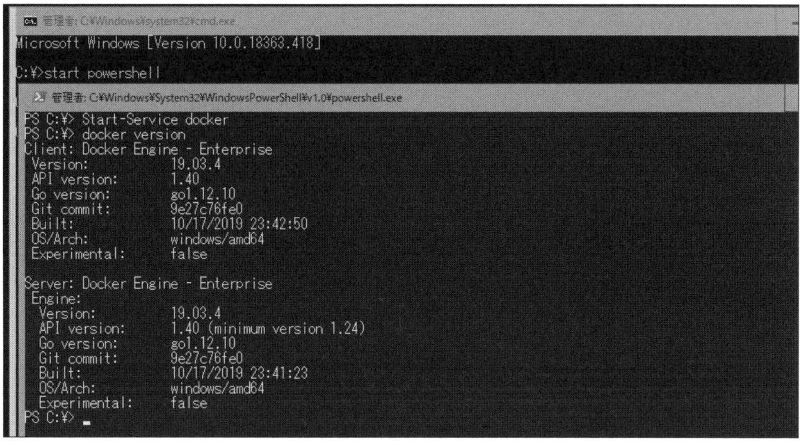

```
管理者: C:¥Windows¥system32¥cmd.exe
Microsoft Windows [Version 10.0.18363.418]

C:¥>start powershell
管理者: C:¥Windows¥System32¥WindowsPowerShell¥v1.0¥powershell.exe
PS C:¥> Start-Service docker
PS C:¥> docker version
Client: Docker Engine - Enterprise
 Version:           19.03.4
 API version:       1.40
 Go version:        go1.12.10
 Git commit:        9e27c76fe0
 Built:             10/17/2019 23:42:50
 OS/Arch:           windows/amd64
 Experimental:      false

Server: Docker Engine - Enterprise
 Engine:
  Version:          19.03.4
  API version:      1.40 (minimum version 1.24)
  Go version:       go1.12.10
  Git commit:       9e27c76fe0
  Built:            10/17/2019 23:41:23
  OS/Arch:          windows/amd64
  Experimental:     false
PS C:¥> _
```

画面2-4　docker versionコマンドを実行して、Docker Enterpriseのクライアントおよびサーバーのバージョン情報を確認する

Docker Enterpriseの特定バージョンの最新リリース（17.x.x、18.x.x、19.x.x）を明示的に指定してインストールするには、次のコマンドラインのように**Find-Package**コマンドレットに**-AllVersions**オプションを指定して利用可能なバージョンを確認し、**Install-Package**コマンドレットに**-RequiredVersion**オプションでインストール対象のバージョンを指定してください。Windows Server 2016をサポートしないDocker Enterprise 3.1以降がリリースされた場合は、この方法でWindows Server 2016に旧バージョンのDocker Enterpriseをインストールすることができます。

```
PS C:¥> Install-Module DockerMsftProvider -Force ⏎
PS C:¥> Find-Package -Name Docker -ProviderName DockerMsftProvider -AllVersions ⏎
PS C:¥> Install-Package -Name Docker -ProviderName DockerMsftProvider -RequiredVersion
<バージョン> -Force ⏎
PS C:¥> Start-Service docker ⏎
```

本書の執筆時点では、Docker Enterprise Editionのバージョン17.06.xおよび18.03.x、Docker Enterprise 2.1のバージョン18.09.x、Docker Enterprise 3.0のバージョン19.03.xが利用可能です。

```
管理者: C:¥Windows¥System32¥WindowsPowerShell¥v1.0¥powershell.exe

PS C:¥> Find-Package -Name Docker -ProviderName DockerMsftProvider -AllVersions

Name                           Version          Source           Summary
----                           -------          ------           -------
Docker                         17.06.2-ee-24    DockerDefault    Contains Docker EE for use with Windows Se
Docker                         18.03.1-ee-11    DockerDefault    Contains Docker EE for use with Windows Se
Docker                         18.09.10         DockerDefault    Contains Docker EE for use with Windows Se
Docker                         19.03.4          DockerDefault    Contains Docker EE for use with Windows Se

PS C:¥> Install-Package -Name Docker -ProviderName DockerMsftProvider -RequiredVersion 18.09.10 -Force

Name                           Version          Source           Summary
----                           -------          ------           -------
Docker                         18.09.10         DockerDefault    Contains Docker EE for use with Windows Se

PS C:¥> Start-Service docker
PS C:¥> docker version
Client: Docker Engine - Enterprise
 Version:           18.09.10
 API version:       1.39
 Go version:        go1.12.10
 Git commit:        2408617bbf
 Built:             10/04/2019 21:11:41
 OS/Arch:           windows/amd64
```

画面2-5　利用可能なすべてのバージョンの最新リリースを検索し、バージョン（Version）を指定してインストールする

注意

インストール手順は予告なく変更される場合がある

Windows ServerのDockerサポートは、Docker Enterpriseというオープンソースソフトウェアに完全に依存しています。そのため、インストール手順やシステム要件は予告なく変更される場合があることに注意してください。最新の情報は、以下の公式ドキュメントで確認できます。

Install Docker Engine - Enterprise on Windows Servers
https://docs.docker.com/install/windows/docker-ee/

2.1.4 Docker Enterpriseのアップデート

Docker Enterprise for Windows Serverはセキュリティ更新やバグ修正、新機能の実装などのため、不定期に更新バージョンがリリースされます。最新のリリース状況については、以下のDocker Engineのリリースノートを確認してください。

Docker Engine release notes
https://docs.docker.com/engine/release-notes/

本書の執筆時点では、Docker Enterprise Editionのバージョン17.06.xおよび18.03.x、Docker Enterprise 2.1のバージョン18.09.x、Docker Enterprise 3.0のバージョン19.03.xに対してアップデートが提供されています。なお、Docker Enterprise 2.1以降とDocker Desktop 2.0.0.0以降は、Docker Engineのバージョンが共通化されており、同じリリースノートで説明されています。

現在のバージョンの更新バージョンや新しいバージョン（Docker Enterprise 3.1以降）が利用可能になった場合は、インストールのときと同様にDocker PowerShellモジュールを利用して簡単に更新することができます。最初に**Update-Module**コマンドレットでDocker PowerShellモジュールの更新を確認し、その後、**Find-Package**コマンドレットで更新バー

ジョンを確認し、**Install-Package**コマンドレットの**-Update**オプションで更新して、**Start-Service**コマンドレットでDockerサービスを開始します（画面2-6）。


```
PS C:¥> Update-Module DockerMsftProvider ⏎
PS C:¥> Find-Package -Name Docker -ProviderName DockerMsftProvider ⏎
PS C:¥> Install-Package -Name Docker -ProviderName DockerMsftProvider -Update -Force ⏎
PS C:¥> Start-Service Docker ⏎
```

```
管理者: C:¥Windows¥system32¥cmd.exe
Microsoft Windows [Version 10.0.18363.418]
C:¥>start powershell
管理者: C:¥Windows¥System32¥WindowsPowerShell¥v1.0¥powershell.exe
PS C:¥> docker version -f "{{.Server.Version}}"
18.09.10
PS C:¥> Update-Module DockerMsftProvider
PS C:¥> Find-Package -Name Docker -ProviderName DockerMsftProvider

Name                     Version      Source          Summary
----                     -------      ------          -------
Docker                   19.03.4      DockerDefault   Contains Docker EE for use with Windows S

PS C:¥> Install-Package -Name Docker -ProviderName DockerMsftProvider -Update -Force

Name                     Version      Source          Summary
----                     -------      ------          -------
Docker                   19.03.4      DockerDefault   Contains Docker EE for use with Windows S

PS C:¥> Start-Service docker
PS C:¥> docker version -f "{{.Server.Version}}"
19.03.4
PS C:¥>
```

画面2-6　バージョン18.09.10（Docker Enterprise 2.1）からバージョン19.03.4（Docker Enterprise 3.0）へのアップデート

Docker Enterpriseの特定の更新バージョン（17.x.x、18.x.x、19.x.x）を明示的に指定してアップデートするには、次のコマンドラインのように**Find-Package**コマンドレットに**-AllVersions**オプションを指定して利用可能なバージョンを確認し、**Install-Package**コマンドレットに**-RequiredVersion**オプションで更新バージョンを指定してください。

```
PS C:¥> Find-Package -Name Docker -ProviderName DockerMsftProvider -AllVersions ⏎
PS C:¥> Install-Package -Name Docker -ProviderName DockerMsftProvider -RequiredVersion
<更新バージョン> -Update -Force ⏎
PS C:¥> Start-Service Docker ⏎
```

メモ

“警告：Cannot verify the file SHA256. Deleting the file.”エラーが発生した場合

Docker Enterprise for Windows Serverのインストールまたは更新バージョンへの更新の際、**Install-Package**コマンドレットの実行が、“警告：Cannot verify the file SHA256. Deleting the file.”のエラーで失敗することがあります（画面2-7）。この問題は、ダウンロードに時間がかかる場合に発生することがあるようです。

```
PS C:¥> Install-Package -Name docker -ProviderName DockerMsftProvider -Update -Force
警告: Cannot verify the file SHA256. Deleting the file.
警告: C:¥Users¥ADMINI~1¥AppData¥Local¥Temp¥1¥DockerMsftProvider¥Docker-18-09-0.zip does not exist
Install-Package : パス 'C:¥Users¥ADMINI~1¥AppData¥Local¥Temp¥1¥DockerMsftProvider¥Docker-18-09-0.zip' が存在しないため
検出できません。
発生場所 行:1 文字:1
+ Install-Package -Name docker -ProviderName DockerMsftProvider -Update ...
+
    + CategoryInfo          : ObjectNotFound: (C:¥Users¥ADMINI...ker-18-09-0.zip:String) [Install-Package], Exception
    + FullyQualifiedErrorId : PathNotFound,Microsoft.PowerShell.Commands.RemoveItemCommand,Microsoft.PowerShell.Packag
   eManagement.Cmdlets.InstallPackage

PS C:¥>
```

画面2-7　Install-PackageコマンドレットがSHA256ハッシュの検証エラーで失敗

このエラーで終了した場合、Docker Enterprise for Windows Serverはインストールされません。アップグレードの場合は、アップグレード前のインストールは削除されてしまいます。その場合は、以下の手順に従ってマニュアルでインストールしてください。

以下の場所にあるDockerDefault_DockerSearchIndex.jsonファイルをメモ帳などで開いて、対象バージョンのURLとハッシュ値を確認します（Windows PowerShellでパスを操作する場合は%USERPROFILE%を$env:USERPROFILEに置き換えてください）。

%USERPROFILE%¥AppData¥Local¥Temp¥1¥DockerMsftProvider¥DockerDefault_DockerSearchIndex.json

Invoke-WebRequestやWebブラウザーを使用し上記で確認したURLからZIPファイルをダウンロードし、**Get-FileHash**コマンドレットでSHA256ハッシュが正しいことを確認します。次の例は、Docker EnterpriseのDocker Engine 19.03.4の場合です。ZIPファイルのダウンロード元URLは上記のDockerDefault_DockerSearchIndex.jsonで確認したものに置き換えてください。

```
PS C:¥> Invoke-WebRequest -Uri https://dockermsft.blob.core.windows.net/dockercontainer/docker-19-03-4.zip -Outfile $env:TEMP¥docker.zip -UseBasicParsing ⏎
PS C:¥> Get-FileHash -Path "$env:TEMP¥docker.zip" -Algorithm SHA256 ⏎
```

その後、「Install Docker Enterprise Edition for Windows Server」ドキュメント（https://docs.docker.com/ee/docker-ee/windows/docker-ee/）の「Use a script to install Docker EE」の手順に従って、マニュアルでインストールします。既に、Hyper-Vの役割およびContainersの機能を有効化済みである場合は、次のようなコマンドラインでインストールできます。

```
PS C:¥> Expand-Archive $env:TEMP¥docker.zip -DestinationPath $Env:ProgramFiles -Force ⏎
PS C:¥> Remove-Item -Force $env:TEMP¥docker.zip ⏎
PS C:¥> $env:path += ";$env:ProgramFiles¥docker" ⏎
PS C:¥> $newPath = "$env:ProgramFiles¥docker;" + [Environment]::GetEnvironmentVariable("PATH", [EnvironmentVariableTarget]::Machine) ⏎
PS C:¥> [Environment]::SetEnvironmentVariable("PATH", $newPath, [EnvironmentVariableTarget]::Machine) ⏎
PS C:¥> dockerd --register-service ⏎
PS C:¥> Start-Service docker ⏎
PS C:¥> docker version ⏎
```

2.1.5 コンテナーホストのアンインストール

コンテナーホストからWindowsコンテナーの環境を完全に削除するには、次の手順でDockerのサーバー環境をクリーンアップした上で、DockerのバイナリやDocker PowerShellモジュール、使用されているファイルシステム、Windows Serverのコンテナー用ネットワーク、サーバーの役割と機能を削除します。

Dockerのサーバー環境をクリーンアップするには、Windows PowerShellで次のコマンドラインを実行します。1行目のコマンドラインを実行して実行中および停止中のコンテナーをすべて削除した上で（1行目のコマンドラインはWindows PowerShellでなければ成功しません）、2行目のコマンドラインを実行してDockerで使用されていないコンテナー、イメージ、ネットワーク、ボリューム、キャッシュをすべて削除します。

```
PS C:¥> docker rm -f $(docker ps --all --quiet) ⏎
PS C:¥> docker system prune --all --volumes ⏎
WARNING! This will remove:
  - all stopped containers
  - all networks not used by at least one container
  - all volumes not used by at least one container
  - all images without at least one container associated to them
  - all build cache

Are you sure you want to continue? [y/N] y ⏎
```

続いて、Windows PowerShellでDockerパッケージとDocker PowerShellモジュールをアンインストールします。

```
PS C:¥> Uninstall-Package -Name Docker -ProviderName DockerMsftProvider ⏎
PS C:¥> Uninstall-Module -Name DockerMsftProvider ⏎
```

```
管理者: C:¥Windows¥System32¥WindowsPowerShell¥v1.0¥powershell.exe
PS C:¥> docker rm -f $(docker ps --all --quiet)
d95cbbdf2424
PS C:¥> docker system prune --all --volumes
WARNING! This will remove:
  - all stopped containers
  - all networks not used by at least one container
  - all volumes not used by at least one container
  - all images without at least one container associated to them
  - all build cache

Are you sure you want to continue? [y/N] y
Deleted Networks:
vSwitch - External

Deleted Images:
untagged: mcr.microsoft.com/windows/nanoserver:1903
untagged: mcr.microsoft.com/windows/nanoserver@sha256:a87e3729ccbc77da53771e9849553bb18f45178036feb3b5d3a62cc35858f052
deleted: sha256:2b9c381d091186808887ffe17b0dc490a2c412bd09d4cd406b1302fe4df607f1
deleted: sha256:0a14b932534e715e95672cbf91b4104c05328a59c74980f6b20c39eb9a8b0e1a

Total reclaimed space: 256.1MB
PS C:¥> Uninstall-Package -Name Docker -ProviderName DockerMsftProvider

Name                 Version    Source         Summary
----                 -------    ------         -------
docker               19.03.4    DockerDefault


PS C:¥> Uninstall-Module -Name DockerMsftProvider
```

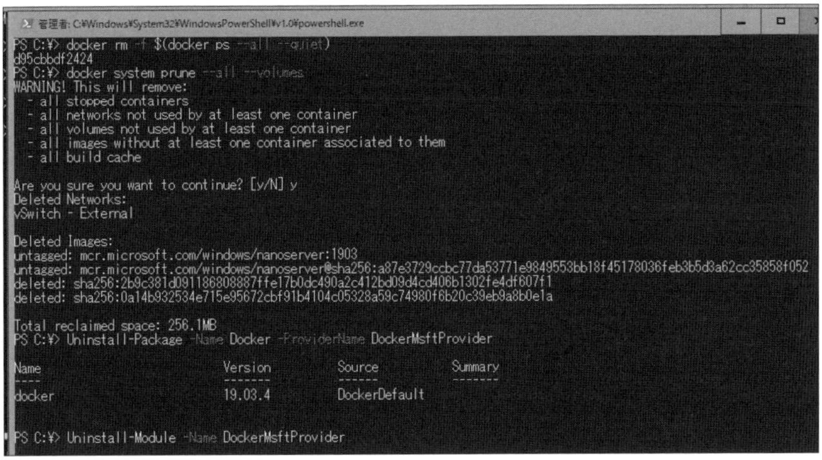

画面2-8 Dockerのサーバー環境をクリーンアップした上で、DockerパッケージとDocker PowerShellモジュールをアンインストールする

この時点では、Windows Serverにコンテナー用のネットワーク設定とC:¥ProgramData¥dockerのディレクトリツリーが残っているので、次のコマンドラインを実行してこれらをクリーンアップします。

```
PS C:¥> Get-HNSNetwork | Remove-HNSNetwork ⏎
PS C:¥> Remove-Item -Path "C:¥ProgramData¥docker" -Recurse -Force ⏎
```

Windows Server 2016のコンテナーホストの場合は、コンテナー用のネットワークの実装方法が異なるため、上記コマンドラインではなく、次のコマンドラインを使用してください。

```
PS C:¥> Get-NetNat | Remove-NetNat ⏎
PS C:¥> Remove-Item -Path "C:¥ProgramData¥Docker" -Recurse -Force ⏎
```

最後に、必要に応じてContainersの機能やHyper-Vの役割をアンインストールします。役割と機能のアンインストールにはホストの再起動が必要です（画面2-9）。

```
PS C:¥> Uninstall-WindowsFeature -Name Containers ⏎
PS C:¥> Uninstall-WindowsFeature -Name Hyper-V -IncludeManagementTools ⏎
PS C:¥> Restart-Computer -Force ⏎
```

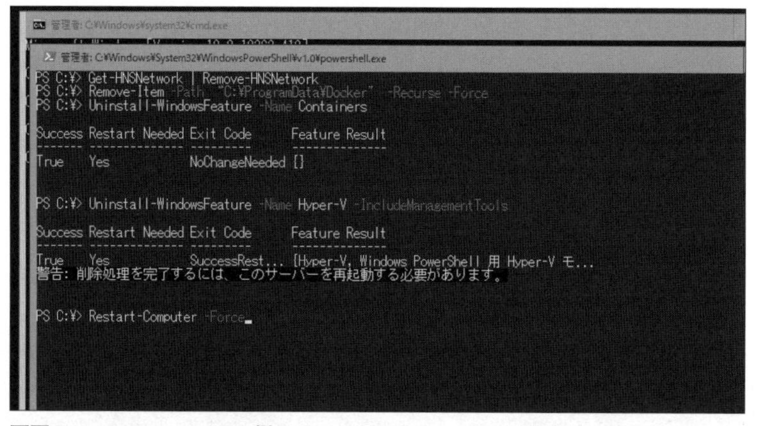

画面2-9　Windows Server側のコンテナー用ネットワーク設定（HNS）とC:¥ProgramData¥Dockerのディレクトリツリーを削除し、必要に応じてサーバーの役割と機能をアンインストールする

2.2 コンテナーホストのテストとオプション構成

ここまでの時点でWindowsコンテナーのためのDockerのコンテナーホストが構築できたので、簡単な例でテストしてみましょう。また、Dockerのサーバーのオプションの構成についても解説します。

2.2.1 Windowsコンテナーのテスト

簡単な例でWindowsコンテナーをテストします。動作確認のためには、イメージサイズの小さいNano Serverイメージの利用がお勧めです。なお、ここで示す例は特に明記しない限り、Windows Server 2019またはWindows Server, version 1809のコンテナーホストで実行することを想定しています。

■ プロセス分離モードのWindowsコンテナー

Windowsコンテナーをプロセス分離モードで実行するには、コマンドプロンプトまたはWindows PowerShellを開いて、以下のいずれかのコマンドラインを実行します。この例はmcr.microsoft.com/windows/nanoserver:1809イメージからコンテナーを作成してプロセス分離モードで実行し、コマンドプロンプト（cmd.exe）を実行して対話的に接続します。cmd.exeでEXITコマンドを実行してコンテナーを終了すると、直ちにコンテナーを削除（--rmオプション）します。Windows Serverの既定の分離モードはプロセス分離モードであるため、--isolation=processオプションは省略可能です（画面2-10）。docker pullコマンドで事前にベースOSイメージを取得しておくことも可能ですが、ローカルに存在しない場合、docker runコマンドの実行時に取得されます。

```
C:¥> docker run -it --rm mcr.microsoft.com/windows/nanoserver:1809 cmd⏎
または
C:¥> docker run -it --isolation=process --rm mcr.microsoft.com/windows/nanoserver:1809
cmd ⏎
```

ホストとコンテナーの両方でhostnameやipconfigコマンドを実行してみてください。Windowsコンテナーに固有のコンピューター名（コンピューター名はdocker psのコンテナーIDと一致します）およびNATサブネットのIPアドレスが割り当てられ、アプリケーション実行環境とネットワークがコンテナーで分離されていることを確認できるでしょう。コンテナーがプロセス分離モードで実行中であること、およびコンテナーにNATで割り当てられたIPアドレスは、ホスト側からdocker inspectコマンドで参照することができます（画面2-10）。

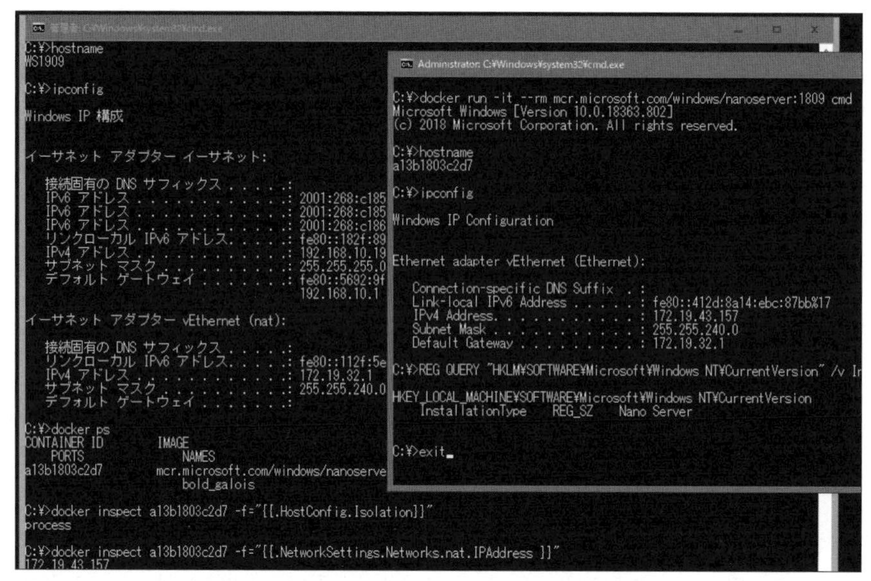

画面2-10 プロセス分離モードでのWindowsコンテナーの実行例。奥のウィンドウはホスト、手前のウィンドウは実行中のコンテナー

原則として、ホストOSと同じビルドのWindowsコンテナーをプロセス分離モードで実行することができます。ビルドが一致しない場合、“The container operating system does not match the host operating system.”というエラーで失敗します。ただし、Windows Server, version 1909以降のコンテナーホストでは、一定範囲の下位ビルドのWindowsコンテナーをプロセス分離モードで実行することが可能です（第1章の「1.2.6 Windowsコンテナーのバージョン互換性とライフサイクル」を参照）。つまり、nanoserver:1809をプロセス分離モードで実行する上記の例は、Windows Server 2019とWindows Server, version 1909で動作しますが、Windows Server, version 1903のコンテナーホストとWindows Server, version 1803以前のコンテナーホストでは失敗します。

Hyper-V分離モードのWindowsコンテナー

コンテナーホストと同じビルド、および下位のビルドは、Hyper-V分離モードで実行できます。Hyper-V分離モードで実行するには、**--isolation=hyperv**オプションを追加します。分離モードの違いを除けば、プロセス分離モードとHyper-V分離モードの環境に違いはありません（画面2-11）。

```
C:¥> docker run -it --isolation=hyperv --rm mcr.microsoft.com/windows/nanoserver:1803 c
md ↵
```

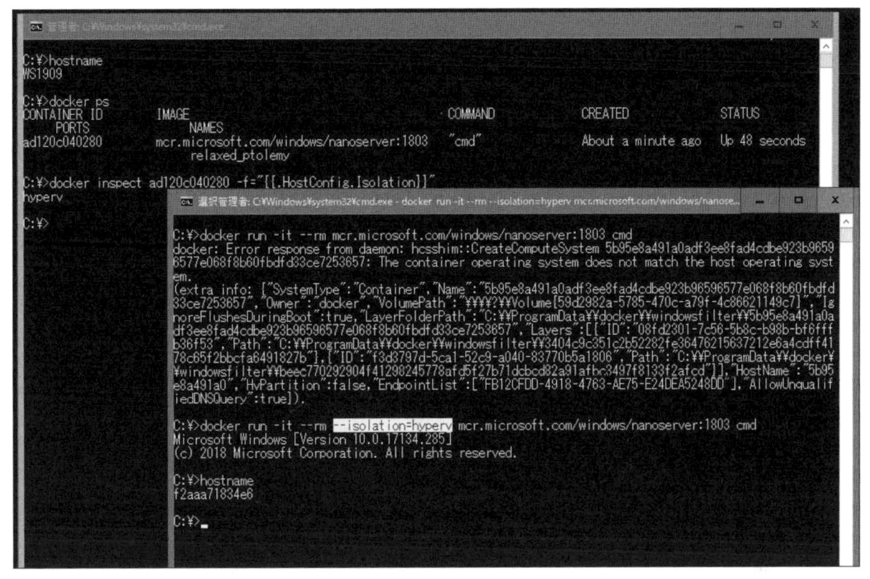

画面2-11 プロセス分離モードで実行できない下位バージョンのWindowsコンテナーは、Hyper-V分離モードで実行できる

メモ

hello-worldサンプル

hello-worldは、Docker公式イメージとして提供されている、LinuxコンテナーおよびWindowsコンテナーの両方に対応した最小Dockerコンテナーのサンプルです。

hello-world
https://hub.docker.com/_/hello-world

このサンプルを実行するためのコマンドラインとして、次のような例を目にすることがあるかもしれません。なお、**docker container run**コマンドはDockerの古いコマンド体系のものであり、**docker run**コマンドと同じです。**docker container run**コマンドは互換性のために引き続き利用可能です。

```
C:¥> docker container run hello-world:nanoserver ⏎
```

このコマンドラインは、Nano ServerベースのWindowsコンテナーをプロセス分離モードとして実行するため、ホストとのサポートされない組み合わせでは“The container operating system does not match the host operating system.”というエラーで失敗します。Windowsコンテナー向けのタグとしては、本書の執筆時点では**:nanoserver-1809**、**:nanoserver-1803**（または**:nanoserver**）、**:nanoserver-1709**、**nanoserver-sac2016**が利用可能です（ただし、バージョン1803以前のNano Serverのサポートは終了した古いバージョンであることに注意してください）。

Windows Server 2019およびWindows Server, version 1909のコンテナーホストの場合は、次のコマンドラインを実行することでサンプルが動作します。

```
C:¥> docker run hello-world:nanoserver-1809 ⏎
```

コンテナーを実行すると“Hello from Docker!”と表示して直ちに終了しますが、サンプルのイメージとコンテナーはローカルに残ります。サンプルの確認後は**docker rm**と**docker rmi**コマンドを使用してコンテナーとイメージを削除してください（画面2-12）。この後のWindows Server 2016向けの例のように、**docker run**コマンドに**--rm**オプションを追加すると、コンテナー終了後に直ちにコンテナーを自動削除することができます（イメージは残ります）。

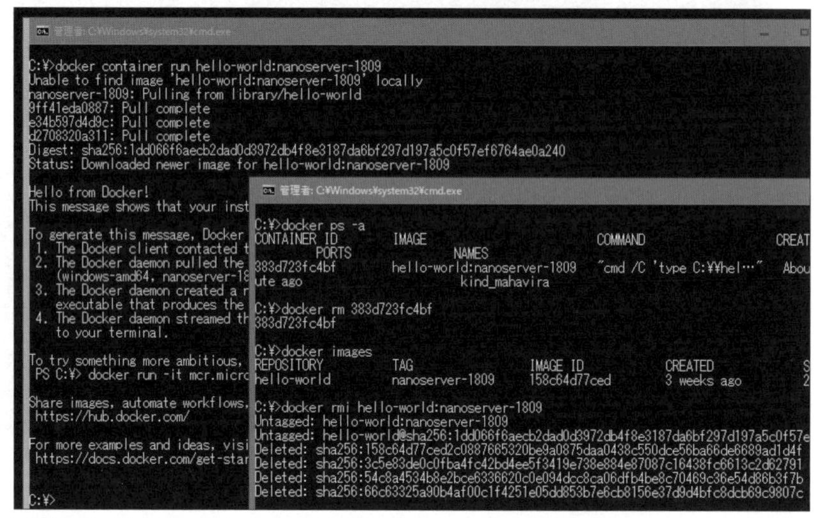

画面2-12 Windowsコンテナーによるhello-worldサンプルの実行例

Windows Server 2016のコンテナーホストの場合は、次のコマンドラインを実行することでサンプルが動作します。

```
C:¥> docker run --rm hello-world:nanoserver-sac2016 ⏎
```

それ以外の、コンテナーホストより下位ビルドのイメージとの組み合わせの場合は、次のようにHyper-V分離モードで実行することで、サンプルを動作させることができます。

```
C:¥> docker run --rm --isolation=hyperv hello-world:nanoserver-1803 ⏎
```

2.2.2 Windowsコンテナーのネットワーク

Windows Serverのコンテナーホストがコンテナーに提供するネットワーク機能は、複数の方法でコンテナーのネットワークを分離し、外部との通信とセキュリティ境界の両方を実現します。Windows Serverのコンテナー用ネットワークは、Dockerのネットワーク機能に加えて、Hyper-V仮想スイッチのテクノロジを利用しており、その部分においてLinuxベースのコンテナーホストとは実装が異なります。

Windows Serverのコンテナーホストでサポートされる、Dockerネットワークドライバーは次のとおりです。既定のnatドライバーは、Linuxのbridgeドライバーに相当します。transparentおよびl2bridgeはLinuxのmacvlanドライバーに相当します。Linuxのhostに相当するドライバーは存在しません。

- **nat** —— Dockerのインストールにより自動作成される既定のDockerネットワークです。ネットワークアドレス変換（NAT）による外部アクセスとポート転送／マッピングによる外部からコンテナーのエンドポイントに対する通信をサポートします。この機能は、Windows ServerのHyper-Vの内部タイプの仮想スイッチと、HNSサービス（サービス名：hns、表示名：ホスト ネットワーク サービス）によって実現されており、NATネットワークにはクラスBのプライベートアドレス空間172.16.0.0/12（172.16.0.0～172.16.31.255.255）から、/28（255.255.255.240）のサブネットが自動構成されます（図2-1）。なお、Windows Server 2016では実装が異なり、HNSではなくWinNAT（Windows NAT、NetNATとも呼ばれます）コンポーネントが使用されていました。また、Windows Server 2016およびWindows 10バージョン1607では単一のNATネットワークのみをサポートしていましたが、Windows 10バージョン1703以降はNATネットワーク用に複数のHyper-V仮想スイッチの作成がサポートされています（本書ではその方法について説明しません）。

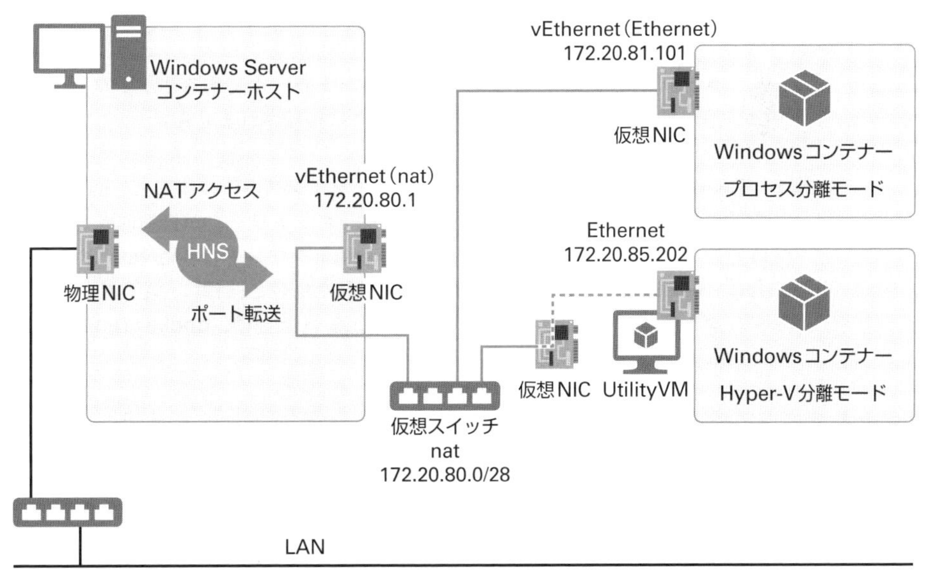

図2-1　既定のnatネットワークのアーキテクチャ。ホストとコンテナーはすべて仮想スイッチnatに接続され、ホストにはNATサブネットの最初のアドレス（172.20.80.0/28の場合は172.20.80.1）が割り当てられる。コンテナーはホストのIPアドレスをデフォルトゲートウェイとして外部と通信できる

- **transparent** —— このタイプのドライバーを使用するDockerネットワークは、外部タイプのHyper-V仮想スイッチにより直接的にホストと同じIPサブネットに接続されます。このDockerネットワークに接続されたコンテナーは、既定ではホストのWindows Defenderファイアウォールで保護されません（手動で構成することで保護できます）。コンテナーのIPアドレスは、ネットワーク上のDHCPサーバーによる動的な割り当て、またはDockerネットワークの**--subnet**オプションの指定によるIPプレフィックスからの割り当てが可能です。外部タイプのHyper-V仮想スイッチが存在する場合、transparentドライバーによってDockerネットワークとして自動構成されます。transparentタイプのDockerネットワークは、IPアドレスの割り当てに制約がある Azure 仮想マシン環境ではサポートされません。

- **overlay** ―― Dockerエンジンが Swarm モードで動作している場合、overlay タイプの Docker ネットワークに接続されたコンテナーは、複数のコンテナーホスト間で同じネットワークに接続された他のネットワークと通信できます。このタイプの Docker ネットワークは、適切なネットワークコントロールプレーンを使用する Kubernetes で利用可能です。Windows Server 2016 のコンテナーホストでは、2017年4月の累積更新プログラム（ビルド 14393.1066）以降でサポートされます。
- **l2bridge** ―― このタイプのドライバーを使用する Docker ネットワークは、外部タイプの Hyper-V 仮想スイッチを通じてコンテナーホストと同じ IP サブネットに接続されます。すべてのコンテナーのエンドポイントは、レイヤー2アドレス変換（MAC re-write）のために同じ MAC アドレスを持つことになります。この点が、transparent と異なります。
- **l2tunnel** ―― l2bridge と似ていますが、Microsoft Cloud Stack（Azure や Azure Stack のインフラストラクチャ）でのみ使用されるドライバーです。コンテナーからのパケットは、SDN（Software Defined Network）ポリシーが適用された仮想化ホストに送信されます。
- **null** ―― このタイプの Docker ネットワークであるネットワーク名 none が使用される場合、コンテナーはネットワークに接続されません。

Docker Enterprise for Windows Server をインストールすると、nat および null ドライバーを持つ nat および none という名前の Docker ネットワークが自動作成されます。コンテナーの既定のネットワークは nat であり、**docker run** コマンドの **--network** オプションを省略した場合は、**--network="nat"** が明示的に指定された場合と同様に NAT ネットワークに接続されます。コンテナーをネットワークに接続しない場合は、**docker run** コマンドに **--network="none"** を指定します。（画面2-13）。

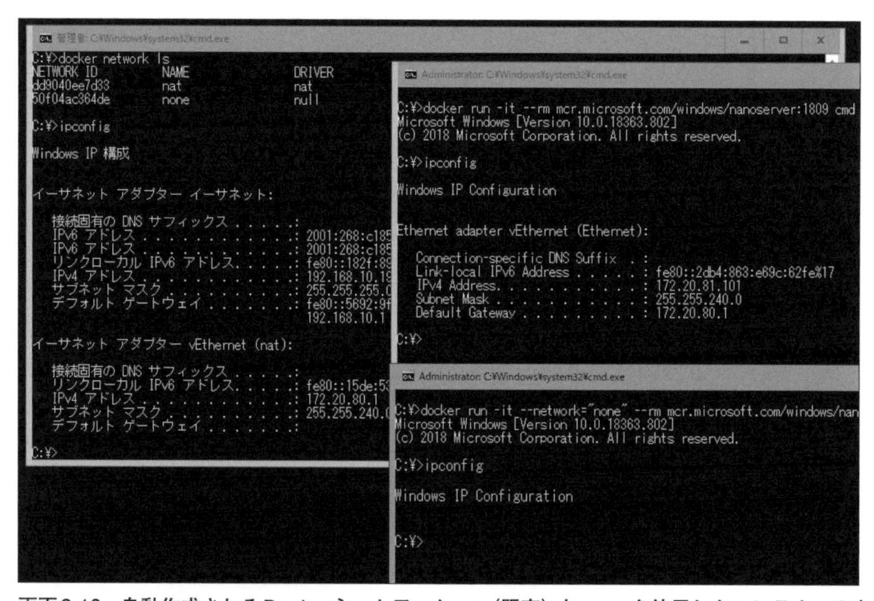

画面2-13　自動作成される Docker ネットワーク nat（既定）と none を使用したコンテナーの実行

前述したように、natドライバーのDockerネットワークは、Windows ServerのHyper-V仮想スイッチとHNSサービスで実現されています（画面2-14）。Windows Server 2019およびWindows Server, version 1809以降の場合、外部タイプのHyper-V仮想スイッチが存在するときは、その仮想スイッチ名と同名のtransparentドライバーのDockerネットワークも自動構成されます。初めてDockerをサポートしたWindows Server 2016は実装が異なり、HNSではなくWinNAT（NetNAT）というコンポーネントが使用されます（画面2-15）。

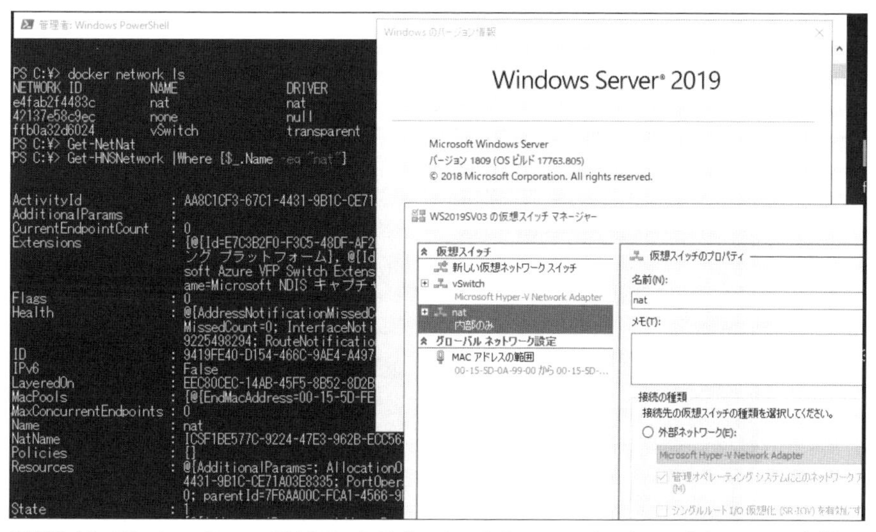

画面2-14　Windows Server 2019のコンテナーホストのDockerネットワークとHyper-V仮想スイッチ

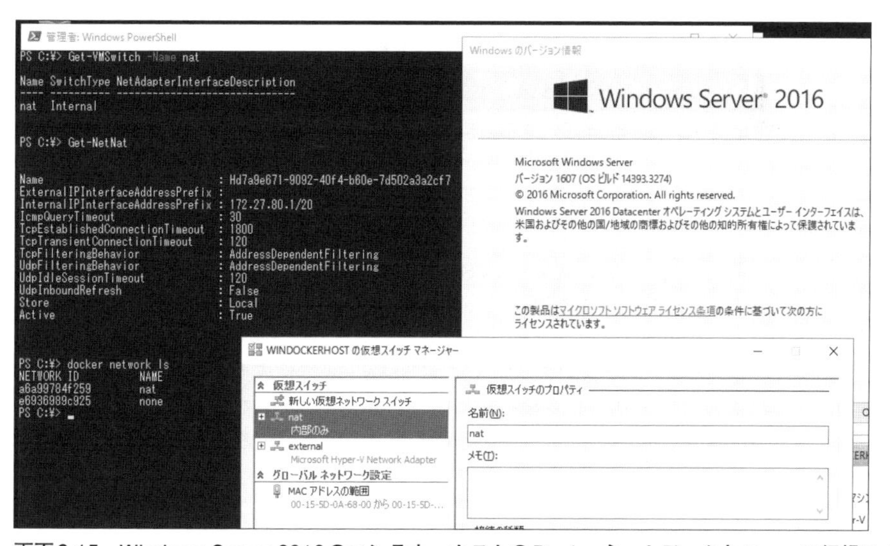

画面2-15　Windows Server 2016のコンテナーホストのDockerネットワークとHyper-V仮想スイッチ。transparentタイプのDockerネットワークは自動構成されない

NATサブネットを固定する方法

Windows Server 2019およびWindows Server, version 1809以降、NATネットワークはホストOSの起動ごとに自動作成されるようになったため、NATネットワークのサブネットは固定されず、ホストを再起動すると異なるNATネットワークが構成されます。ホストの再起動後も同じNATネットワークのIPプレフィックスを使用したい場合は、C:¥ProgramData¥docker¥config¥daemon.jsonに**fixed-cidr**オプションを追加してホストを再起動します。daemon.jsonが存在しない場合は、ANSIまたはUTF-8のテキストファイルを新規作成し、次のように書き込んで保存します。daemon.jsonが存在し、別のオプションが構成されている場合は、カンマ（**,**）で区切って**fixed-cidr**オプションを追加します。

```
{
    "fixed-cidr": "172.16.1.0/24"
}
```

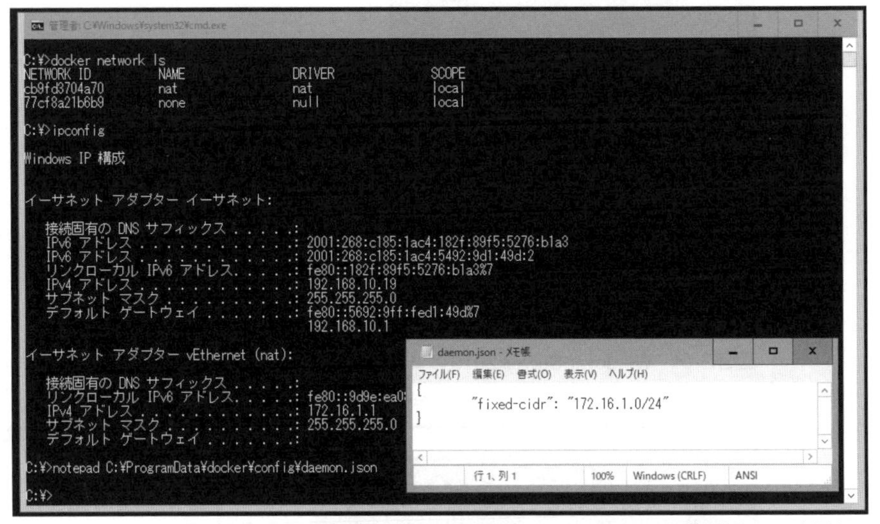

画面2-16　daemon.jsonでfixed-cidrオプションを指定すると、ホストが再起動されても同じIPプレフィックスのNATネットワークを維持することができる

前述したように、Windows Server 2019およびWindows Server, version 1809以降では外部タイプのHyper-V仮想スイッチが存在する場合、transparentドライバーのDockerネットワークが仮想スイッチと同じ名前で自動構成されます。Hyper-V仮想スイッチは、Hyper-Vマネージャーの［仮想スイッチマネージャー］で作成できます。Windows PowerShellの場合は次のコマンドラインでネットワークアダプター名を確認した上で作成できます。Dockerネットワークとしては、Dockerサービスを再起動することで認識されます（画面2-17）。

```
PS C:¥> Get-NetAdapter ⏎
PS C:¥> New-VMSwitch -NetAdapterName "<ネットワークアダプター名>" -AllowManagementOS $t
rue -Name "<仮想スイッチ名>" ⏎
PS C:¥> Restart-Service Docker ⏎
```

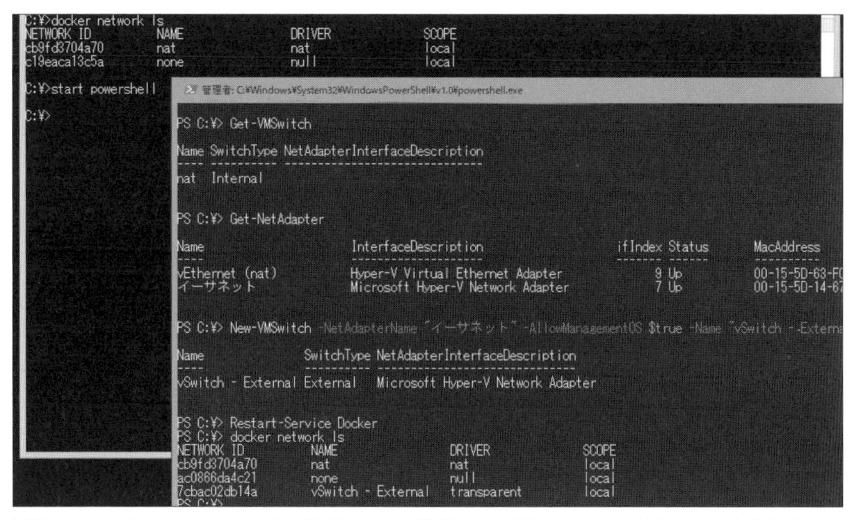

画面2-17 Windows PowerShellを使用して外部タイプのHyper-V仮想スイッチを作成すると、transparentドライバーのDockerネットワークとしても利用可能になる

transparentドライバーのDockerネットワークに接続したコンテナーは、ホストと同じIPサブネットに接続されます。そのIPサブネットでDHCPサーバーが利用可能であれば、ホストと同じIPプレフィックスのIPアドレスが動的に割り当てられます。既定ではホストのWindows Defenderファイアウォールで保護されないことに注意してください（画面2-18）。Windows DefenderファイアウォールでコンテナーのIPアドレスまたはIPプレフィックスをローカルIPアドレスのスコープに指定した規則を作成することで、着信トラフィックの許可または拒否を制御できます。なお、Windowsコンテナー側のWindows Defender Firewall（MpsSvc）サービスは無効になっており、コンテナー側でネットワークを保護することはできません。

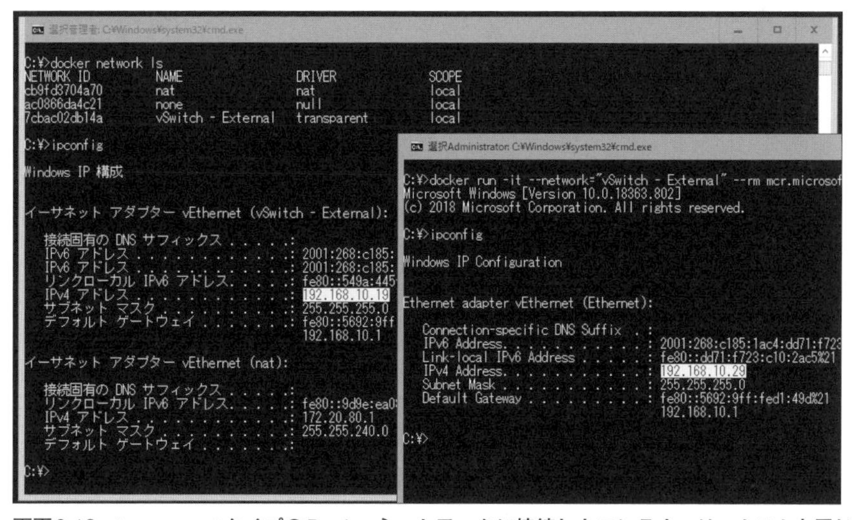

画面2-18 transparentタイプのDockerネットワークに接続したコンテナーは、ホストと同じIPサブネットに接続される。既定ではホストのWindows Defenderファイアウォールで保護されないことに注意

本書では、Windowsコンテナーのnat、none、transparentのネットワークについて簡単に説明しましたが、Windowsコンテナーは、VFP（Virtual Filtering Platform）によるアクセス制御など、スケーラブルでセキュアな環境をサポートする高度なネットワーク機能を備えています。詳しくは、以下の公式ドキュメントを参照してください。

Windows container networking
https://docs.microsoft.com/en-us/virtualization/windowscontainers/container-networking/architecture

Docker Swarm Reference Architecture: Exploring Scalable, Portable Docker Container Networks
https://success.docker.com/article/networking

Windows Defenderファイアウォールに大量のDNS Server Forward Rule

Dockerのコンテナーホストとして構成されたWindows Server 2019、Windows Server, version 1809、およびHyper-Vが有効なWindows 10バージョン1809には、Windows Defenderファイアウォールに「DNS Server Forward Rule - TCP」および「DNS Server Forward Rule - UDP」から始まる受信の規則のペアがOSの起動ごとに作成され続けるという既知の問題があります。

この受信の規則は、NATネットワークのDNS名前解決に関係するものです。Windows Server 2019、Windows Server, version 1809、およびWindows 10バージョン1809からは、NATネットワークは起動ごとに自動作成されるようになり、そのたびに新しい受信の規則が追加された結果、大量のペアが蓄積されてしまうのです。Windows 10の場合は、Docker Desktopがインストールされていなくても、Hyper-Vを有効化することで自動作成されるDefaultSwitchというNAT対応のHyper-V仮想スイッチのために、この規則が作成されます。

この問題はWindows Server, version 1903およびWindows 10バージョン1903以降で緩和されており、問題のペアは「HNS Container Networking - DNS（UDP-In）」と「HNS Container Networking - ICS DNS（TCP-In）」から始まる1つまたは少数のペアに変更され、極端に増加することはなくなりました。

Windows Server 2019やWindows Server, version 1809のコンテナーホスト、およびWindows 10バージョン1809のHyper-VやDocker Desktopホストがある場合は、Windows PowerShellで次のコマンドラインを管理者として実行することで、現在の規則の数を確認した上ですべてのペアをクリーンアップできます。新しいペアは次のWindowsの起動中に自動作成されます（画面2-19）。

```
PS C:¥> (Get-NetFirewallRule -Name "DNS Server Forward Rule*").Count ⏎
PS C:¥> Get-NetFirewallRule -Name "DNS Server Forward Rule*" | Remove-NetFirewallRule
⏎
PS C:¥> Restart-Computer -Force ⏎
```

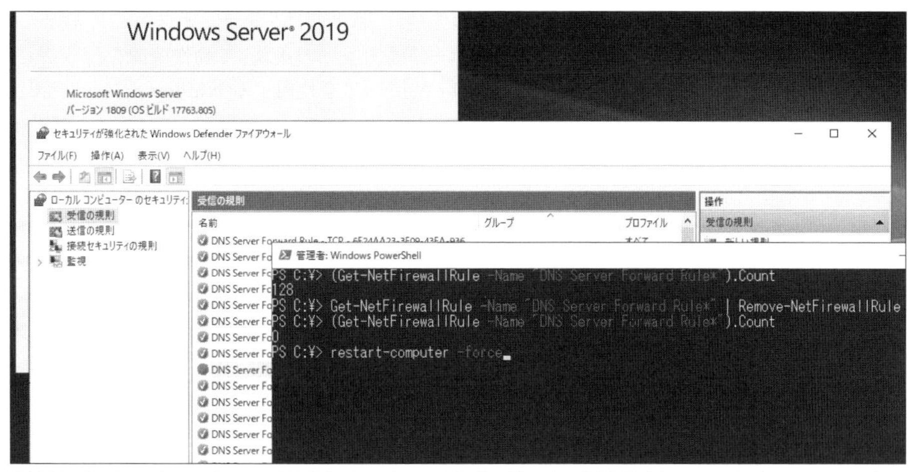

画面2-19　Windows Server 2019やWindows 10バージョン1809のWindows Defenderファイアウォールに「DNS Server forward rule」から始まる大量の規則が存在する場合は、すべて削除してからWindowsを再起動する

2.2.3 Windowsコンテナーへのポート転送

前述したように、Windowsコンテナーは--networkオプションを省略すれば既定のDockerネットワークであるnatのNATネットワークに接続され、NATネットワークに構成されているプライベートIPアドレスのプレフィックスのIPアドレスが自動割り当てされます。コンテナーからは、NATによりインターネットを含む外部ネットワークに制限なくアクセスすることができます。一方、NATネットワークで分離されているため、コンテナーホストの外部からのアクセスから遮断され保護されます。

コンテナーでWebサーバーや任意のネットワークアプリケーションを実行する場合、docker runコマンドに-pオプションを指定して、ホスト側でポートを公開しコンテナーのポートに転送するように構成することで、特定のポートに対する外部からのアクセスを許可できます。例えば、-p 8080:80オプションを指定すると、コンテナーホストのIPアドレス上でTCPポート8080への着信を受け付け、それをコンテナーのTCPポート80（この例の場合はIISの既定のHTTPポート）に転送します。Windows Defenderファイアウォールに受信の規則を手動で追加する必要はありません（HNSまたはWinNATにより自動管理されます）。

なお、コンテナーホストからはポート転送の指定に関係なく、コンテナーに割り当てられたNATネットワークのプライベートIPアドレスを使用して、制限なくコンテナーにネットワークアクセスすることができます。コンテナーに割り当てられたIPアドレスは、次のdocker inspectコマンドで確認することができます。

```
C:¥> docker inspect "<コンテナー名またはID>" -f="{{.NetworkSettings.Networks.nat.IPAddr
ess}}" ⏎
```

-pオプションでポート転送を構成した場合、コンテナーホストのローカルからの接続

(localhost:<ポート番号>への接続)、およびコンテナーホストの外部からの接続(<コンテナーホストのIPアドレス>:<ポート番号>への接続)で動作確認を行うことができます(画面2-20)。ただし、HNSではなく、WinNATを使用するWindows Server 2016のコンテナーホストでは、WinNATの制約によりlocalhost:<ポート番号>によるコンテナーへの接続は機能しません(画面2-21)。

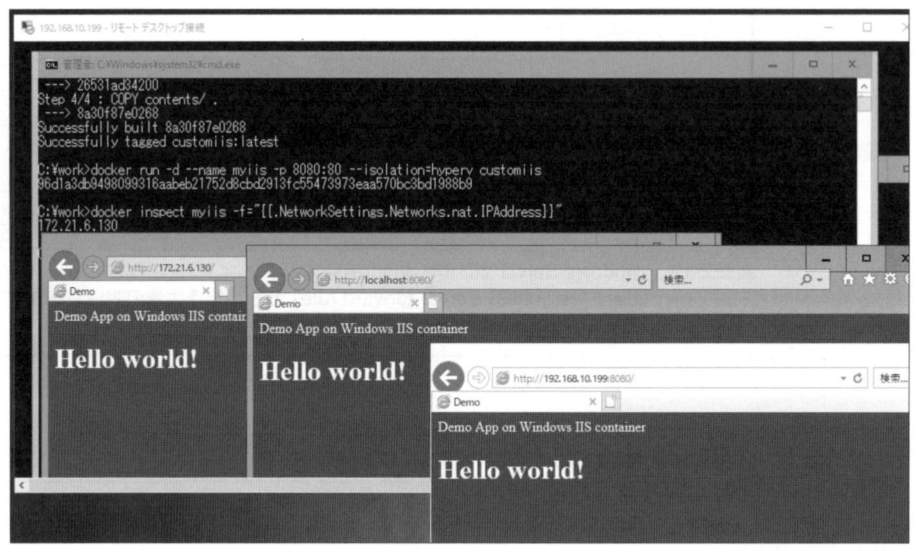

画面2-20 NATネットワークに接続されたコンテナーは、-pオプションでポート転送を構成することで外部からの接続に対応できる。コンテナーホストからNATのIPアドレスでコンテナーのTCPポートに直接接続することができる。コンテナーホストではlocalhost:ホスト側のポート番号で動作確認することも可能

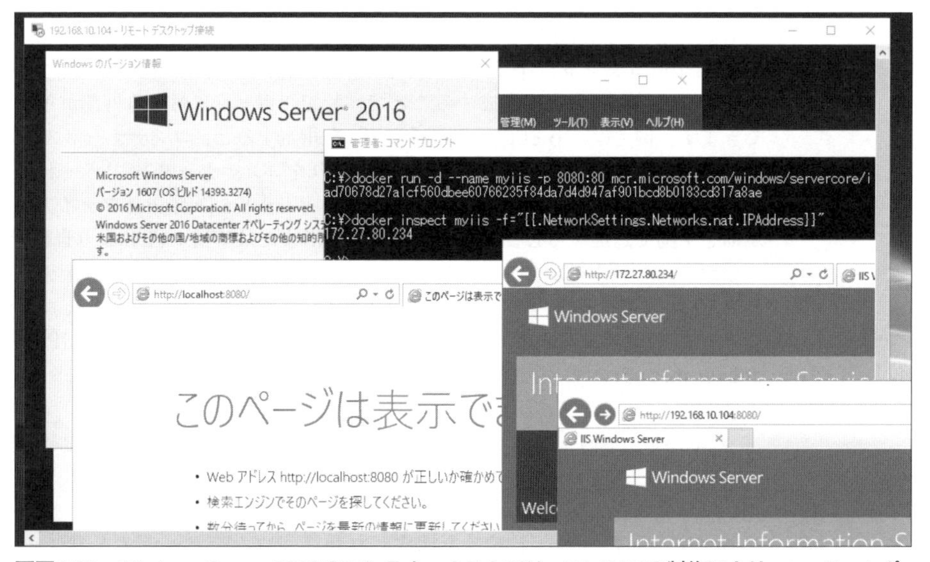

画面2-21 Windows Server 2016のコンテナーホストでは、WinNATの制約により、localhost:ポート番号によるコンテナーへの接続は利用できないため、ポート転送は外部からのみ可能

2.2.4 Windowsコンテナーのリソース制御

Windows Serverのコンテナーホストでは、コンテナーごとおよびリソースごとにいくつかのリソース制御の方法が用意されています。dockerコマンドのオプションは、リソース制御の1つの方法です。Windowsコンテナーでは、次のオプション（かっこ内はdockerコマンドのオプション）でリソース制御が可能です。

- **メモリ（--memory）** —— コンテナーが使用することができる最大のメモリ量を制限します。
- **CPU数（--cpus、--cpu-count）** —— コンテナーが使用することができる利用可能なCPUリソースを制限します。**--cpu-count**はWindowsのみで利用可能なオプションです。
- **CPUパーセンテージ（--cpu-percent）** —— コンテナーが使用することができるCPU使用率を制限します。**--cpu-percent**はWindowsのみで利用可能なオプションです。
- **CPU共有（--cpu-shares）** —— このフラグをセットすると、既定の1024より大きいまたは小さい値にコンテナーの相対的な重み付けが増減します。十分なCPUサイクルが利用可能な場合、すべてのコンテナーは必要なだけのCPUサイクルを使用し、CPUサイクルが制約されている場合にはCPUサイクルのより少ない割合が強制されます。
- **イメージストレージ（--io-maxbandwidth、--io-maxiops）** —— イメージが格納されているホストのシステムドライブに対する最大の帯域幅（バイト）または最大のIOPSを制限します。**--io-maxbandwidth**および**--io-maxiops**はWindowsのみで利用可能なオプションです。
- **コンテナーストレージ（--storage-opt size=）** —— コンテナー用のストレージドライバーのオプションを指定します。コンテナー作成時にルートファイルシステムのサイズを**size=**に指定されたサイズで作成します。

これらのリソース制御オプションは、プロセス分離モードとHyper-V分離モードの両方で利用可能です。Hyper-V分離モードの場合、メモリとCPUの制限は（UtilityVMの）仮想マシンメモリと仮想プロセッサに対するリソースの割り当てによって行われます。既定では、プロセス分離モードのWindowsコンテナーはホストOSと同じ容量のメモリとCPU数（論理プロセッサ数）を認識し、複数のコンテナー間でリソースを共有します。Hyper-V分離モードのコンテナーでは、仮想メモリ1GB、仮想プロセッサ2コアが割り当てられます。

例えば、Hyper-V分離モードのコンテナーに仮想メモリ2GB、仮想プロセッサ4コアを割り当てるには、**docker run**コマンドに次のようにオプションを追加で指定します（画面2-22）。

```
C:¥> docker run --memory=2g --cpu-count=4 ... ↵
```

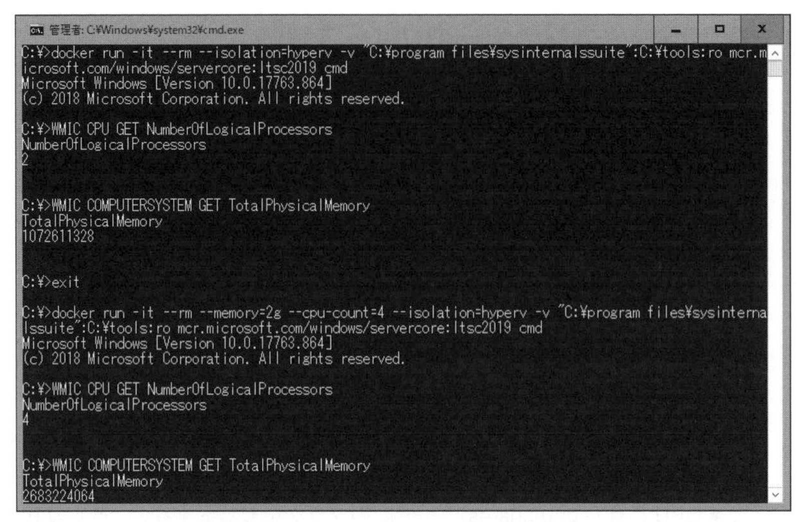

画面2-22 Hyper-V分離モードのWindowsコンテナーに、仮想メモリ2GB、仮想プロセッサ4コアを割り当てる（既定は1GB、2コア）

リソース制御オプションの詳細な意味や使用方法については、以下の公式ドキュメントで確認してください。

Implementing resource controls for Windows containers
https://docs.microsoft.com/en-us/virtualization/windowscontainers/manage-containers/resource-controls

Runtime options with Memory, CPUs, and GPUs
https://docs.docker.com/config/containers/resource_constraints/

docker run
https://docs.docker.com/engine/reference/commandline/run/

2.2.5 Experimental機能のLCOWを評価する

本書の執筆時点では、Windows Server 2019およびWindows Server, version 1809以降のDocker Enterprise 3.0において、Experimental機能（試験段階の機能）としてLinux Containers on Windows（LCOW）のプレビュー評価が可能です。

Dockerサーバー（Docker Engine）のExperimental機能は既定で無効（false）です。有効（true）にするには、C:¥ProgramData¥docker¥config¥daemon.jsonに"experimental": trueを追加して、Dockerサービスを再起動します。daemon.jsonが存在しない場合は、ANSIまたはUTF-8のテキストファイルを新規作成し、次のように書き込んで保存します。daemon.jsonが存在し、別のオプションが構成されている場合は、カンマ（,）で区切ってexperimentalオプションを追加します（画面2-23）。

```
{
    "experimental": true
}
```

DockerサーバーでExperimental機能を有効化すると、Docker EngineのバイナリのLCOWサポートの部分が利用可能になります。例えば、Experimental機能が無効の場合、**docker pull**コマンドはLinuxコンテナーのイメージをサポートしませんが（"no matching manifest for windows/amd64..."と表示されます）、有効にするとLinuxコンテナーのイメージを取得できるようになります。

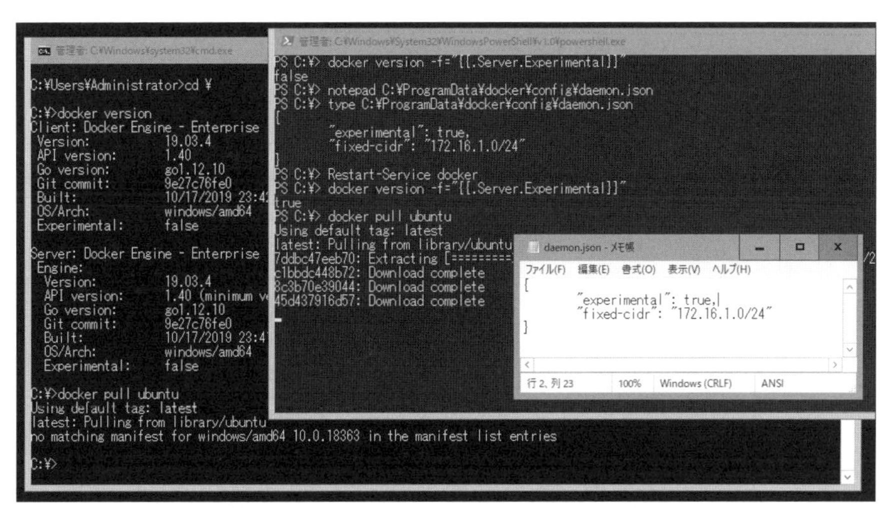

画面2-23　daemon.jsonを編集してDocker EngineでExperimental機能を有効化する

Windows ServerのコンテナーホストでLCOWを評価するためには、さらに追加の作業が必要です。LinuxのカーネルをていきょうするUtilityVMを準備する必要があるのです。この機能は現在、LinuxKitとして以下のURLで公開されています。なお、第3章で説明しますが、Docker DesktopではLinuxKitをインストールすることなしに簡単にLCOWを評価できます。

linuxkit/lcow
https://github.com/linuxkit/lcow/releases

LCOWを評価するには、上記のURLからLinuxKitの最新のリリースを取得し、Windows Serverのコンテナーホストにインストールします。次の例は、2018年11月15日リリースのv4.14.35-v0.3.9の場合です。より新しいリリースがある場合はURIを差し替えてください。最初の**Remove-Item**コマンドレットは、古いリリースのLinuxKitがインストールされている場合にのみ実行します。初めてのインストールの場合は不要です。

```
PS C:¥> Remove-Item "$env:ProgramFiles¥Linux Containers" -Force -Recurse ⏎
PS C:¥> Invoke-WebRequest -uri https://github.com/linuxkit/lcow/releases/download/v4.14.35-v0.3.9/release.zip -outfile .¥release.zip ⏎
PS C:¥> Expand-Archive .¥release.zip -DestinationPath "$Env:ProgramFiles¥Linux Containers¥." ⏎
PS C:¥> Remove-Item .¥release.zip ⏎
PS C:¥> Restart-Service Docker ⏎
```

上記のコマンドラインでLinuxKitをインストールすると、C¥Program Files¥Linux Containersディレクトリにinitrd.imgおよびkernelがコピーされます。initrd.imgはLinuxカーネルをブートするためのイメージ、kernelはLinuxカーネルです。これらがUtilityVMとしてLinuxカーネルを提供し、Linuxベースのコンテナーホストで Linuxコンテナーを実行するのとまったく同じ方法で、Linuxコンテナーを実行できるようになります。ただし、ネットワークドライバーはWindows向けのものを使用します。LCOWのLinuxコンテナーは、Hyper-V分離モードを利用しますが、**--isolation=hyperv**オプションを指定する必要はありません。また、初期には指定が必須だった**--platform=linux**オプションも省略できます（画面2-24、画面2-25）。

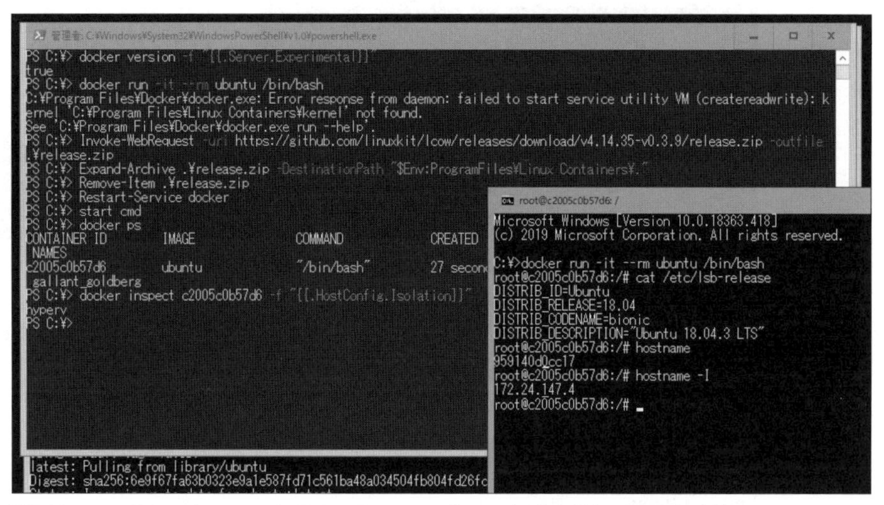

画面2-24　LCOWでLinuxコンテナーのubuntu（:latest）を実行しているところ

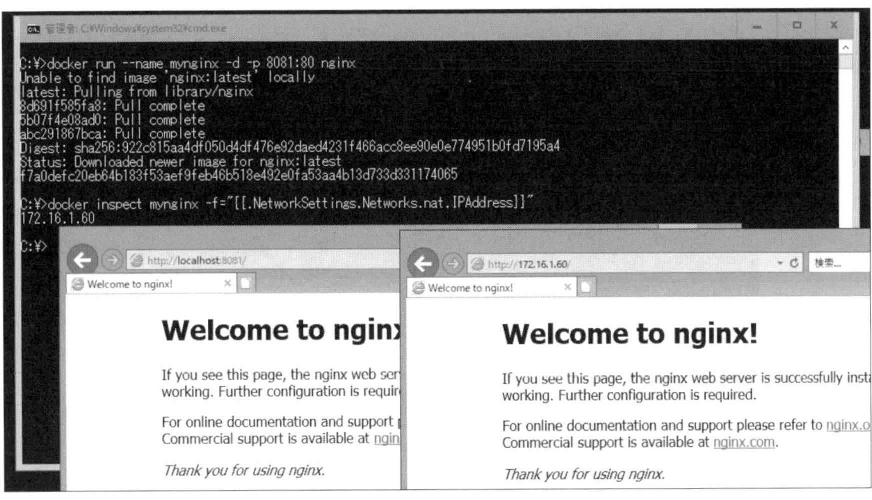

画面2-25　LinuxベースのnginxコンテナーもLCOWで動作する

2.2.6 リモート接続のサポート

Windows Serverのコンテナーホストには、Docker EngineとともにDockerクライアントのWindowsバイナリが展開されます。既定では、ローカルのDockerクライアントはローカルのDocker Engineに名前付きパイプ経由で接続します。Docker Engineはそれ以外の接続（例えばTCP接続）を受け付けません。

■ セキュリティで保護されないリモート接続の有効化

Docker Engineへのセキュリティで保護されないリモート接続は、コンテナーホストのC:¥ProgramData¥docker¥config¥daemon.jsonを編集して許可します。daemon.jsonが存在しない場合は、ANSIまたはUTF-8のテキストファイルを新規作成し、次のように書き込んで保存します。daemon.jsonが存在し、別のオプションが構成されている場合は、カンマ（,）で区切ってこのオプションを追加します。なお、npipe://は名前付きパイプによるローカル接続を受け付けるための設定です。

```
{
    "hosts": ["tcp://0.0.0.0:2375", "npipe://"]
}
```

daemon.jsonを保存したら、Windows PowerShellで以下のコマンドラインを実行し、Windows DefenderファイアウォールにTCPポート2375への接続を許可する受信の規則を作成し、Dockerサービスを再起動します。以上の設定でリモートのDockerクライアント（プラットフォームは問いません）から-H <IPアドレスまたはFQDN>:2375オプションを指定してコマンドを実行します（画面2-26）。

```
PS C:¥> New-NetFirewallRule -DisplayName "Docker Non Secure Port 2375" -Direction Inbou
nd -Protocol TCP -LocalPort 2375 -Action Allow ⏎
PS C:¥> Restart-Service Docker ⏎
```

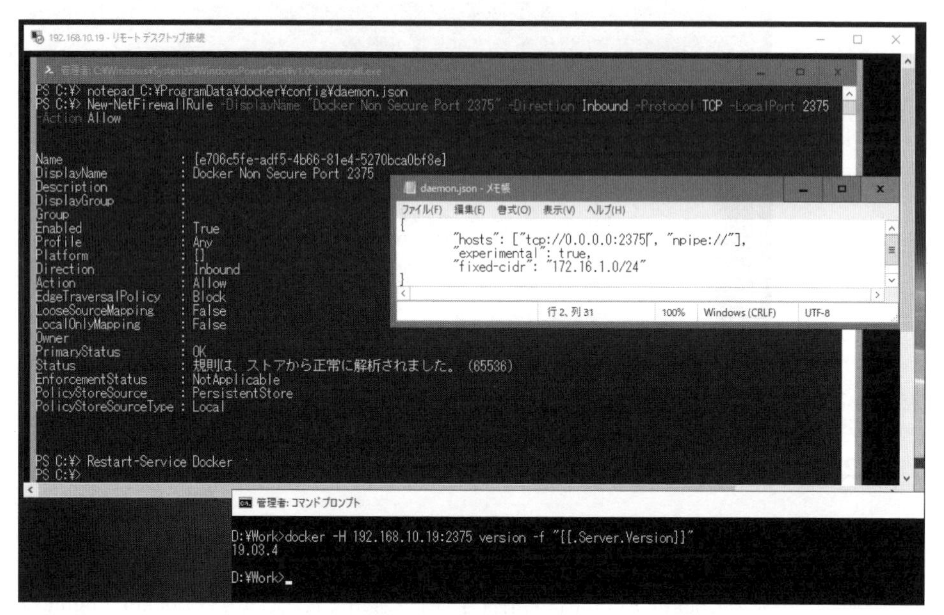

画面2-26 Docker Engineへのセキュリティで保護されないリモート接続を許可する。Dockerクライアントからは認証なしで接続可能なため非推奨

セキュリティで保護されないリモート接続は非推奨

Dockerクライアントは認証なしで、かつ高い権限でDocker Engineやコンテナーに接続して操作することができます。そのため、セキュリティで保護されないリモート接続の有効化は、リモートからのコード実行の攻撃に対して脆弱であり、セキュリティリスクが大幅に高まります。セキュリティで保護されないリモート接続の有効化は、接続性の問題の調査など、一時的な利用に限定することを強くお勧めします。

■ セキュリティで保護されたリモート接続の有効化

Dockerクライアントからコンテナーホストのに Docker Engineへのリモート接続を許可する場合は、TLS（Transport Layer Security）で保護することを推奨します。Docker EngineへのTLSによるセキュリティで保護されたリモート接続の仕様は、Linuxベースのコンテナーホストの Docker Engineの場合と共通であり、詳しくは以下のドキュメントで説明されています。

Protect the Docker daemon socket
https://docs.docker.com/engine/security/https/

Dockerサービス（デーモン）は、適切な証明機関（CA）によって署名された証明書によりクライアントを認証し、クライアントは適切なCAによって署名された証明書を持つサーバーに対してのみ接続できます。運用環境のためには公的なCAによるサーバー鍵とクライアント鍵を準備する必要がありますが、ここではOpenSSLを使用して独自のCAを作成し、サーバー鍵とクライアント鍵を準備する手順を説明します。

オープンソースのOpenSSLはさまざまなプラットフォームで利用可能ですが、LinuxやmacOSの場合はopensslコマンドを標準で利用できる場合がほとんどです。Windowsしか利用できない場合は、何かしらのOpenSSLの利用環境を準備する必要があります。その1つは、Git for Windowsを利用する方法です。Git for WindowsはOpenSSLを含みます。本書では、Git for Windowsを使用した方法については説明しません。

Git for Windows
https://gitforwindows.org/

Microsoft Azureを利用できる場合は、Azure Cloud ShellのBashシェルが備えるopensslコマンドを利用することができます。Azure Cloud Shellはファイルのアップロード／ダウンロードをサポートしているため、クラウドで鍵を準備して、ダウンロードすればよいのです。

Windows 10を利用できる場合は、Windows 10バージョン1709で正式となったオプション機能のWindows Subsystem for Linux（WSL）を利用するのが簡単です（バージョン1607および1703はベータ版）。WSLは、Linuxのネイティブなシェル環境をWindows上に実現するもので、さまざまなLinuxディストリビューションの環境をMicrosoft Storeから無料で導入することができます。そして、どの環境にもopensslが標準搭載されています。Windows Server 2019およびWindows Server, version 1809以降では、Windows ServerでもWSLがサポートされています（WSLの導入方法については後で説明します）。

いずれかのOpenSSLの利用環境を準備したら、次の手順でCAの鍵（ca.pem）、サーバーの鍵（server-cert.pem、server-key.pem）、およびクライアントの鍵（cert.pem、key.pem）を作成します。

```
~$ openssl genrsa -aes256 -out ca-key.pem 4096 ⏎
Generating RSA private key, 4096 bit long modulus
...
Enter pass phrase for ca-key.pem: <CA鍵を保護するパスフレーズ> ⏎
Verifying - Enter pass phrase for ca-key.pem: <CA鍵を保護するパスフレーズ> ⏎
~$ openssl req -new -x509 -days 365 -key ca-key.pem -sha256 -out ca.pem ⏎
Enter pass phrase for ca-key.pem: <CA鍵を保護するパスフレーズ> ⏎
You are about to be asked to enter information that will be incorporated
into your certificate request.
What you are about to enter is what is called a Distinguished Name or a
DN.
There are quite a few fields but you can leave some blank
For some fields there will be a default value,
If you enter '.', the field will be left blank.
-----
Country Name (2 letter code) [AU]:JP ⏎
State or Province Name (full name) [Some-State]:. ⏎
```

```
Locality Name (eg, city) []:. ⏎
Organization Name (eg, company) [Internet Widgits Pty Ltd]:. ⏎
Organizational Unit Name (eg, section) []:. ⏎
Common Name (e.g. server FQDN or YOUR name) []: <コンテナーホストのコンピューター名また
はFQDN> ⏎
Email Address []:. ⏎
~$ openssl genrsa -out server-key.pem 4096 ⏎
Generating RSA private key, 4096 bit long modulus
...
~$ openssl req -subj "/CN=WS1909" -sha256 -new -key server-key.pem -out server.csr ⏎
~$ echo subjectAltName = IP:<コンテナーホストのIPアドレス>,IP:127.0.0.1 > extfile.cnf
⏎
~$ openssl x509 -req -days 365 -sha256 -in server.csr -CA ca.pem -CAkey ca-key.pem -CAc
reateserial -out server-cert.pem -extfile extfile.cnf ⏎
...
Getting CA Private Key
Enter pass phrase for ca-key.pem: <CA鍵を保護するパスフレーズ> ⏎
~$ openssl genrsa -out key.pem 4096 ⏎
Generating RSA private key, 4096 bit long modulus
...
~$ openssl req -subj "/CN=<クライアントのコンピューター名またはFQDN>" -new -key key.pem
-out client.csr ⏎
~$ echo extendedKeyUsage = clientAuth > extfile.cnf ⏎
~$ openssl x509 -req -days 365 -sha256 -in client.csr -CA ca.pem -CAkey ca-key.pem -CAc
reateserial -out cert.pem -extfile extfile.cnf ⏎
...
Getting CA Private Key
Enter pass phrase for ca-key.pem: <CA鍵を保護するパスフレーズ> ⏎
```

すべての鍵を準備できたら、拡張子.pem以外の中間ファイルは削除して構いません。準備した鍵のうち、ca.pem、server-cert.pem、およびserver-key.pemの3つのファイルをコンテナーホストのC:¥ProgramData¥docker¥certs.dにコピーします（certs.dディレクトリが存在しない場合は作成してください）。

次に、コンテナーホストのC:¥ProgramData¥docker¥config¥daemon.jsonを編集します。daemon.jsonが存在しない場合は、ANSIまたはUTF-8のテキストファイルを新規作成し、次のように書き込んで保存します。daemon.jsonが存在し、別のオプションが構成されている場合は、カンマ（,）で区切ってこのオプションを追加します。なお、npipe://は名前付きパイプによるローカル接続を受け付けるための設定です。Windowsのディレクトリパスの¥は、¥¥でエスケープする必要があることに注意してください。

```
{
    "hosts": ["tcp://0.0.0.0:2376", "npipe://"],
    "tlsverify": true,
    "tlscacert": "C:¥¥ProgramData¥¥docker¥¥certs.d¥¥ca.pem",
    "tlscert": "C:¥¥ProgramData¥¥docker¥¥certs.d¥¥server.pem",
    "tlskey": "C:¥¥ProgramData¥¥docker¥¥certs.d¥¥server-key.pem"
}
```

最後に、Windows PowerShellで以下のコマンドラインを実行し、Windows Defenderファイアウォールに TCPポート2376への接続を許可する受信の規則を作成して、Dockerサービスを再起動します（画面2-27）。

```
PS C:¥> New-NetFirewallRule -DisplayName "Docker Secure Port 2376" -Direction Inbound
-Protocol TCP -LocalPort 2376 -Action Allow ⏎
PS C:¥> Restart-Service Docker ⏎
```

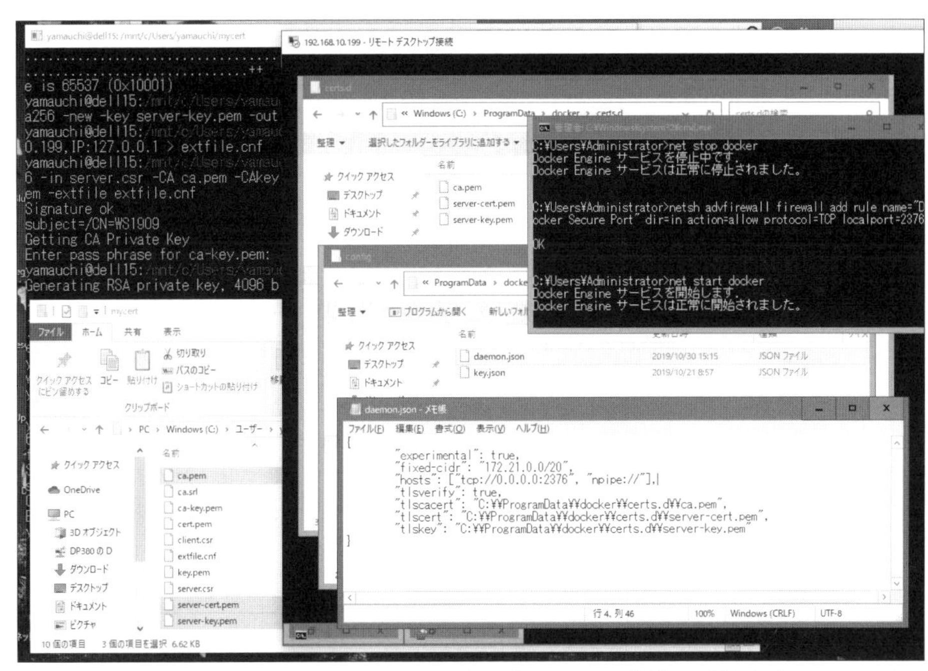

画面2-27　Windows 10のWSLのLinuxシェル環境を使用してTLS接続用の鍵を作成し、コンテナーホストにコピーしてDocker EngineのTLS接続を有効化しているところ（画面ではファイアウォールの設定とサービスの再起動をコマンドプロンプトで実施した）

セキュリティで保護されたリモート接続の方法

クライアント用の鍵を持つDockerクライアントからは、次のようにTLS接続のためのオプションと、接続先のアドレス、およびポート番号を指定して接続できます（画面2-28）。

```
~$ docker --tlsverify --tlscacert=ca.pem --tlscert=cert.pem --tlskey=key.pem -H <IPアド
レスまたはFQDN>:2376 <dockerコマンド> ⏎
```

```
yamauchi@dell15: /mnt/c/Users/yamauchi/mycert
yamauchi@dell15:/mnt/c/Users/yamauchi/mycert$ docker --tlsverify --tlscacert=ca.
pem --tlscert=cert.pem --tlskey=key.pem -H 192.168.10.199:2376 version
Client: Docker Engine - Community
 Version:           19.03.4
 API version:       1.40
 Go version:        go1.12.10
 Git commit:        9013bf583a
 Built:             Fri Oct 18 15:49:05 2019
 OS/Arch:           linux/amd64
 Experimental:      false

Server: Docker Engine - Enterprise
 Engine:
  Version:          19.03.4
  API version:      1.40 (minimum version 1.24)
  Go version:       go1.12.10
  Git commit:       9e27c76fe0
  Built:            10/17/2019 23:41:23
  OS/Arch:          windows/amd64
  Experimental:     true
yamauchi@dell15:/mnt/c/Users/yamauchi/mycert$
```

画面2-28　クライアント用の鍵を持つクライアントから、リモートのコンテナーホストにTLS接続する（この例ではWSLのLinuxシェル環境に追加したDockerクライアントを利用）

特定のコンテナーホストを既定のホストとして使用する場合は、ユーザープロファイルディレクトリに.dockerサブディレクトリ（Windowsのコマンドプロンプトの$USERPROFILE%¥.docker、Windows PowerShellの$env:USERPROFILE¥.docker、Linuxの~/.dockerまたは$home/.docker）を作成し、ここにクライアント用の鍵（ca.pem、cert.pem、およびkey.pem）を保存します。その上で、ユーザー環境変数DOCKER_HOSTおよびDOCKER_TLS_VERIFYを設定することで、TLSの有効化オプションや鍵の指定、接続先のコンテナーホストの指定を省略してdockerコマンドを実行できるようになります。

次に示すのは、Windowsのコマンドプロンプト、およびWindows PowerShellの場合の実行例です。

```
C:¥> set DOCKER_HOST=<IPアドレスまたはFQDN>:2376
C:¥> set DOCKER_TLS_VERIFY=1
C:¥> docker <dockerコマンド>
```

```
PS C:¥> $env:DOCKER_HOST = "<IPアドレスまたはFQDN>:2376"
PS C:¥> $env:DOCKER_TLS_VERIFY = "1"
PS C:¥> docker <dockerコマンド>
```

Windows 10にWSLのLinuxシェル環境を導入するには

Windows 10バージョン1709からはWindows Subsystem for Linux（WSL）がオプションの機能として正式にサポートされました（バージョン1607と1703まではベータ版）。Windows 10にWSLのLinuxシェル環境を導入するには、コントロールパネルの［プログラムと機能］を開き、［Windowsの機能の有効化または無効化］をクリックして、［Windows Subsystem for Linux］の機能を選択し、有効化します。このとき、OSの再起動が必要です。再起動したら、Microsoft Storeを開いて“WSL”を検索するか、https://aka.ms/wslstoreにアクセスしてMicrosoft Storeの該当ページを開き、利用可能なLinuxディストリビューション（無料）から好みのものをインストールします。初回起動時、最後のインストール処理が行われ、UNIXユーザーを作成（Windowsユーザーと一致させる必要はありません）すると利用可能になります。

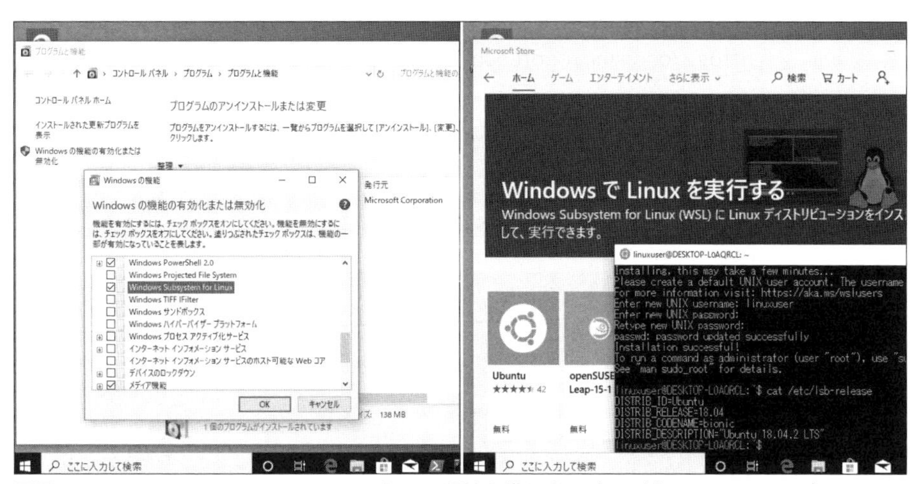

画面2-29　Windows 10にWSLのLinuxシェル環境を導入する（この例はUbuntu 18.04）

メモ

Windows ServerにWSLのLinuxシェル環境を導入するには

Windows Server 2019およびWindows Server, version 1809以降では、Windows Subsystem for Linux（WSL）がデスクトップエクスペリエンスとServer Coreインストールの両方でサポートされます。Windows ServerでWSLのLinuxシェルを利用可能にするには、まずWindows PowerShellで以下のコマンドラインを実行し、WSLの機能を有効化します。このときOSの再起動が必要です。

```
PS C:¥> Enable-WindowsOptionalFeature -Online -FeatureName Microsoft-Windows-
Subsystem-Linux
```

次に、WSLを使用するユーザーでWindows Serverにサインインし、Windows PowerShellを開いて次のコマンドラインを実行します。WSLのLinuxシェル環境は、ユーザーごとにインストールされます。この例はローカルのビルトインAdministratorの環境に、Ubuntu 18.04のLinuxシェル環境をセットアップする例です。Windows Serverは.appxパッケージによるインストールをサポートしていないため、拡張子を.zipに変更して、ユーザーのホームディレクトリ内に展開します。展開先にあるUbuntu 18.04のシェルのランチャーであるubuntu1804.exeを初めて実行したときインストールが行われ、UNIXユーザーを作成（Windowsユーザーと一致させる必要はありません）すると利用可能になります（画面2-30）。

```
PS C:¥>cd ~
PS C:¥Users¥Administrator> Invoke-WebRequest -uri https://aka.ms/wsl-ubuntu-1804 -out
file Ubuntu.appx -UseBasicParsing
PS C:¥Users¥Administrator> Rename-Item ./Ubuntu.appx ./Ubuntu.zip
PS C:¥Users¥Administrator> Expand-Archive ./Ubuntu.zip ./Ubuntu
PS C:¥Users¥Administrator> Remove-Item -Path .¥Ubuntu.zip
PS C:¥Users¥Administrator> .¥ubuntu¥ubuntu1804.exe
Installing, this may take a few minuities...
```

その他の利用可能なLinuxディストリビューションの一覧、およびダウンロードURLは以下のドキュメントから入手できます。

Manually download Windows Subsystem for Linux distro packages
https://docs.microsoft.com/en-us/windows/wsl/install-manual

```
管理者: Windows PowerShell
Windows PowerShell
Copyright (C) Microsoft Corporation. All rights reserved.

PS C:¥Users¥Administrator> Enable-WindowsOptionalFeature -Online -FeatureName Microsoft-Windows-Subsystem-Linux
この操作を完了するために、今すぐコンピューターを再起動しますか?
[Y] Yes  [N] No  [?] ヘルプ (既定値は "Y"): _
```

```
linuxuser@WS2019SV01: ~
PS C:¥Users¥Administrator> Invoke-WebRequest -uri https://aka.ms/wsl-ubuntu-1804 -outfile Ubuntu.appx -UseBasicParsing
PS C:¥Users¥Administrator> Rename-Item ./Ubuntu.appx ./Ubuntu.zip
PS C:¥Users¥Administrator> Expand-Archive ./Ubuntu.zip ./Ubuntu
PS C:¥Users¥Administrator> Remove-Item -Path .¥Ubuntu.zip
PS C:\Users\Administrator> .\ubuntu\ubuntu1804.exe
Installing, this may take a few minutes...

Please create a default UNIX user account. The username does not need to match your Windows username.
For more information visit: https://aka.ms/wslusers
Enter new UNIX username: linuxuser
Enter new UNIX password:
Retype new UNIX password:
passwd: password updated successfully
Installation successful!
To run a command as administrator (user "root"), use "sudo <command>".
See "man sudo_root" for details.

linuxuser@WS2019SV01: $ _
```

画面2-30 Windows Server（バージョン2019/1809以降）のWSLのLinuxシェル環境を導入する（この例はUbuntu 18.04）

2.3 Windows 10にDockerクライアント（Docker CLI）を導入する方法

DockerクライアントであるDocker CLIは、Linux、macOS、およびWindows版の各バイナリが以下のダウンロードサイトで公開されています。ただし、安定版（win/static/stable/x86_64/）のWindowsバイナリに関しては、Docker CE 17.09.0（docker-17.09.0-e.zip）を最後に更新版の提供がありません。

https://download.docker.com/

上記のWindowsバイナリを利用する以外の方法で、Windows 10にDocker CLIを導入する方法としては、次の3つの方法があります。3つ目の方法はWSL 2対応Linuxコンテナー環境向けのプレビュー機能であるためここでは説明しません。

- Docker Desktop for Windowsをインストールする
- WSLのLinuxシェル環境にDockerクライアントをインストールする
- Docker Desktop Edgeリリース2.1.7.0以降またはDocker Desktop Stableリリース2.2.0.0以降のWSL Integration機能を利用する

2.3.1 Docker Desktop for Windowsをインストールする

Docker Desktop for Windowsを導入する方法については第3章で説明します。Docker Desktop for Windowsを導入すると、Docker Engineに加えて、DockerクライアントのWindowsバイナリが導入されます。このDockerクライアントは、ローカルのDocker Engineだけでなく、リモートのコンテナーホストへの接続にも利用できます。ただし、Docker CLIだけを選択的にインストールするというオプションは残念ながら用意されていません。

2.3.2 WSLのLinuxシェル環境にDockerクライアントをインストールする

Windows 10にWSLのLinuxシェル環境を利用する方法は、Linuxシェル環境にDocker CLIだけを追加することができるので比較的簡単に準備できます。利用するLinuxディストリビューションの公式パッケージリポジトリからDocker CLIを入手することもできますが、上記のダウンロードサイトにある安定版Linuxバイナリ（linux/static/stable/x86_64/）を利用した、汎用的なインストール手順で説明します。安定版Linuxバイナリの最新バージョンを確認した上で作業してください。次の例は、docker-19.03.4.tgzを使用した場合の例です。より新しいバージョンがある場合は、ファイル名を差し替えてください。

Windows 10でスタートメニューから、またはコマンドプロンプトやWindows PowerShellでbashと入力して、インストール済みのWSLのLinuxシェル環境を起動します。Linuxシェル環境が起動したら、次のコマンドラインを順番に実行してDocker CLIをインストールします（画面2-31）。

```
...$ cd ~ ⏎
~$ wget https://download.docker.com/linux/static/stable/x86_64/docker-19.03.4.tgz ⏎
~$ tar xzvf docker-19.03.4.tgz ⏎
~$ sudo cp docker/docker /usr/bin ⏎
~$ rm docker-19.03.4.tgz ⏎
~$ rm -rf docker ⏎
```

```
linuxuser@DESKTOP-L0AQRCL: ~
linuxuser@DESKTOP-L0AQRCL:/mnt/c/Users/localadmin$ cd ~
linuxuser@DESKTOP-L0AQRCL:~$ wget https://download.docker.com/linux/static/stable/x86_64/docker-19.03.4.tgz
--2019-11-07 17:03:52--  https://download.docker.com/linux/static/stable/x86_64/docker-19.03.4.tgz
Resolving download.docker.com (download.docker.com)... 2600:9000:21c5:8a00:3:db06:4200:93a1, 2600:9000:21c5:9e00:3:db06:
4200:93a1, 2600:9000:21c5:6a00:3:db06:4200:93a1, ...
Connecting to download.docker.com (download.docker.com)|2600:9000:21c5:8a00:3:db06:4200:93a1|:443... connected.
HTTP request sent, awaiting response... 200 OK
Length: 63243039 (60M) [application/x-tar]
Saving to: 'docker-19.03.4.tgz'

docker-19.03.4.tgz          100%[=============================================>] 60.31M  7.59MB/s    in 8.4s

2019-11-07 17:04:00 (7.17 MB/s) - 'docker-19.03.4.tgz' saved [63243039/63243039]

linuxuser@DESKTOP-L0AQRCL:~$ tar xzvf docker-19.03.4.tgz
docker/
docker/docker-init
docker/docker
docker/dockerd
docker/runc
docker/ctr
docker/docker-proxy
docker/containerd
docker/containerd-shim
linuxuser@DESKTOP-L0AQRCL:~$ sudo cp docker/docker /usr/bin
[sudo] password for linuxuser:
linuxuser@DESKTOP-L0AQRCL:~$ rm docker-19.03.4.tgz
linuxuser@DESKTOP-L0AQRCL:~$ rm -rf docker
linuxuser@DESKTOP-L0AQRCL:~$ docker -H 192.168.10.19:2375 version
Client: Docker Engine - Community
 Version:           19.03.4
 API version:       1.40
 Go version:        go1.12.10
 Git commit:        9013bf583a
 Built:             Fri Oct 18 15:49:05 2019
 OS/Arch:           linux/amd64
```

画面2-31　Windows 10のWSLのLinuxシェル環境のDocker CLIのLinuxバイナリをインストールする

2.4 仮想マシン環境にHyper-V分離モード対応のコンテナーホストを構築する

Docker Enterprise for Windows Serverは、仮想マシンのゲストOSとして稼働中のWindows Serverにインストールすることができます。Hyper-Vハイパーバイザーに依存しないプロセス分離モードだけの利用の場合、仮想マシンに特別な要件は必要ありません。Hyper-Vハイパーバイザーに依存するHyper-V分離モードを利用するためには、入れ子構造の仮想化（Nested Virtualization）をサポートする仮想マシンが必要です。

Windows Server 2016以降のHyper-V、およびWindows 10バージョン1607以降のクライアントHyper-Vは、ゲストOSのHyper-Vのために入れ子構造の仮想化をサポートしています。また、Azure仮想マシンは、特定のシリーズ（サイズ）のWindows仮想マシンにおいて、ゲストOSのHyper-Vのために入れ子構造の仮想化をサポートしています。

実は、本書で構築したコンテナーホストの環境は、すべてWindows Server 2016またはWindows Server 2019のHyper-Vホストに仮想マシンとして、あるいはAzure仮想マシンとして構築したものです。

注意

入れ子構造の仮想化にはIntelプロセッサが必要

現状、Hyper-Vにおける入れ子構造の仮想化は、Intelプロセッサのみ、仮想マシン構成バージョン8.0（Windows Server 2016 Hyper-VとWindows 10バージョン1607クライアントHyper-Vの既定）以降でサポートされます。AMDプロセッサのHyper-Vホストでは利用できません。本書の執筆時点では、AMDプロセッサへの対応について公表されている情報はありません。

2.4.1 Hyper-V仮想マシンで構築する

Windows Server 2016以降のHyper-VおよびWindows 10バージョン1607以降のクライアントHyper-Vは入れ子構造の仮想化をサポートしていますが、既定では無効になっています。そのため、ゲストOSでHyper-Vの役割を有効化しようとしてもエラーで失敗します（画面2-32）。

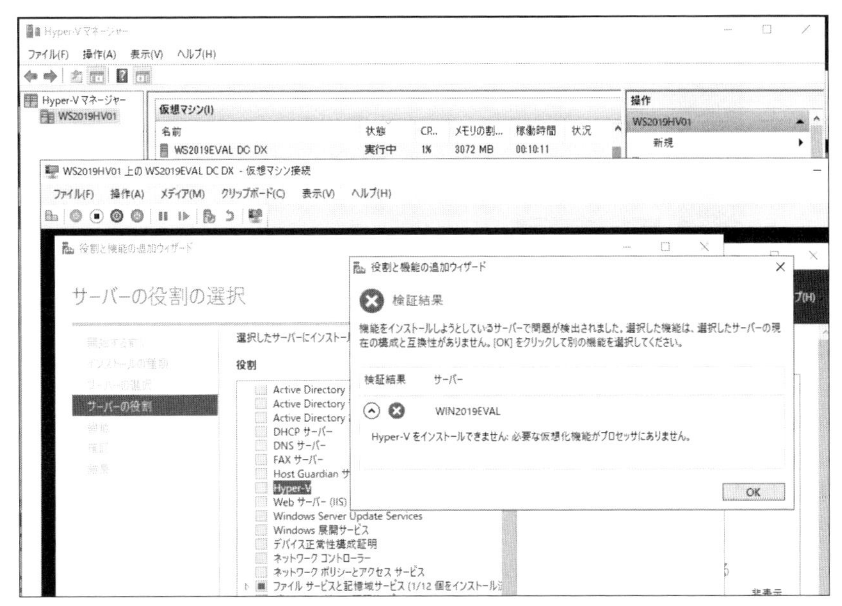

画面2-32　入れ子構造の仮想化は既定では無効になっているため、ゲストOSでHyper-Vを有効化しようとしても失敗する

入れ子構造の仮想化は、仮想マシンごとに有効化します。それには、仮想マシンを停止した状態で、Windows PowerShellで次のコマンドラインを実行します（画面2-33）。3行目のコマンドラインは、仮想マシンのネットワークアダプターでMACアドレススプーフィングを有効化するためのものです。この構成は、仮想マシンのネットワークアダプターを外部タイプの仮想スイッチとして構成して利用する場合に必要です。コンテナー用のNATネットワークのみを利用する場合は不要です。

```
PS C:¥> $vmname = "<仮想マシン名>" ⏎
PS C:¥> Set-VMProcessor -VMName $vmname -ExposeVirtualizationExtensions $true ⏎
PS C:¥> Set-VMNetworkAdapter -VMName $vmname -MacAddressSpoofing on ⏎
```

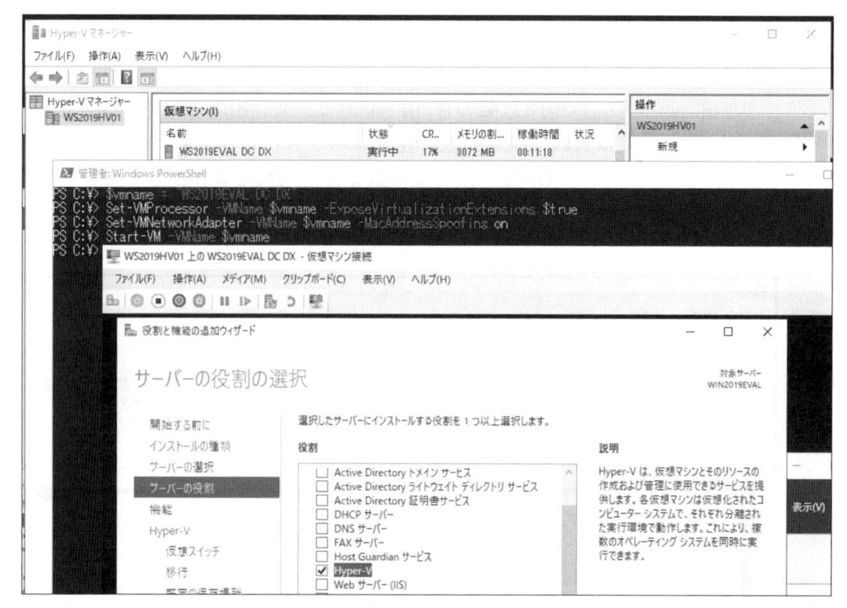

画面2-33 仮想マシンで入れ子構造の仮想化を有効化すると、ゲストOSでHyper-Vの役割をインストールして実行することができる

2.4.2 Azure仮想マシンで構築する

Azure IaaS環境に展開して実行するAzure仮想マシンは、特定のシリーズ（サイズ）のWindows仮想マシンにおいてHyper-Vのための入れ子構造の仮想化をサポートします。例えば、すべてのv3シリーズの仮想マシン（D_v3、Ds_v3、E_v3、Es_v3）は入れ子構造の仮想化をサポートしています。入れ子構造の仮想化をサポートするシリーズの完全な一覧は、以下のAzureコンピューティングユニット（ACU）のページで確認することができます。

Azureコンピューティングユニット（ACU）
https://docs.microsoft.com/ja-jp/azure/virtual-machines/acu

入れ子構造の仮想化に対応したシリーズのWindows仮想マシンを作成し、Windows Serverのデスクトップエクスペリエンスまたはserver Coreインストールのまっさらな環境に、Hyper-Vの役割やContainersの機能、Docker Enterprise for Windows Serverをインストールしてコンテナーホストを構築することもできますが、Azure Marketplaceにはコンテナーホストとして構成済みのイメージが用意されています。構成済みのイメージを利用すると、すばやくコンテナーホストを構築することができます（画面2-34）。

画面2-34 Azure Marketplaceには、コンテナーホストとして構成済みのイメージがWindows Serverのバージョンやインストールの種類ごとに用意されている

Azure Marketplaceにある、名前が「with Containers」で終わるWindows Serverのイメージには、Hyper-Vの役割とContainersの機能、およびDocker Enterpriseのソフトウェアが組み込み済みです。ただし、Docker Enterpriseのバージョンは最新ではない場合があるので、仮想マシンの展開後に確認の上、必要があれば最新バージョンにアップデートしてください（画面2-35）。

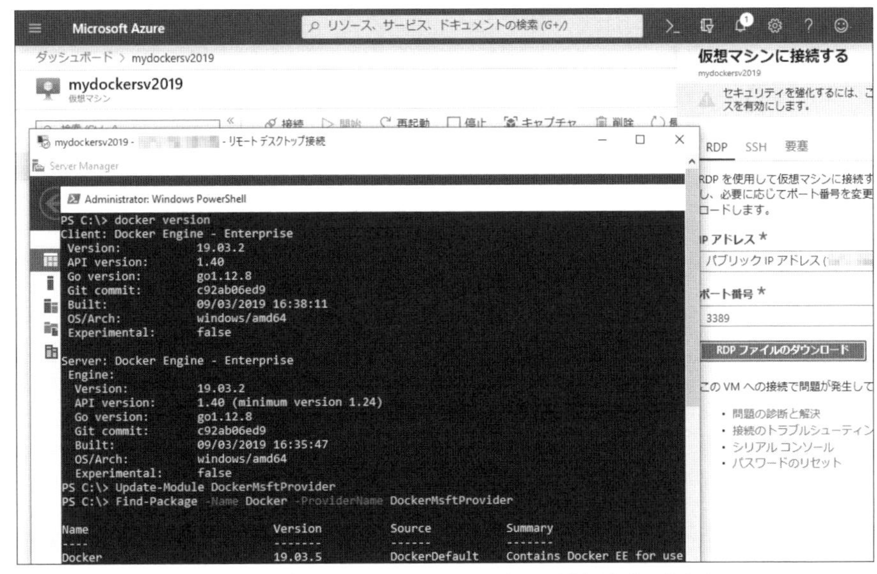

画面2-35 Azure仮想マシンとしてwith Containersイメージをデプロイする。Docker Enterpriseのバージョンを確認し、最新バージョンにアップデートする

[smalldisk] イメージ利用時の空き領域不足とネットワークの制約

[smalldisk] から始まる名前のイメージを使用してAzure仮想マシンをデプロイした場合、OSディスクとして30GBのディスクが用意され（[smalldisk] が付かないイメージは127GB)、そのディスクのパーティションの1つにWindows Serverがセットアップされます。Windows版Dockerのアプリケーションデータは既定でC:¥ProgramData¥dockerに格納されるため、Windowsコンテナーのイメージを取得するとすぐに空き領域が不足する可能性があります。そのため、[smalldisk] イメージのAzure仮想マシンをデプロイした場合は、データディスクを別に追加し、Dockerルートディレクトリ（既定はC:¥ProgramData¥docker）をデータディスクのボリューム上のパスに移動することをお勧めします。Dockerルートディレクトリの変更方法については第4章で説明します。

Azure仮想マシンが接続されるAzure仮想ネットワークは、IPアドレスの割り当てやHyper-V利用時のネットワーク機能に制限があります。Azure仮想マシンで構築したコンテナーホストにおいて、コンテナーにネットワーク機能を提供するには、必ずnat（natドライバー）のNATネットワークを利用してください。その他のドライバー（transparentなど）はAzure仮想マシンのネットワーク環境ではサポートされません。

Azure仮想マシンのWindows Server（デスクトップエクスペリエンス）の日本語化

Azure仮想マシンのWindows Serverイメージは、英語（en-us）版のWindows Serverがインストールされています。Azure仮想マシンをデプロイしたリージョンに関わりなく、国と地域は米国（United States）、タイムゾーンはUTC（協定世界時）でセットアップされます。

Windows Server 2016 Datacenter with ContainersやWindows Server 2019 Datacenter with Containersなど、LTSCバージョンのデスクトップエクスペリエンス付きイメージからデプロイしたAzure仮想マシンの場合は、次の手順で日本語サポートを追加することで、表示言語、入力方式、システムロケールを完全に日本語化できます。また、国と地域とタイムゾーンを日本に合わせせることができます。

1. [Settings] アプリを開き、[Time & Language] の [Language] ページを開いて、[Add a language] をクリックします。

2. [Choose a language to install] のテキストボックスに**Japanese**と入力し、[日本語/Japanese] が検索結果に表示されたら、これを選択して [Next] ボタンをクリックします（画面2-36）。

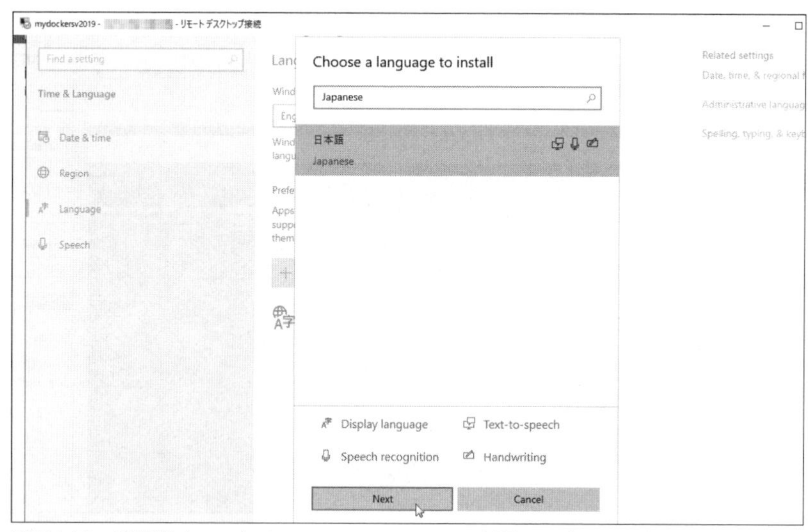

画面2-36　英語版（en-us）のWindows Serverに日本語のサポートを追加する

3. [Install language features] ページで [Selected language: 日本語] になっていることを確認し、[Install] ボタンをクリックします。

4. [Language] ページの [Windows display language] が [日本語] になり、“Will be display language after next sign-in” と表示されたら、現在のリモートデスクトップ接続セッションからサインアウトします。

5. Azure仮想マシンに再びリモートデスクトップ接続でサインインし、表示言語が日本語に切り替わったことを確認します。

6. [設定] アプリを開き、[時刻と言語] の [日付と時刻] ページを開きます。現在のタイムゾーンを確認し、必要に応じて [(UTC+09:00) 大阪、札幌、東京] に変更します。Azure仮想マシンの既定はAzureリージョンに関係なく [(UTC) 協定世界時] です。

7. 次に [日付と時刻] の [地域] ページを開き、[国または地域] を必要に応じて変更します。Azure仮想マシンの既定はAzureリージョンに関係なく [米国] ですが、例えば [日本] またはAzure仮想マシンのデプロイ先のリージョンと一致する場所に変更します。

8. [地域] ページの [関連設定] にある [日付、時刻、地域の追加設定] をクリックして、コントロールパネルの [時計と時刻] を開きます。[地域] をクリックして、[地域] ダイアログボックスを開き、[管理] タブに切り替え、[ようこそ画面と新しいユーザーアカウント] にある [設定のコピー] ボタンをクリックします。[ようこそ画面と新しいユーザーアカウントの設定] ダイアログボックスが開くので、[ようこそ画面とシステムアカウント] と [新しいユーザーアカウント] の2つのチェックボックスを選択して [OK] ボタンをクリックします。[表示言語の変更] ダイアログボックスが表示され、再起動が要求されますが、ここでは [キャンセル] ボタンをクリックして閉じます。

9. 次に、同じ [管理] タブにある [システムロケールの変更] ボタンをクリックします。[地域の設定] ダイアログボックスが開くので、[現在のシステムロケール] を [英語 (米国)] から [日本語 (日本)] に変更し、[OK] ボタンをクリックします。[システムロケール変更] ダイアログボックスが表示され、再起動を要求されるので、[今すぐ再起動] ボタンをクリックして、Azure仮想マシンを再起動します (画面2-37)。

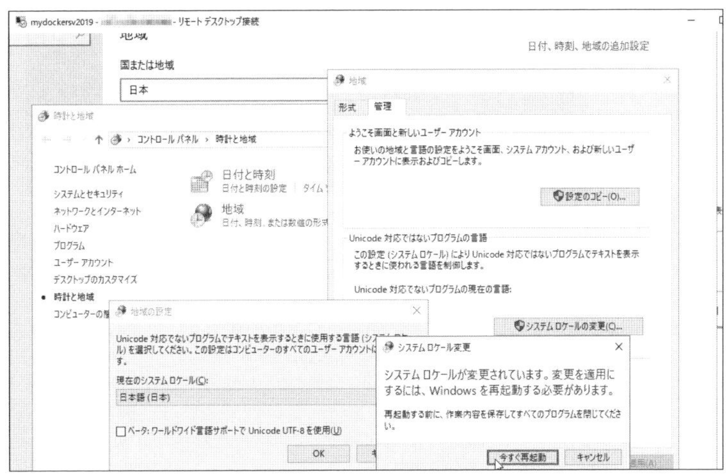

画面2-37 タイムゾーン、国と地域、既定の表示言語、およびシステムロケールを日本語に変更して再起動する

10. Azure仮想マシンの再起動が完了し、仮想マシンに再びリモートデスクトップ接続でサインインしたら、Windows Updateを実行して、最新の品質更新プログラムをインストールします。言語パックを追加した場合、最新の品質更新プログラムが既にインストールされている場合で

も、追加された言語に対応するバイナリをインストールするために、再び同じ品質更新プログラムが検出、インストールされる場合があります。

Azure仮想マシンのWindows Server（Server Core）の日本語化

Azure仮想マシンのWindows ServerのServer CoreおよびSACのイメージは、英語（en-us）版のWindows ServerのServer Coreインストール環境です。Azure仮想マシンをデプロイしたリージョンに関わりなく、国と地域は米国（United States）、タイムゾーンはUTC（協定世界時）でセットアップされます。Server CoreベースのWindows Serverイメージの場合も日本語のサポートを追加することで、表示言語、入力方式、システムロケールを完全に日本語化できます。また、国と地域とタイムゾーンを日本に合わせることができます。

日本語版Windowsのコマンドプロンプトの既定のコードページは932（ANSI/OEM 日本語 Shift-JIS）ですが、英語版Windowsの既定のコードページは437（OEM - 米国）であり、コマンドプロンプトやメモ帳（notepad.exe）でシフトJISコードの日本語の入力や表示ができません（Unicodeでは可能です）。日本語化することでそれが可能になる上、コマンドが返すメッセージやServer Coreでも利用可能な少数のGUIツール（taskmgr.exeやregedit.exe、notepad.exeなど）を日本語で利用できるようになります。日本語環境で使い慣れたコマンドやツールも、英語での利用となると使いにくいこともあります（画面2-38）。

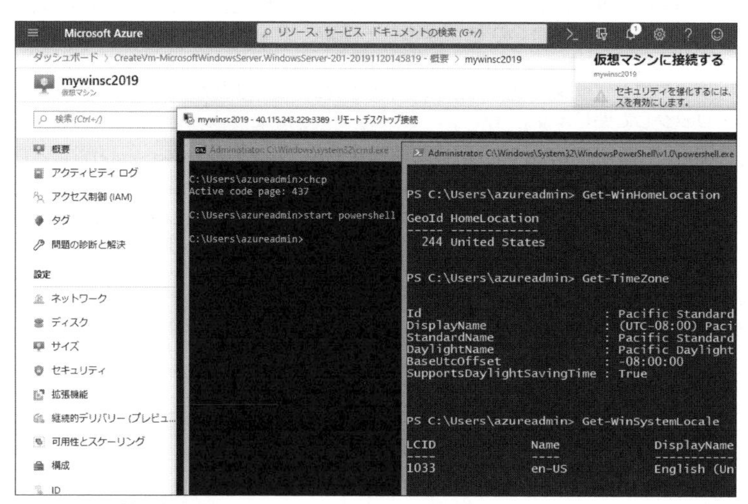

画面2-38　英語版Server CoreベースのAzure仮想マシン

Windows Server 2019 Datacenter Server Core with Containers、Windows Server, version 1809/1903/1909 with Containersの場合は、Windows PowerShellのコマンドラインを使用して日本語のサポートを追加することができます。ただし、Server Core環境の場合は、Windows Serverのそのバージョンに対応した日本語言語パックのパッケージが必要になります。日本語を含む複数言語対応の言語パックは言語パックのISOイメージに含まれます。このISOイメージは一般公開されておらず、ボリュームライセンスサービスセンター（VLSC）、Visual Studioサブスクリプション（旧称、MSDNサブスクリプション）、またはOEMシステムビルダーに対してダウンロード提供されています。

Windows Server 2019およびWindows Server, version 1809の場合はWindows Server 2019 Language PackのISOイメージ、Windows Server, version 1903および1909の場合はWindows Server, version 1903 Language PackのISOイメージに収録されているものが必要です。日本語言語パックのパッケージは、ISOイメージの「¥x64¥langpacks¥Microsoft-Windows-Server-Language-Pack_x64_ja-jp.cab」にあります。

ここでは、日本語言語パックのパッケージが利用可能なことを前提に、Windows Server 2019およびWindows Server, version 1809以降の英語版Server Core環境を日本語化する手順を説明します。

1. Azure仮想マシンにリモートデスクトップ接続でサインインし、コマンドプロンプトで**start powershell**と入力してWindows PowerShellウィンドウを開きます。Windows PowerShellウィンドウで次のコマンドラインを実行してServer Coreアプリ互換性オンデマンド機能をインストールし、Windowsを再起動します。この手順はオプションですが、エクスプローラー（Explorer.exe）を使用したファイル操作など、GUIで操作できると便利です。Server Coreアプリ互換性オンデマンド機能については、第1章で説明しました。

```
PS C:¥> Add-WindowsCapability -Online -Name ServerCore.AppCompatibility~~~~0.0.1.0 ⏎
PS C:¥> Add-WindowsCapability -Online -Name Browser.InternetExplorer~~~~0.0.11.0 ⏎
PS C:¥> Restart-Computer ⏎
```

2. Azure仮想マシンに再びリモートデスクトップでサインインし、何らかの方法で言語パックのパッケージをAzure仮想マシンにコピーします。例えば、リモートデスクトップ接続のウィンドウ内にServer Coreアプリ互換性に含まれるExplorer.exeを開くと、コピー＆ペーストでファイルをローカルからAzure仮想マシンにコピーできます。Server Coreアプリ互換性をインストールしていない場合は、メモ帳（notepad.exe）の［File］メニューの［Open］を選択し、［Open］ダイアログボックスを利用してファイルをコピー＆ペーストできます。Azure仮想マシンに言語パックのISOイメージをダウンロードして、Explorer.exeや**Mount-DiskImage**コマンドレットを利用してISOイメージをローカルマウントして取り出すこともできます。

3. コマンドプロンプトで**start powershell**と入力してWindows PowerShellウィンドウを開き、次のコマンドラインを実行して日本語言語パックのパッケージをインストールします。Windows標準のLpksetup.exeを実行して、日本語言語パックのパッケージを選択し、インストールすることもできます。

```
PS C:¥> Add-WindowsPackage -Online -PackagePath <パス>¥Microsoft-Windows-Server-
Language-Pack_x64_ja-jp.cab ⏎
```

4. 引き続き、Windows PowerShellウィンドウで次の一連のコマンドラインを実行して、日本語関連のオンデマンド機能のインストール、表示および入力言語の設定、国と地域の設定、タイムゾーンの設定、システムロケールの変更を行い、Windowsを再起動します。

```
PS C:¥> Add-WindowsPackage -Online -PackagePath <パス>¥Microsoft-Windows-Server-
Language-Pack_x64_ja-jp.cab⏎
PS C:¥> Add-WindowsCapability -Online -Name Language.Basic~~~ja-JP~0.0.1.0⏎
PS C:¥> Add-WindowsCapability -Online -Name Language.Fonts.Jpan~~~und-JPAN~0.0.1.0⏎
PS C:¥> Add-WindowsCapability -Online -Name Language.Handwriting~~~ja-JP~0.0.1.0⏎
PS C:¥> Add-WindowsCapability -Online -Name Language.OCR~~~ja-JP~0.0.1.0⏎
PS C:¥> Add-WindowsCapability -Online -Name Language.Speech~~~ja-JP~0.0.1.0⏎
PS C:¥> Add-WindowsCapability -Online -Name Language.TextToSpeech~~~ja-JP~0.0.1.0⏎
PS C:¥> Set-WinUILanguageOverride ja-jp⏎
PS C:¥> Set-Culture ja-jp⏎
PS C:¥> $mylang = New-WinUserLanguageList ja⏎
PS C:¥> Set-WinUserLanguageList $mylang⏎
```

```
PS C:¥> Set-WinDefaultInputMethodOverride "0411:{03B5835F-F03C-411B-9CE2-AA23E1171E36}
{A76C93D9-5523-4E90-AAFA-4DB112F9AC76}"
PS C:¥> Set-WinHomeLocation -GeoID 122
PS C:¥> Set-TimeZone -Id "Tokyo Standard Time"
PS C:¥> Set-WinSystemLocale ja-jp
PS C:¥> Restart-Computer
```

5. 再起動後、再びリモートデスクトップ接続でAzure仮想マシンにサインインします。この時点でコマンドプロンプトのコードページが932（ANSI/OEM - 日本語Shift-JIS）に変更されているはずですが、表示言語は英語のままかもしれません。その場合は、Windows PowerShellウィンドウを開き、次の一連のコマンドラインをもう一度実行してサインアウトし、再びリモートデスクトップ接続でサインインします。

```
PS C:¥> Set-WinUILanguageOverride ja-JP
PS C:¥> Set-Culture ja-JP
PS C:¥> $mylang = New-WinUserLanguageList ja
PS C:¥> Set-WinUserLanguageList $mylang
PS C:¥> logoff
```

以上の設定で現在のユーザーの表示言語「日本語」、入力方式「日本語（日本）-Microsoft IME」、形式「日本語（日本）」、場所「日本」に、システムロケールが「日本語（日本）」に設定されます（画面2-39）。システムアカウントやようこそ画面、新しいユーザーについても日本語化したい場合は、コマンドプロンプトに**intl.cpl**と入力し、コントロールパネルの［地域］アプレット（Server Coreでも利用可能）を開いて、［管理］タブの［設定のコピー］で設定してください。設定を変更した場合、Windowsの再起動が必要です。

なお、Windows Server, version 1903および1909は、日本語版をインストールした場合であってもMicrosoft IMEによる入力と変換が正常に機能しないという問題を筆者は確認しています（2020年1月末時点）。日本語の表示やコピー＆ペーストは可能です。

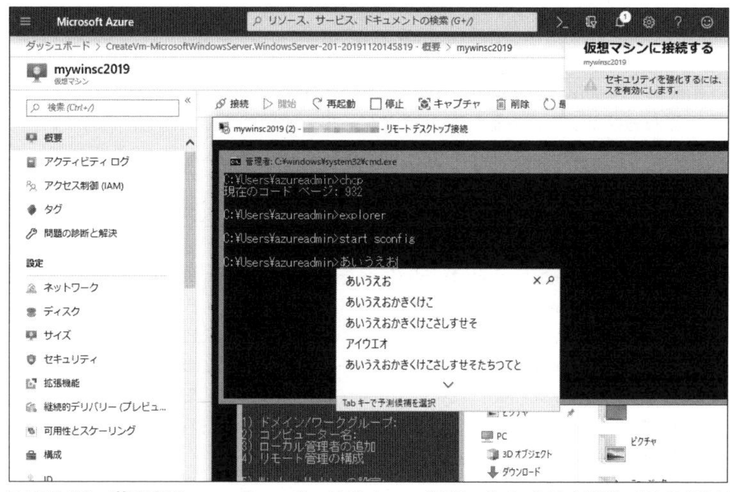

画面2-39 英語版Server CoreベースのAzure仮想マシンを日本語化（この例はWindows Server 2019 Datacenter Server Core with Containersイメージを使用）

第3章 Docker Desktop for Windows

Docker Desktop for Windowsは、ネイティブなLinuxコンテナー環境とネイティブなWindowsコンテナー環境の両方に対応し、これらの環境を相互に切り替えて利用できるWindows 10上のDockerコンテナー環境です。Windowsコンテナー環境では、テストまたは開発目的に限り、Windows ServerベースのWindowsコンテナーの作成と実行が可能です。また、第1章で説明したようにVisual Studio開発ツールと組み合わせてアプリケーション開発ができます。Windows 10上でテストまたは開発以外の運用環境で利用できるWindowsコンテナーのベースOSイメージはそもそも存在しません。

なお、特に明記していない場合でも、この章での操作はWindows 10の管理者アカウントでサインインして実行することを想定しています。

3.1 Docker Desktopのセットアップ

Docker Desktopは、以前はDocker Toolboxと呼ばれていたWindowsおよびMac用ソフトウェアの後継です。Docker Toolbox for WindowsおよびMacは、Oracle VirtualBoxの仮想マシン環境を利用してネイティブなLinuxのコンテナーホスト環境（MobyVM）をWindowsおよびMac上のDockerクライアントに提供していました。

現在のDocker Desktop for Windowsは、仮想マシン環境としてWindows 10 x64のクライアントHyper-V（Homeエディションは非搭載）を利用します。クライアントHyper-Vは、ネイティブなLinuxのコンテナーホスト環境を提供するDockerDesktopVM（旧、MobyVM）の実行環境となります。また、Windows 10バージョン1607以降ではHyper-V分離モードのWindowsコンテナーをサポートするための重要なコンポーネントでもあります。ちなみに、現在のDocker Desktop for Macは、HyperKitと呼ばれる軽量なmacOSの仮想化ソリューションを使用しています。Macでは当然のことながらHyper-Vを利用できないため、Docker Desktop for MacはLinuxコンテナー専用です。

この章では、ネイティブなWindowsコンテナーのためのDocker Desktop for Windowsの導入について説明します。第1章で説明したように、Docker Desktop for WindowsではネイティブなWindowsコンテナーとネイティブなLinuxコンテナーの環境を相互に切り替えて使用できますが、この章ではネイティブなWindowsコンテナーの環境にだけ言及します。ただし、ネイティブなWindowsコンテナー環境においても、Linux Containers on Windows（LCOW）により、ネイティブなLinuxコンテナー環境に切り替えることなしに、Windowsコンテナーと Linuxコンテナーの両方に同時に対応できます。

メモ

Docker Desktop for WindowsのWSL2のサポートについて

Windows 10の現在のWindows Subsystem for Linux（WSL）はLinuxカーネルをエミュレーションしてネイティブなLinuxバイナリの実行を可能にするものですが、マイクロソフトは仮想化ベースのセキュリティ（Virtualization-Based Security、VBS）の分離環境を利用してネイティブなLinuxカーネルを利用するWSL 2を開発中です。Docker Desktop for Windowsはエンジンのためのバックエンドとして WSL 2に対応する予定であり、現在、Docker Desktop Edgeリリースまたは Docker Desktop 2.2.0.0（2020年1月21日リリース）以降と、20H1（バージョン2004）のWindows 10 Insider Previewビルドとの組み合わせにてプレビュー評価が可能です。

Docker Desktop WSL 2 backend
https://docs.docker.com/docker-for-windows/wsl-tech-preview/

Docker Desktop for WindowsのWSL 2対応は、現在、バックエンドとしてHyper-V仮想マシン（DockerDesktopVM）を利用しているLinuxのコンテナーホスト環境を、WSL 2のネイティブなLinux環境に置き換え、パフォーマンスの向上を図るものです。つまり、この章で説明するWindowsコンテナー環境にはこの機能は関係しません。

3.1.1 Docker Desktopのシステム要件

Docker Desktop for Windowsは、Windows 10のクライアントHyper-VおよびContainersの機能がサポートされる64ビット（x64）版Windows 10にインストールできます。Docker Desktop for Windowsには、クライアントHyper-Vが必須です。クライアントHyper-Vを利用できる環境なら、Docker Desktop for Windowsのシステム要件を満たしていると考えて問題ないでしょう。

表3-1 Docker Desktop for Windowsのシステム要件

OSのエディションとバージョン	・64ビット（x64）版Windows 10 Pro、Enterprise、またはEducation（ProにはPro for Workstations、Pro Educationも含まれます） ・サポート期間中のWindows 10バージョン（LTSCを含む）。ただし、Docker Desktop 2.1.0.0からはバージョン1607はサポートされなくなりました。つまり、最新のDocker DesktopでWindows 10 Enterprise LTSB 2016（バージョン1607、ビルド14393）はサポートされません。
プロセッサ	クライアントHyper-Vの要件をサポートするプロセッサが必要です。 ・Intel VTまたはAMD-V ・ハードウェア強制データ実行防止（DEP） ・第2レベルアドレス変換拡張機能（Second Level Address Translation、SLAT）
メモリ	4GB以上（ネイティブなLinuxコンテナー環境に切り替える場合、Hyper-V仮想マシンのDockerDesktopVMに2GBのメモリが割り当てられるため、4GBではメモリ不足になる可能性があります）
ディスク	C:¥Program Files¥dockerディレクトリへのバイナリの格納とC:¥ProgramData¥dockerディレクトリ配下へのWindowsコンテナーのイメージとコンテナーの格納のため、C:ドライブに十分な空き領域が必要です。

3.1.2 Docker Desktopのインストーラーの入手

Docker Desktop for Windowsのインストールは、専用のインストーラーを使用して行います。Docker Desktop for Windowsのインストーラー（Docker Desktop Installer.exe、ファイル名は変更される場合があります）は、Docker Hubからダウンロードすることができるので、事前にダウンロードしておきましょう。

インストーラーをダウンロードするには、Docker IDが必要です。Docker IDは無料でサインアップすることができ、任意の名前とパスワード、電子メールアドレスの入力で取得できます。また、Docker IDを取得すると、Docker HubのFREE（無料）版プライベートリポジトリ（1リポジトリ、1ビルドまで）が利用可能になります。

Docker Desktop for Windowsのダウンロード
https://hub.docker.com/?overlay=onboarding

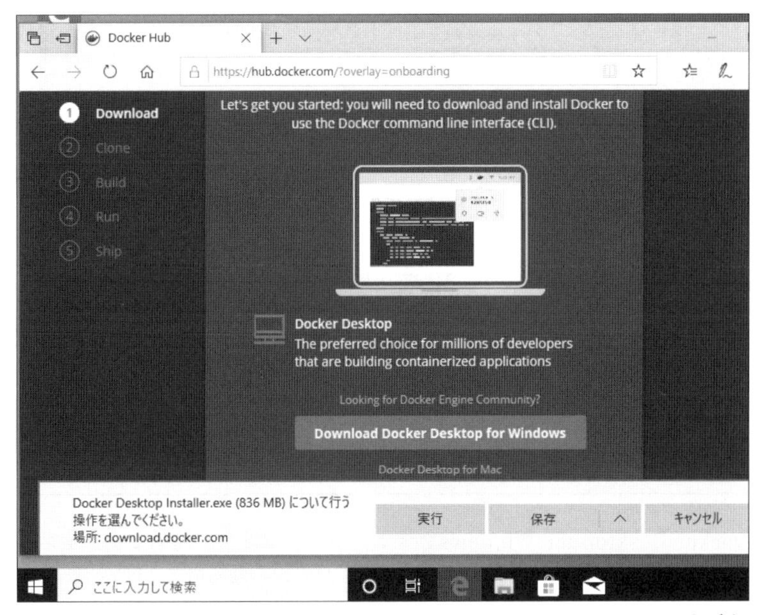

画面3-1 事前にDocker HubからDocker for Windowsのインストーラーをダウンロードして保存しておく

3.1.3 前提となるWindowsの機能

Docker Desktop for Windowsのインストーラーは、Hyper-VおよびContainersの機能が存在しなければ自動的に有効化してくれますが、その場合、途中でOSの再起動が必要になります。Docker Desktopのインストールをスムーズに進めるために事前に有効化しておくことをお勧めします。Hyper-Vのシステム要件を満たしていないPCでは、Hyper-Vの有効化はできないので、Docker Desktop for Windowsのシステム要件を満たしているかどうかを判断することもできます。

Hyper-VとContainersの機能は、コントロールパネルの［プログラムと機能］を開き（appwiz.cplを実行することでその場所にすばやくアクセスできます）、［Windowsの機能の有効化または無効化］をクリックして機能を選択して有効化します（画面3-2）。Hyper-Vの機能の有効化のために、Windows 10の再起動が必要です。

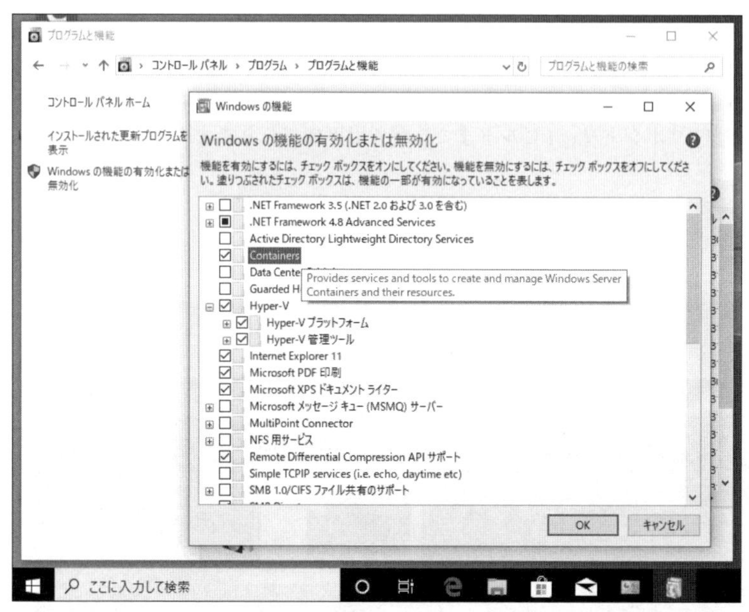

画面3-2　事前に［Hyper-V］と［Containers］の機能を選択して有効化しておく。省略してDocker Desktop for Windowsのインストーラーに任せることも可能

3.1.4 Docker Desktopのインストール

Docker Desktop for Windowsのインストールは非常に簡単です。インストーラーを実行し、ユーザーアカウント制御（UAC）の同意が求められるので［はい］をクリックすると、インストールが始まります。最初の［Configuration］の画面で［Use Windows containers instead of Linux containers（this can be changed after installation）］オプションを選択してインストールしてください（画面3-3）。これにより、Windowsコンテナー用にDocker Desktop for Windowsがセットアップされます。なお、オプションの説明にあるように、Windowsコンテナーと Linuxコンテナーの環境は後からいつでも双方向に切り替え可能であるため、オプションを選択し忘れても問題ありません。

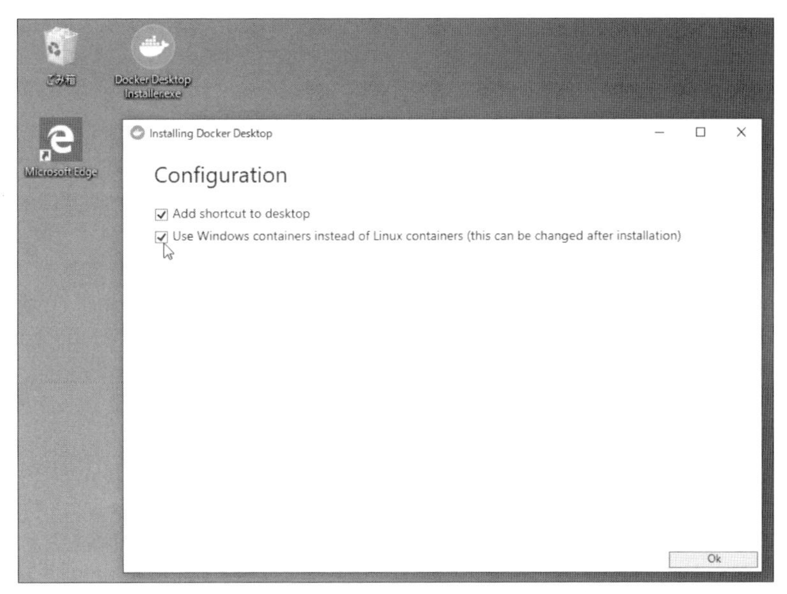

画面3-3 ［Use Windows containers instead of Linux containers (this can be changed after installation)］オプションを選択してインストールを続行する

インストールが完了すると［Installation succeeded］と表示されます。ここで［Close and log out］ボタンをクリックすると、ウィンドウが閉じられ、現在のデスクトップからサインアウトされます。Windows 10のサインイン画面が表示されたら、再びサインインします（画面3-4）。

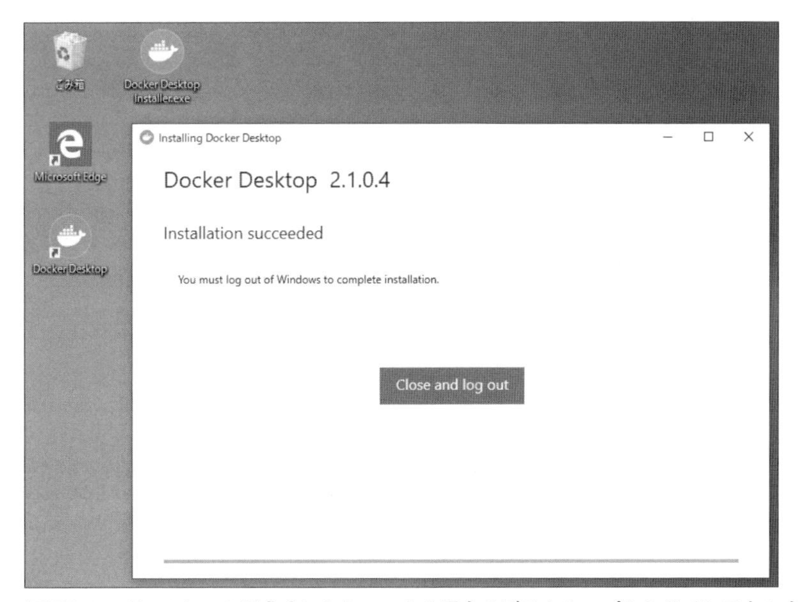

画面3-4 インストールが成功したらいったん現在のデスクトップからサインアウトする

再びWindows 10にサインインすると、Docker Desktopが自動開始し、Windows 10のアクションセンターに［Docker Desktop is running］という通知があります。Docker Desktopのサービス（Docker Desktop ServiceおよびDocker Engineサービス）がクラッシュした場合やサービスを起動できなかった場合はその旨が表示されるので、サービス開始の再試行や設定のリセット（Factory Reset）、Windows 10の再起動などで回復を試みてください。初めて実行される場合、Docker IDのログイン画面を持つ［Welcome］ダイアログボックスが表示されますが、ログインするかどうかはオプション（省略可能）です。

Docker Desktopが実行状態になれば、Windowsコンテナーの作成および実行環境の準備が整いました。念のため、コマンドプロンプトやWindows PowerShell（管理者アカウントの場合、ユーザーアカウント制御（UAC）の昇格は不要です）を開いて、**docker version**コマンドを実行し、Dockerサーバー（Server）のDocker EngineのバージョンやOS/アーキテクチャ（OS/Arc）を確認してください。DockerサーバーのOS/Arcがwindows/amd64であればWindowsコンテナー用にセットアップされています（画面3-5）。

DockerサーバーのOS/Arcがlinux/amd64となっている場合はLinuxコンテナー環境としてセットアップされています。その場合は、タスクバーの［Docker Desktop］アイコンを右クリックして、［Switch to Windows containers］を選択し、Windowsコンテナーの環境に切り替えます（画面3-6）。繰り返しますが、この章ではネイティブなLinuxコンテナー環境については説明しません（第1章の「1.3.2　Docker DesktopのWindowsコンテナー環境とLinuxコンテナー環境とLCOW」を参照してください）。

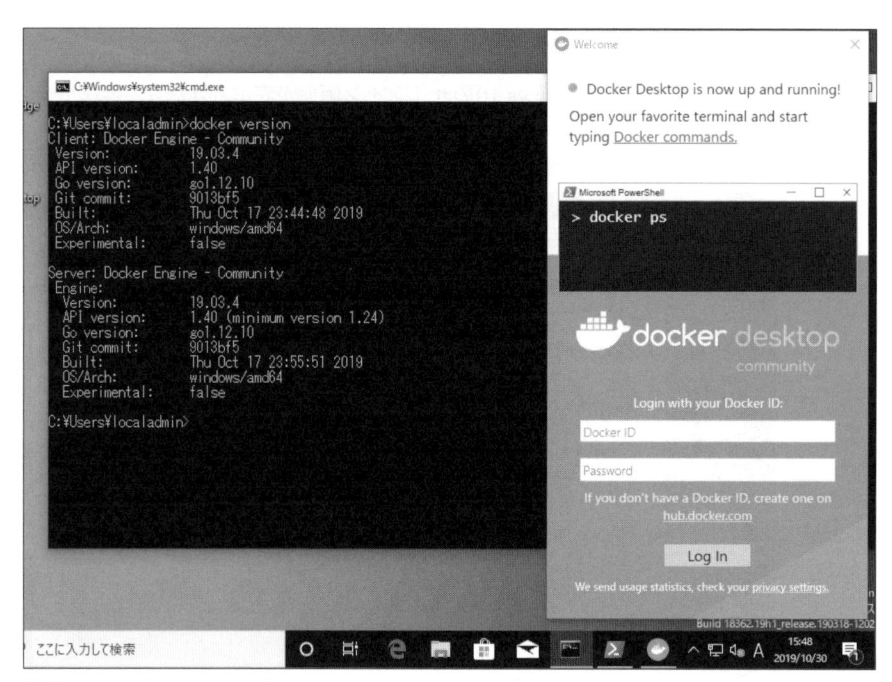

画面3-5　サインインして［Docker Desktop is running］と通知されたら、Windowsコンテナーの利用環境の準備は完了

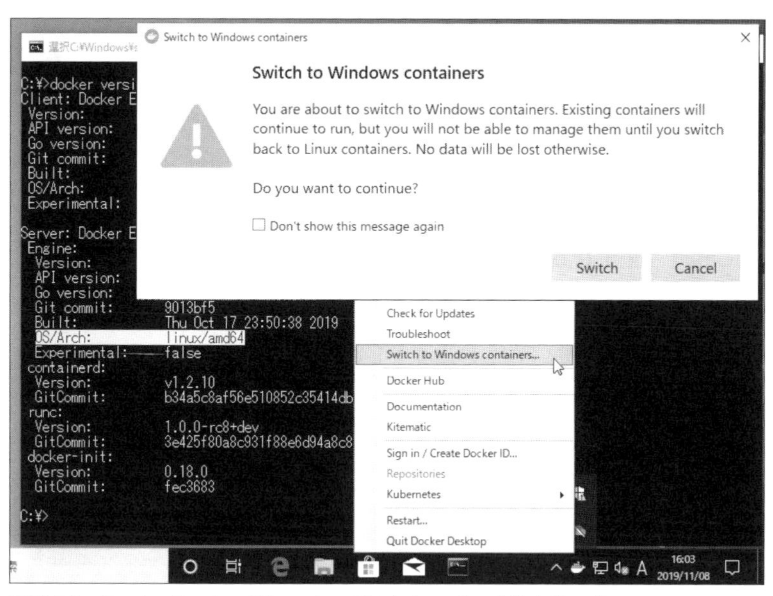

画面3-6 Docker Engineがlinux/amd64となっている場合は、[Switch to Windows containers]で切り替える

注意

サインイン時にDocker Desktopが自動開始しないことがある

Docker Desktop (Docker Desktop.exe) は、ユーザーのサインイン時に自動開始するように既定で設定されています。この設定は、Docker Desktopの[Settings]の[General]ページにある[Start Docker Desktop when you log in]で設定されています。

通常、この既定の設定でDocker Desktopは自動開始され、すぐに利用可能になりますが、関連するサービス (Docker Desktop ServiceやDocker Engine) の開始とのタイミングによっては[Service is not running]ダイアログボックスが表示されることがあります。その場合は[Start]ボタンをクリックして開始してください。このとき、[ユーザーアカウント制御]ダイアログボックスが出現し、「Net Command」による変更を許可するように求められることがあるので、[はい]をクリックします。なお、Docker Desktopを利用する予定がない場合は、[Service is not running]ダイアログボックスで[Quit]ボタンをクリックしてください。

3.1.5 Docker Desktopのアップデート

Windows 10のシャットダウン状態からの起動時、および再起動後など、Docker Desktopのサービスが開始する際には利用可能なアップデートの有無がチェックされ、利用可能なアップデートがある場合は[Docker Desktop Update]ダイアログボックスにリリースノートとともに案内されます(画面3-7)。

このウィンドウにある[Install Update]ボタンをクリックすると、アップデートのインストールが始まります。[Skip This Build]や[Remind me later]ボタンをクリックして、このバージョンをスキップすることや、後で再通知することを選択することもできます。

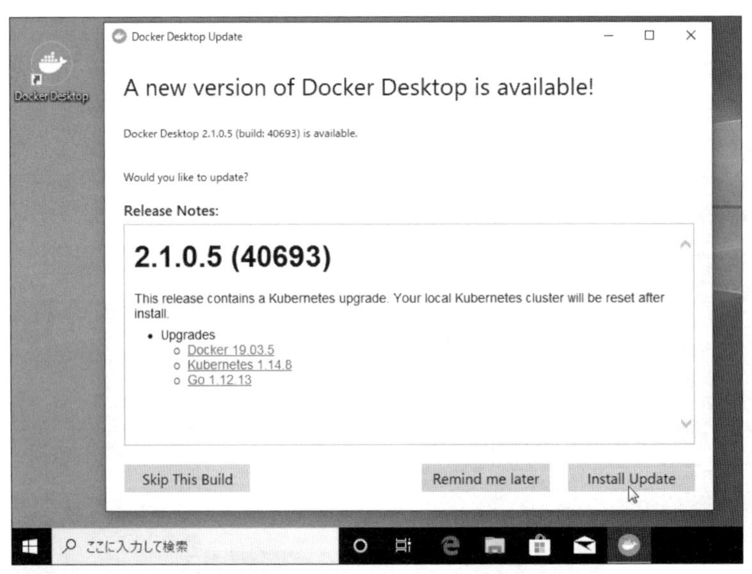

画面3-7　利用可能なアップデート（Docker Desktopの新バージョン）がある場合はこのような案内がポップアップするので、すぐにアップデートを開始できる

Docker Desktopのサービスが稼働中の場合は、タスクバーの［Docker Desktop］アイコンを右クリックして、［Check for Updates］を選択することで、アップデートがないかどうかをチェックすることもできます。利用可能なアップデートがない場合は、アクションセンターに［Docker is up-to-date］と通知があります。

注意

［Install Update］ボタンのクリックでアップデートが始まらない

［Docker Desktop Update］ダイアログボックスで［Install Update］ボタンをクリックしてもアップデートが開始せず、［Install Update］ボタンがグレーアウト表示になった［Docker Desktop Update］ダイアログボックスが表示されたまま何も起こらない場合は、タスクマネージャー（Taskmgr.exe）を開いて［プロセス］タブに［管理アプリケーションの承認UI］がないかどうか確認してみてください。アップデートを開始するために［ユーザーアカウント制御］ダイアログボックスでの許可が必要ですが、そのダイアログボックスがアクティブなデスクトップに表示されていない状態と考えられます。

その場合は、［管理アプリケーションの承認UI］を右クリックして［タスクの終了］を選択します。次に、タスクバーの［Docker Desktop］アイコンを右クリックして［Quit Docker Desktop］を選択し、Docker Desktopをいったん終了します。Docker Desktopの終了を確認したら、デスクトップ上の［Docker Desktop］アイコンを右クリックして［管理者として実行］を選択し、［Docker Desktop Update］ダイアログボックスからもう一度［Install Update］ボタンをクリックしてアップデートを行います。

3.1.6 Docker Desktopのアンインストール

Docker Desktop for Windowsをアンインストールするには、コントロールパネルの［プログラムと機能］を開き（appwiz.cplを実行するとすばやくその場所にアクセスできます）、［Docker Desktop］を選択して［アンインストール］を実行します（画面3-8）。アンインストール処理の中で、Dockerのバイナリだけでなく、仮想マシン（Linuxコンテナー用のDockerDesktopVM）やイメージ（Windowsコンテナーのイメージやコンテナーが格納されるC:¥ProgramData¥dockerディレクトリ）の削除が行われます（画面3-9）。第2章で説明したDocker Enterpriseのアンインストールの場合と違って、アンインストール前にDocker環境をクリーンアップする手間はありません。［Uninstalled successfully］と表示されたらウィンドウを閉じます。

Windows 10のHyper-VとContainersの機能については、コントロールパネルの［プログラムと機能］の［Windowsの機能の有効化または無効化］から必要に応じて無効化します。

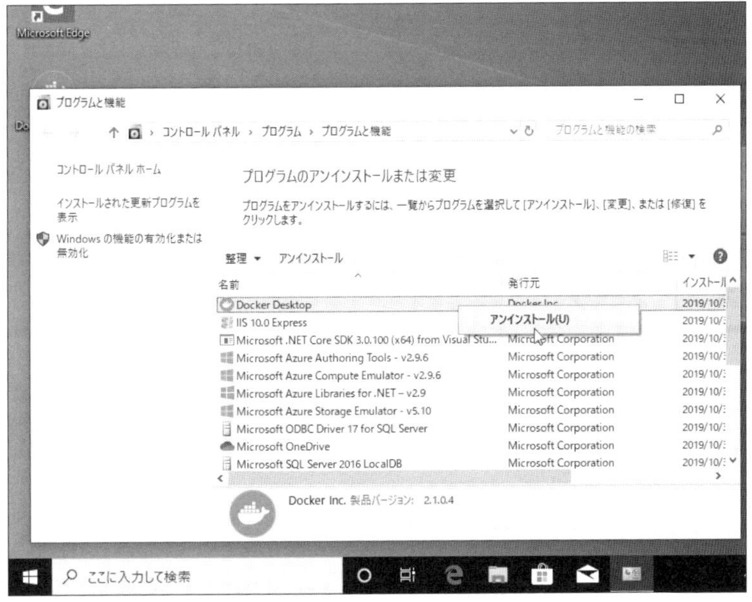

画面3-8　Docker Desktop for Windowsは、他のWindows用ソフトウェアと同様に、［プログラムのアンインストールまたは変更］から簡単に削除できる

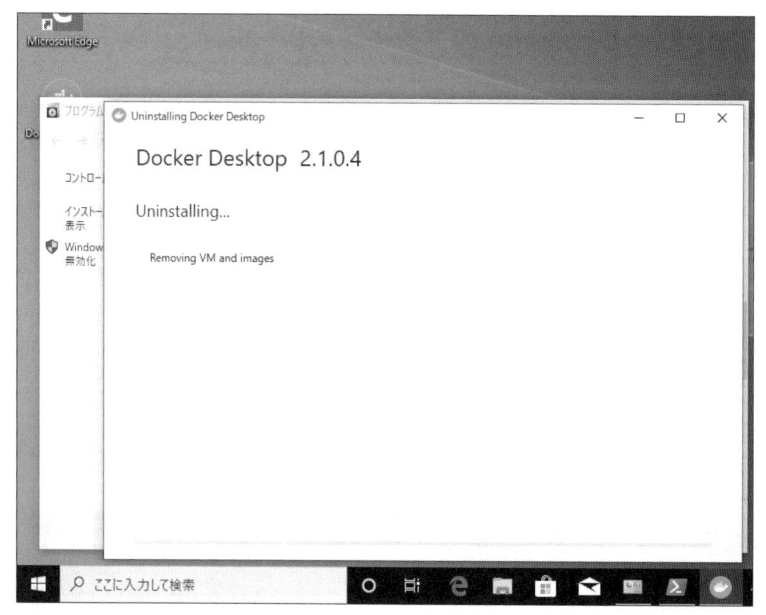

画面3-9 Docker Desktopをアンインストールすると、Dockerバイナリだけでなく仮想マシンやイメージのクリーンアップも実施してくれる

3.2 Windowsコンテナーの実行とWindowsコンテナーのネットワーク

ここまでの時点でWindowsコンテナーのためのDocker Desktopの環境ができたので、簡単な例でテストしてみましょう。また、Docker Desktopのネットワーク機能についても簡単に解説します。なお、以降では特に明記がない限り、Windows 10バージョン1809以降のWindows 10を実行しているものとします。

3.2.1 既定のHyper-V分離モード（以前の唯一の分離モード）

Windows 10におけるWindowsコンテナーの既定の分離モードはHyper-V分離モードです。Windows 10バージョン1809がリリースされるまで、Windows 10ではHyper-V分離モードがサポートされる唯一の分離モードでした。

コマンドプロンプトまたはWindows PowerShell（管理者アカウントの場合、ユーザーアカウント制御（UAC）の昇格は不要です）を開いて、次のコマンドラインを実行すると、Hyper-V分離モードでWindowsコンテナーが実行されます。この例は、mcr.microsoft.com/windows/nanoserver:1809イメージからコンテナーを作成して実行し、コマンドプロンプト（cmd.exe）を開始して対話的に接続します。cmd.exeをEXITコマンドを実行してコンテナーを終了すると、直ちにコンテナーを削除（--rmオプション）します（画面3-10）。既定の分離モードであるため、--isolation=hypervオプションは省略しています。なお、実行中のWindowsコンテナーの分離モードは、docker inspectコマンドで確認することができます。


```
C:¥> docker run -it --rm mcr.microsoft.com/windows/nanoserver:1809 cmd ⏎
```

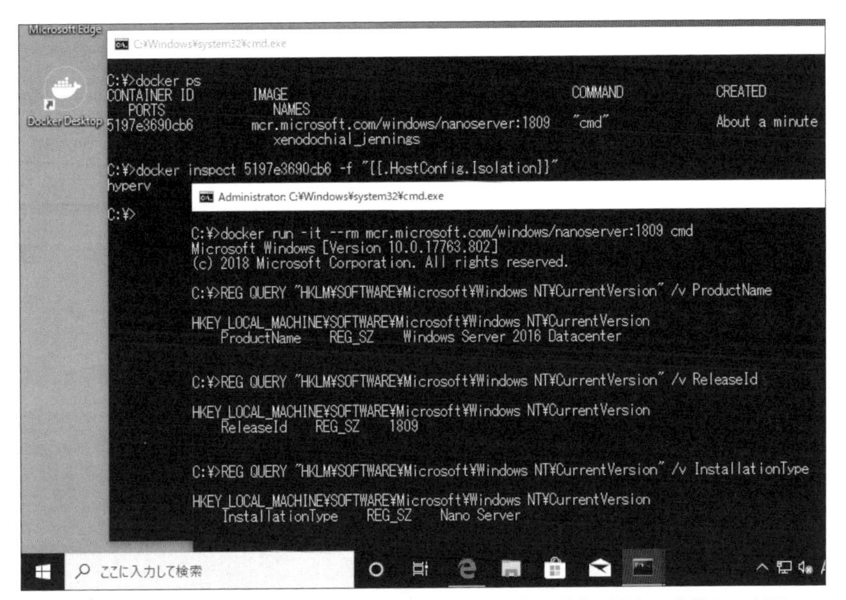

画面3-10 Windows 10でWindowsコンテナーを実行する場合、既定の分離モードはHyper-V分離モード。以前はHyper-V分離モードがWindows 10で唯一サポートされる分離モードだった

3.2.2 プロセス分離モード（Windows 10バージョン1809とDocker Engine 18.09.1から）

2019年初めまで、Windows 10ではHyper-V分離モードによるWindowsコンテナーの実行のみがサポートされていました。2019年1月にリリースされた安定版（Stable）のDocker Desktop 2.0.0.2（Docker Engine 18.09.1）では、Windows 10バージョン1809以降でプロセス分離モードがサポートされました。

原則としてプロセス分離モードで実行可能なWindowsコンテナーは、ホスト（Docker Desktopの場合はWindows 10）とWindowsコンテナーのイメージ（Windows Server Core、Nano Server、またはWindows）のビルドが一致していることが条件になります（リビジョン番号までの一致は要求されません）。

例えば、次のようにNano Serverのバージョン1809（ビルド17763）のWindowsコンテナーをプロセス分離モードで実行できるのは、Windows 10バージョン1809（ビルド17763）上のDocker Desktopだけになります。

```
C:¥> docker run -it --isolation=process --rm mcr.microsoft.com/windows/nanoserver:1809
cmd ↵
```

同じように、次のようにNano Serverのバージョン1903（ビルド18362）のWindowsコンテナーをプロセス分離モードで実行できるのは、Windows 10バージョン1903（ビルド18362）上のDocker Desktopだけになります（画面3-11）。

```
C:¥> docker run -it --isolation=process --rm mcr.microsoft.com/windows/nanoserver:1903
cmd ↵
```

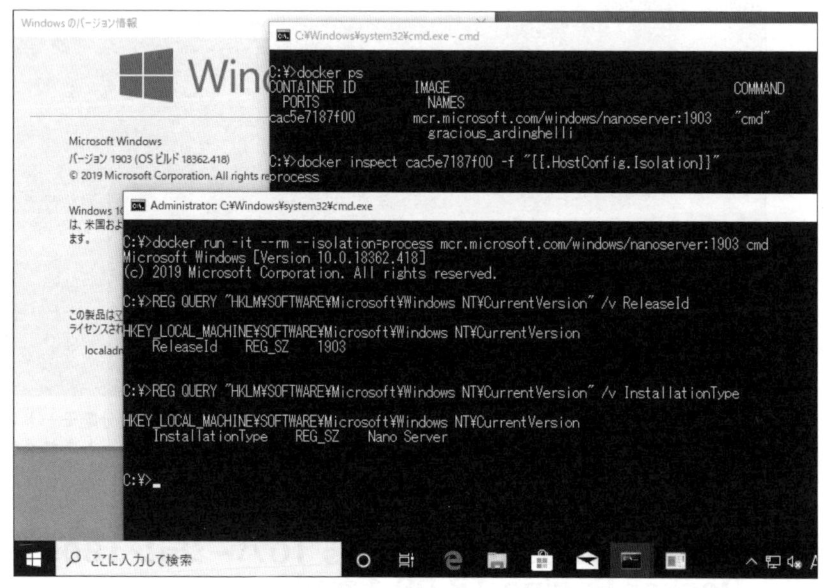

画面3-11 Windows 10バージョン1903のDocker Desktopで、Nano Serverバージョン1903をプロセス分離モードで実行している様子

Windows 10バージョン1909およびWindows Server, version 1909では、ホストとコンテナーが同一ビルドというプロセス分離モードの制限が一部緩和され、下位ビルドをプロセス分離モードで実行できるようになっています（画面3-12）。プロセス分離モードで実行可能な下位ビルドについては、第1章の「1.2.6 Windowsコンテナーのバージョン互換性とライフサイクル」の表1-7にまとめました。

Windows 10バージョン1909の場合は、バージョン1903および1909のWindowsコンテナーのイメージをプロセス分離モードで実行できます。例えば、Windows 10バージョン1909では次のコマンドラインの両方が成功します（画面3-12）。

```
C:¥> docker run -it --isolation=process --rm mcr.microsoft.com/windows/nanoserver:1909
cmd ↵
C:¥> docker run -it --isolation=process --rm mcr.microsoft.com/windows/nanoserver:1903
cmd ↵
```

プロセス分離モードで実行した場合、Windowsコンテナーのverコマンドはホストのビルド番号を表示しますが、レジストリからは正しいビルド番号（CurrentBuild）やバージョン番号（ReleaseId）を取得できます。なお、バージョン1809のイメージをプロセス分離モードで実行しようとすると、システムコールエラー（ビルド不一致とは別のエラー）が発生して失敗したり、Windows 10のホスト全体がSTOPエラー（ブルースクリーン）の発生でクラッシュしたりすることがあるので注意してください。

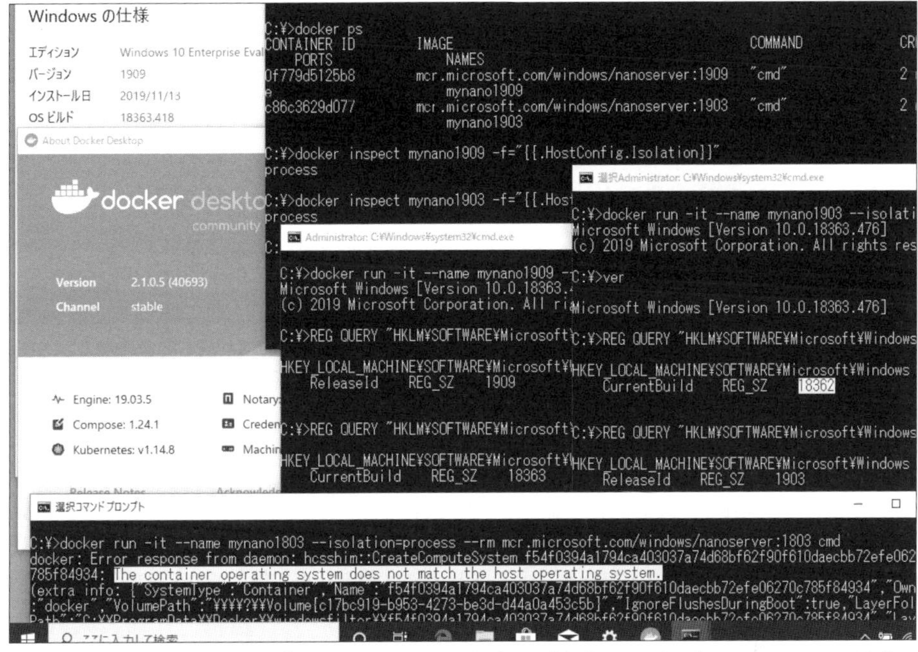

画面3-12 Windows 10バージョン1909では、下位ビルド（すべてではない）のWindowsコンテナーをプロセス分離モードで実行できるようになった

3.2.3 Windowsコンテナーのネットワーク

Docker Desktop for WindowsにおけるWindowsコンテナー用のDockerネットワークは、Docker Enterprise for Windows Serverと同じです。既定のDockerネットワークはNATネットワークとポート転送に対応したnat（natドライバー）で、コンテナーにネットワーク機能を提供しないnone（nullドライバー）とともにDocker Desktopのインストールで自動作成されます。また、Hyper-Vの仮想マシン向けの外部タイプのHyper-V仮想スイッチが存在する場合は、transparentドライバーを持つHyper-V仮想スイッチと同名のDockerネットワークが自動構成されます。

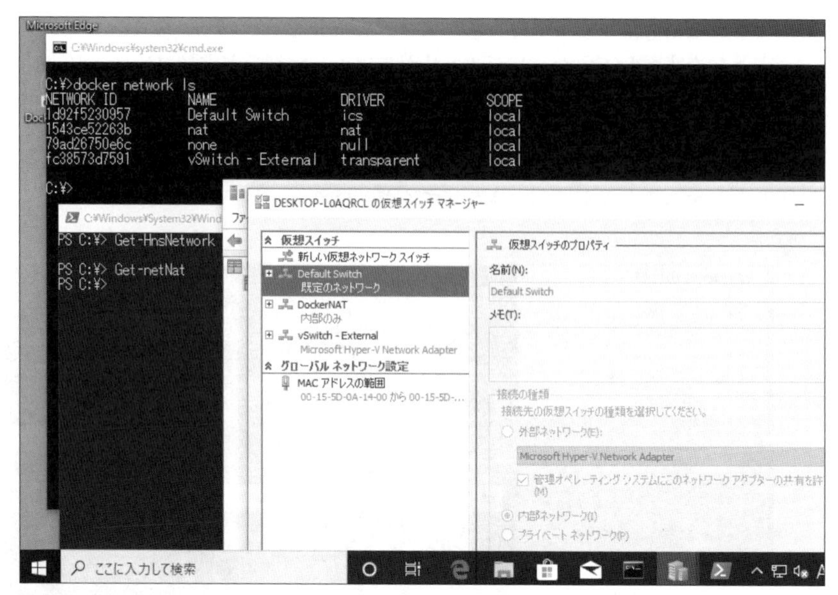

画面3-13　Docker DesktopのDockerネットワーク機能は、基本的な機能（nat、null、transparentドライバーに関して）はDocker Enterpriseと同じ

Docker Enterpriseとの明らかな違いは、Default Switch（icsドライバー）の存在です。Default Switchは、Windows 10バージョン1709以降でHyper-Vを有効化すると既定で作成される、設定変更や削除ができないHyper-V仮想スイッチです（バージョン1803以前は「既定のスイッチ」という名前で作成されます）。Default Switchは、Hyper-V仮想マシンに対してNATネットワーク（IPアドレスの自動割り当て機能あり）を提供するHyper-V仮想スイッチです。NATネットワーク機能には、WindowsのInternet Connection Sharing（ICS）サービスが利用されています。

Dockerネットワークとしては、既定のNATネットワークであるnat（Hyper-V仮想スイッチとしてはDockerNATに対応）が利用できるため、WindowsコンテナーではDefault Switchを利用しないでください。Default Switchが使用するicsドライバーは、Dockerネットワークでサポートされる一覧には含まれておらず、使用した場合、意図しない挙動を示す可能性があります。例えば、Default Switchを指定した場合、NATネットワークのIPアドレスがコンテナーには割り当てられません。

Default Switchを除けば、Docker DesktopのDockerネットワークはDocker Enterpriseと同じように見えます。ポートの公開と転送も期待通りに動作しますし、ポート転送の動作確認をhttp://localhost:<ポート番号>で実施できます（画面3-14）。しかしながら、実装に関してはDocker Enterpriseとは異なるようです。例えば、Docker Enterpriseとは異なりHNSは利用していません。Dockerネットワーク機能は、Hyper-V仮想スイッチとDocker Desktop側の実装（おそらくDocker Desktop Service）の両方で実現されているようです。

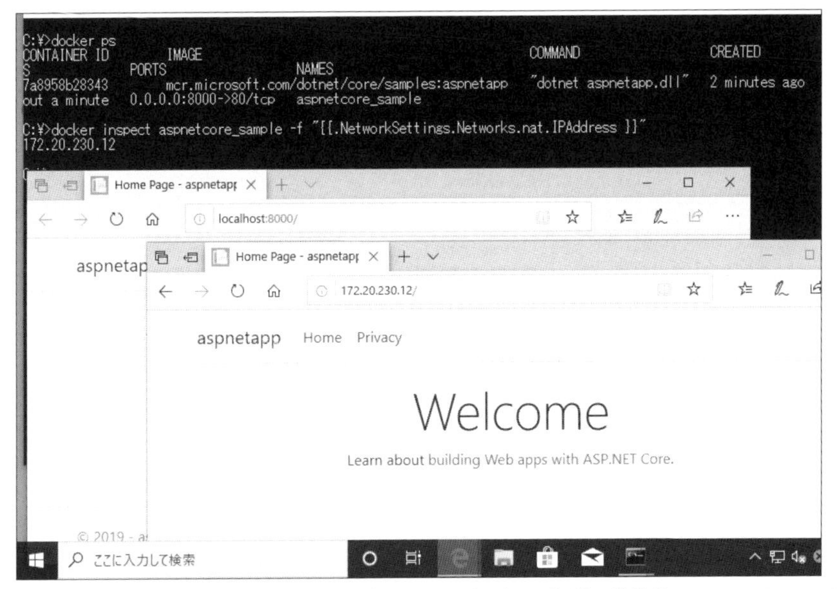

画面3-14　NATネットワークによる外部アクセスとポート転送の機能は、Docker Enterpriseと同じように利用できる

Docker Desktopのネットワーク機能のアーキテクチャについては、詳細情報が公開されていませんし、オープンソースであるため現在の実装や仕様は予告なく変更される可能性もあります。Docker Desktop for Windowsのネットワーク機能については、以下の公式ドキュメントを参照してください。

Networking features in Docker Desktop for Windows
https://docs.docker.com/docker-for-windows/networking/

Docker Desktop用のNATサブネットを固定する方法

Docker Desktopのnatネットワークは、クラスBのプライベートアドレス空間172.16.0.0/12（172.16.0.0～172.16.31.255.255）から、/28（255.255.255.240）のサブネットで自動構成されます。このサブネットのIPプレフィックスは、Windows ServerのDocker Enterpriseのコンテナーホストの場合と同様に、Windows 10の起動ごとにランダムに変更されます。

natネットワークのサブネットのIPプレフィックスを固定化するには、C:¥ProgramData¥docker¥config¥daemon.jsonに**fixed-cidr**オプションを追加します。Docker Desktopの場合は、タスクバー上のDocker Desktopのアイコンを右クリックして［Settings］を選択し、［Settings］ダイアログボックスの［Daemon］ページで［Basic］を［Advanced］に切り替えることでも、daemon.jsonファイルを編集することが可能です（バージョン2.1.0.x以前の場合）。例えば、natネットワークのサブネットを172.16.1.0/24に固定化するには、次のオプションをカンマ（**,**）区切りで他の構成済みオプションに追加します。なお、設定を反映するためには、Windows 10の再起動が必要です。

```
"fixed-cidr": "172.16.1.0/24"
```

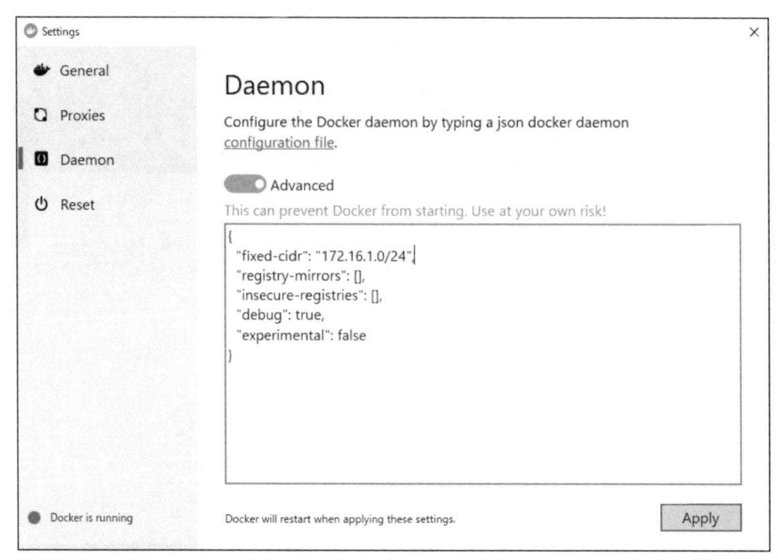

画面3-15　daemon.jsonにfixed-cidrオプションを追加して、[Apply]をクリックする。設定が反映されるのは、次にWindows 10が起動したときから

Windows Defenderファイアウォールに大量のDNS Server Forward Rule

第2章でも指摘しましたが、Dockerのコンテナーホストとして構成されたWindows Server 2019、Windows Server, version 1809、およびHyper-Vが有効なWindows 10バージョン1809には、Windows Defenderファイアウォールに「DNS Server Forward Rule - TCP」および「DNS Server Forward Rule - UDP」から始まる受信の規則のペアがOSの起動ごとに作成され続けるという既知の問題があります。Windows 10バージョン1809の場合は、Hyper-V仮想マシンのためのDefault Switchの関係で、Docker Desktopのインストールの有無に関係なくこの問題の影響を受けます。

この問題はWindows Server, version 1903およびWindows 10バージョン1903以降で緩和されており、問題のペアは「HNS Container Networking - DNS（UDP-In）」と「HNS Container Networking - ICS DNS（TCP-In）」から始まる1つまたは少数のペアに変更され、極端に増加することはなくなりました。

Windows Server 2019やWindows Server, version 1809のコンテナーホスト、Windows 10バージョン1809のHyper-VやDocker Desktopホストがある場合は、Windows PowerShellで次のコマンドラインを管理者として実行することで、現在の規則の数を確認した上ですべてのペアをクリーンアップできます。新しいペアは次のWindowsの起動時に自動作成されます。

```
PS C:¥> (Get-NetFirewallRule -Name "DNS Server Forward Rule*").Count ⏎
PS C:¥> Get-NetFirewallRule -Name "DNS Server Forward Rule*" | Remove-NetFirewallRule
⏎
PS C:¥> Restart-Computer -Force ⏎
```

3.2.4 リモート接続の有効化

Docker Desktop for Windowsは、既定でローカルのDockerクライアントからの接続のみを受け付けます。第2章のDocker Enterpriseでは、セキュリティで保護されないリモート接続、およびTLSのセキュリティで保護されたリモート接続の有効化について説明しました。Docker Desktop for Windowsの場合も、daemon.jsonへの**hosts**オプションの追加により、同様の設定が可能です。

セキュリティで保護されないリモート接続については、daemon.jsonを編集するのではなく、タスクバー上のDocker Desktopのアイコンを右クリックして［Settings］を選択し、［Settings］ダイアログボックスの［General］ページにある［Expose daemon on tcp://localhost:2375 without TLS］のチェックボックスを選択するだけで簡単に有効化することもできます（画面3-16）。チェックボックスを選択する、または選択を解除すると、直ちに設定が有効になります。Docker Engineの再起動は必要ありません。なお、Windows Defenderファイアウォールの受信の規則の例外は自動作成されないので、リモートからの接続を受け付ける場合は、Windows PowerShellを管理者として開き、以下のコマンドラインを実行してTCPポート2735へのリモート接続を許可する必要があります。

```
PS C:¥> New-NetFirewallRule -DisplayName "Docker Non Secure Port 2375" -Direction Inbou
nd -Protocol TCP -LocalPort 2375 -Action Allow ⏎
```

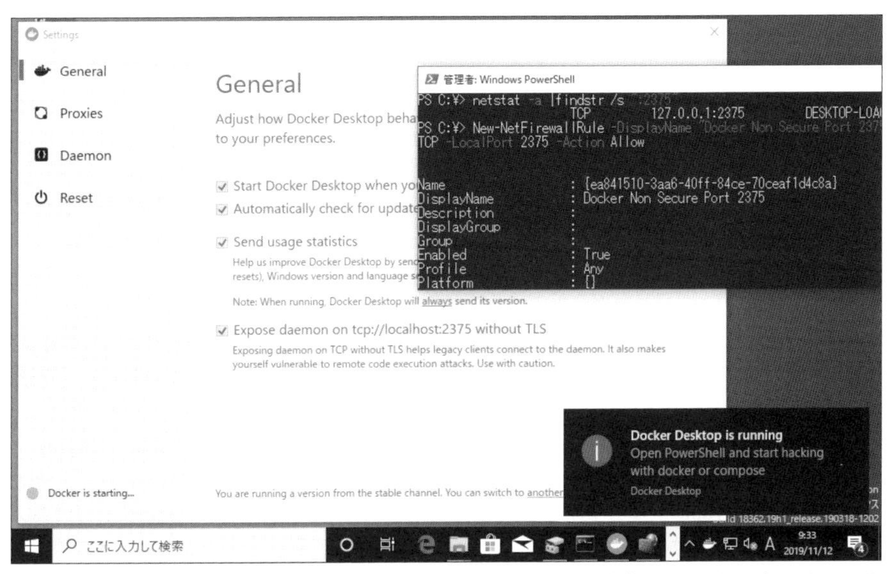

画面3-16　セキュリティで保護されないリモート接続は簡単に有効化できるが、セキュリティリスクを高めることに注意

注意

セキュリティで保護されないリモート接続は非推奨

Dockerクライアントは管理者権限でDocker Engineやコンテナーに接続して操作することができます。そのため、セキュリティで保護されないリモート接続の有効化は、リモートからのコード実行の攻撃に対して脆弱であり、セキュリティリスクが大幅に高まります。セキュリティで保護されないリモート接続の有効化は、接続性の問題の調査など、一時的な利用に限定することを強くお勧めします。

3.3 LCOWによるLinuxコンテナーの実行

Docker Desktop for Windowsは早くから、Experimental機能（試験段階の機能）としてLinux Containers on Windows（LCOW）に対応しています。Docker Enterprise for Windows Serverとは異なり、LinuxKitの導入は必要ありません。Experimental機能を有効化するだけで、LCOWによるLinuxコンテナーの作成と実行に対応できます。

注意

LCOWのシステム要件の変更

Docker Desktopは、2018年3月リリースのDocker Community Edition（Docker CE）18.03から、Windows 10バージョン1709以降との組み合わせにおいて、LCOWをExperimental機能として搭載しました。しかし、現在のDocker Desktop（バージョン2.1.0.0、Engine 19.03.1以降）では、LCOWを利用するにはWindows 10バージョン1809以降が必須要件となったことに注意してください。Windows ServerではDocker Enterprise 3.0（19.03.0以降）からLCOWを評価できるようになりましたが、Windows Server 2019またはWindows Server, version 1809以降が必須要件となります。

3.3.1 Experimental機能を有効化する

Docker DesktopのLCOWサポートはExperimental機能として提供されており、既定では無効になっています。Experimental機能が無効になっている場合、Docker EngineはLinuxコンテナーのイメージを認識できず、Linuxコンテナーのイメージの取得やコンテナーの作成、実行もできません。

Docker DesktopでExperimental機能のLCOWを利用可能にする方法は非常に簡単です。タスクバー上のDocker Desktopのアイコンを右クリックして[Settings]を選択し、[Settings]ダイアログボックスの[Daemon]ページで[Experimental]チェックボックスを選択して[Apply]ボタンをクリックするだけです（画面3-17）。これにより、Docker Engineサービスが再起動され、LCOWが利用可能な状態になります（画面3-18）。[Settings]ダイアログボックスを[Advanced]に切り替え、[Settings]ダイアログボックスを[Advanced]に切り替え、"experimental" :falseの行を"experimental" :trueに書き換えて有効化することもできます。※1

※1 2020年1月21日にリリースされたDocker Desktop for Windows 2.2.0.0以降では、Docker EngineとDocker CLIのそれぞれでExperimental機能を有効化または無効化する仕様に変更されました。LCOWはDocker EngineのExperimental機能を有効化することで利用可能になります。それには、[Settings]の[Docker Engine]を開き、daemon.json（C:¥ProgramData¥docker¥config¥daemon.json）の"experimental":falseの行を"experimental":trueに変更します。Docker CLIのExperimental機能は、[Settings]の[Command Line]にあるスイッチで切り替えることができます。こちらはdaemon.jsonではなく、ユーザーごとのconfig.json（%USERPROFILE%¥.docker¥config.json）を書き換えます。Docker Desktop for Windows 2.1.0.x以前は、[Settings]の[Daemon]のスイッチにより、daemon.jsonとconfig.jsonの両方のExperimental機能を書き換える仕様でした。

Docker DesktopのLCOWのために、Docker EnterpriseのようにLinuxKitを別途導入する作業は必要ありません。LinuxKitに相当するものは最初からDocker Desktopに含まれており、C:¥Program Files¥Linux Containersに最初からインストールされています。

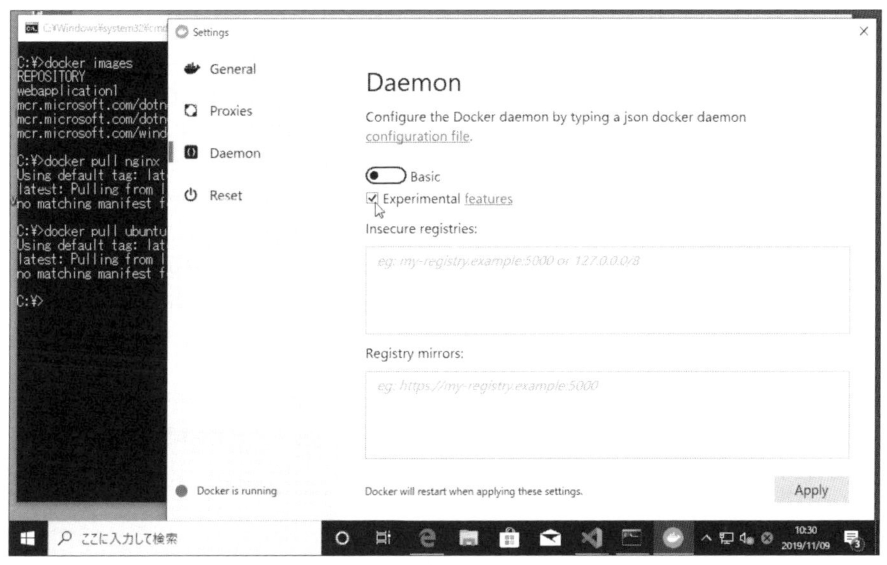

画面3-17 Docker Desktopの［Settings］ダイアログボックスの［Daemon］ページで［Experimental］を選択し、［Apply］ボタンをクリックする

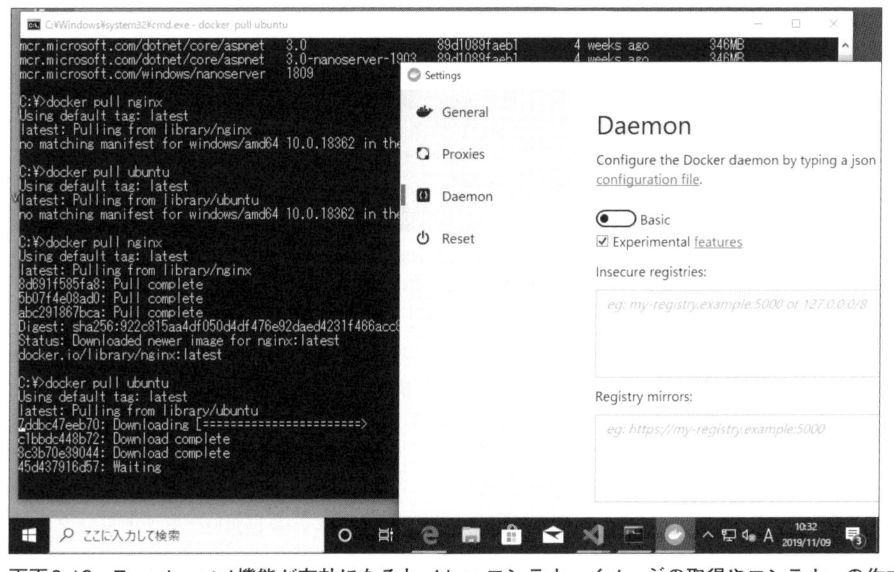

画面3-18 Experimental機能が有効になると、Linuxコンテナーイメージの取得やコンテナーの作成、実行ができるようになる

3.3.2 Linuxコンテナーを実行する

LCOWでLinuxコンテナーを作成、実行するために、特別なオプションなどは必要ありません。Windowsコンテナーを作成、実行するのと同じように、あるいはネイティブなLinuxベースのコンテナーホストでLinuxコンテナーを作成、実行するのと同じように、Windowsコンテナー環境でLinuxコンテナーを作成、実行することができます。Docker Desktopは、Hyper-V仮想マシン（DockerDesktopVM）として実行されるネイティブなLinuxコンテナー環境に切り替えることでもLinuxコンテナーに対応できますが、LCOWは同じWindowsベースのコンテナーホスト上でWindowsコンテナーとLinuxコンテナーを同時にサポートできるという利点があります（画面3-19）。

なお、LCOWに対応した初期のバージョンでは、Linuxコンテナーのイメージやコンテナーを扱う際に**--platform=linux**オプションを指定する必要がありましたが、現在のバージョンでは指定する必要はありません（Docker CE 2.0.0.0のDocker Engine 18.09.0から省略可能になりました）。

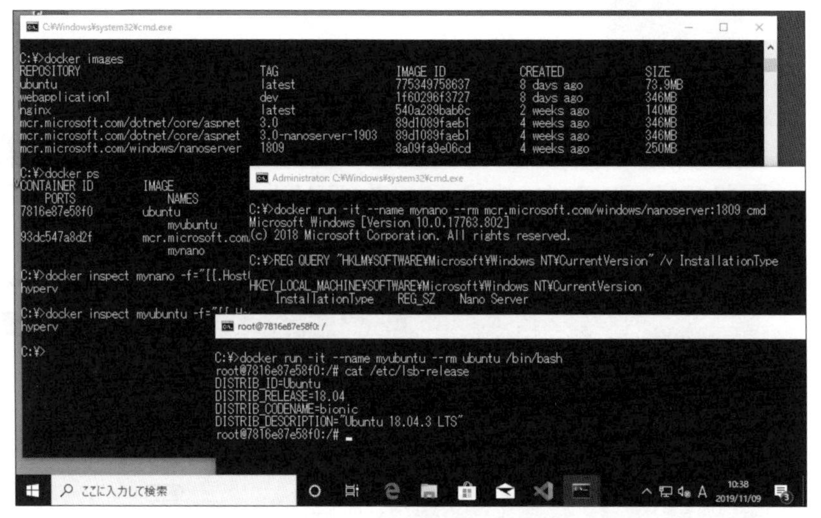

画面3-19 Docker DesktopでWindowsコンテナー（nanoserver:1809）とLinuxコンテナー（ubuntu:latest）を同時実行しているところ

LCOWでLinuxコンテナーを実行する場合、DockerネットワークはWindowsコンテナーと共通の環境を利用することになります（画面3-20）。Linuxベースのコンテナーホストで利用可能なbridgeおよびnone（null）は、Windowsベースのコンテナーホストのnatおよびnone（null）に対応し、NATネットワークに対するポート転送といった機能に差異はありません。Linuxベースのコンテナーホストで利用可能なhostネットワークドライバーに相当するものは、WindowsベースのコンテナーホストのDockerネットワークには存在しない点に注意してください。

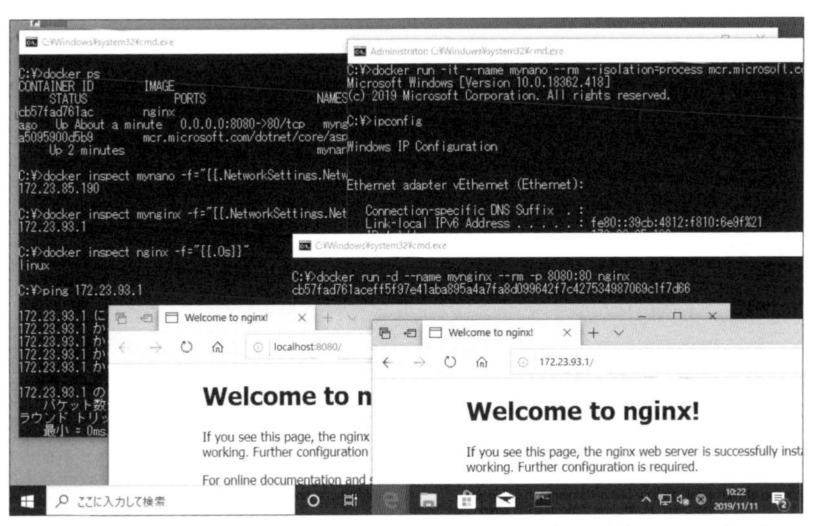

画面3-20　LCOWのLinuxコンテナーは、Windowsコンテナーと同じDockerネットワークを使用する。既定はnatのNATネットワークで、-pオプションのポート転送による外部へのポートの公開が可能

メモ

LCOWのLinuxコンテナーのネットワークについて

Windowsコンテナー環境では、Windows 10ホストの仮想ネットワークアダプター vEthernet (nat) とWindowsコンテナー (LCOWのLinuxコンテナーを含む) の仮想ネットワークアダプターがnatネットワークに接続され、コンテナーはvEthernet (nat) をデフォルトゲートウェイとして外部と通信が可能になります。

Docker DesktopをネイティブなLinuxコンテナー環境に切り替えた場合、Hyper-V仮想マシン (DockerDesktopVM) で実行されるLinuxコンテナーホストがDockerネットワークを提供します（画面3-21）。このとき、Windows 10ホストの仮想ネットワークアダプター vEthernet (DockerNAT) とHyper-V仮想マシンの仮想ネットワークアダプターがHyper-V仮想スイッチDockerNATに接続されますが、NATネットワークは同じくHyper-V仮想スイッチDockerNATに接続されるWindows 10ホストの仮想ネットワークアダプター vEthernet (nat) とLinuxコンテナーのネットワークアダプター eth0で構成されます。

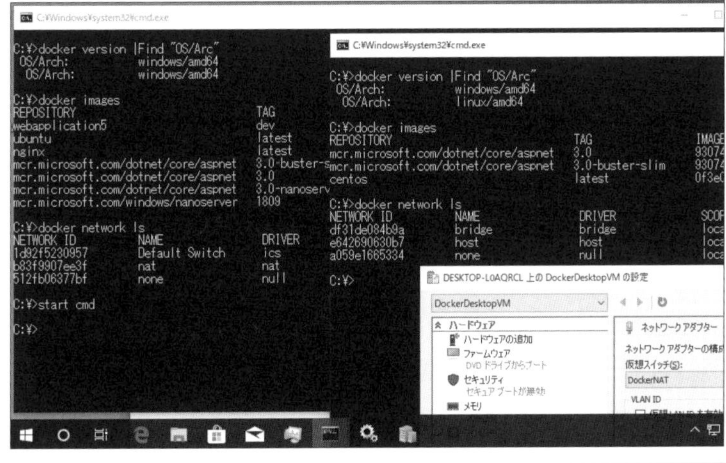

画面3-21　Windowsコンテナー環境（奥のコマンドプロンプト）からDocker DesktopVMのLinuxコンテナー環境に切り替えるとネイティブなLinuxのDockerネットワークに切り替わる（手前のコマンドプロンプト）

3.4 マイクロソフト開発ツールとの連携

Docker Desktop for WindowsのWindowsコンテナー環境（LCOWを含む）およびLinuxコンテナー環境は、Windows、LinuxやmacOSのDockerクライアント（Docker CLI）から完全に操作できます。Docker APIは共通なので、各プラットフォームのDocker対応の統合開発環境（IDE）を使用してコンテナーベースのアプリケーションを開発およびテストし、Windows ServerやLinuxのコンテナーホストやコンテナー対応のクラウドサービスの運用環境、あるいはコンテナーレジストリに発行することができます。

この章の最後に、Docker Desktop for WindowsがインストールされているWindows 10に導入可能な、マイクロソフトの以下の2つの開発ツールについて説明します。

- Windows版Visual Studio Community（無料）、Professional、またはEnterprise
- Windows版Visual Studio Code（無料）

Visual StudioおよびVisual Studio Codeのシステム要件

本書の執筆時点でのVisual Studioの最新バージョンは2019で、Windows版とmacOS版があります。クロスプラットフォームのVisual Studio Codeは、Windows版、Linux版、macOS版があります。各製品のシステム要件については、以下のドキュメントで確認してください。

Visual Studio 2019製品ファミリのシステム要件
https://docs.microsoft.com/ja-jp/visualstudio/releases/2019/system-requirements

Visual Studio 2019 for Mac製品ファミリのシステム要件
https://docs.microsoft.com/ja-jp/visualstudio/productinfo/vs2019-system-requirements-mac

Requirements for Visual Studio Code
https://code.visualstudio.com/docs/supporting/requirements

3.4.1 Windows版Visual Studio

Windows版Visual Studioは、Visual Studio 2017バージョン15.7以降でDockerベースのアプリケーション開発をサポートしています。Visual Studioの最新バージョンは、以下のサイトからダウンロードすることができます。本書の執筆時点ではVisual Studio 2019が最新です。個人の開発者、教育機関での使用、オープンソース開発の場合は、Visual Studio Communityを無料でダウンロードおよび使用することができます（画面3-22）。ただし、30日間の評価期間を超えて継続使用するためには、Microsoftアカウントによるサインインが必要です。

Visual Studioのダウンロード
https://visualstudio.microsoft.com/ja/vs/

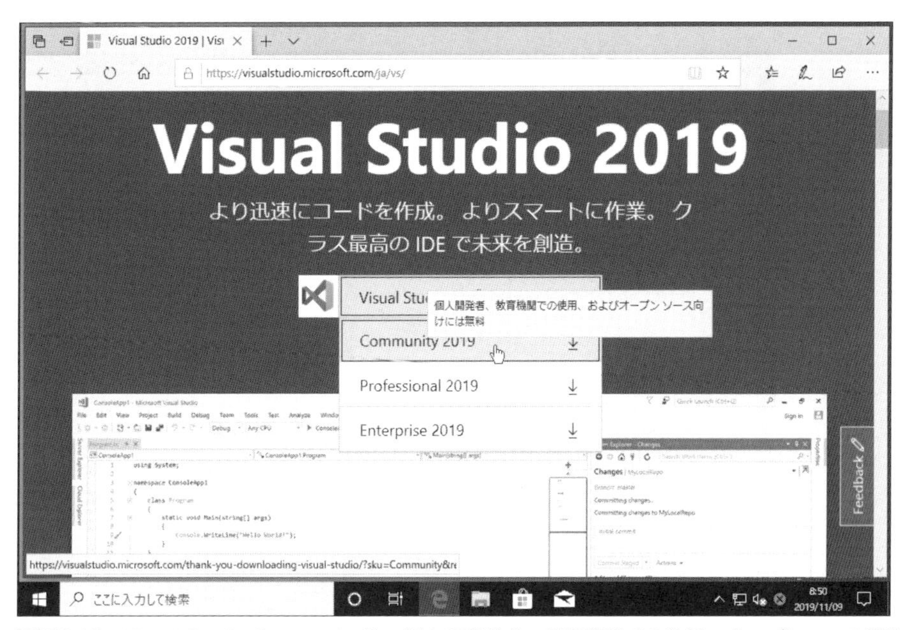

画面3-22　Visual Studio Communityは、個人の開発者、教育機関での使用、オープンソース開発に利用できる無料版のVisual Studio開発ツール

■ Visual Studioのインストール

Visual StudioでDockerベースのアプリケーション開発を行うには、Visual Studioのインストール時にワークロードの一覧から［ASP.NETとWeb開発］（画面3-23）または［.NET Coreクロスプラットフォームの開発］（画面3-24）またはその両方を選択してインストールします。［ASP.NETとWeb開発］はWindows Server Coreベースの.NET Frameworkイメージを使用した、Windowsコンテナーによるアプリケーションの開発に対応しています。［.NET Coreクロスプラットフォームの開発］は、Nano ServerまたはLinuxベースの.NET Coreイメージを使用した、WindowsコンテナーまたはLinuxコンテナーによるアプリケーション開発に対応しています。

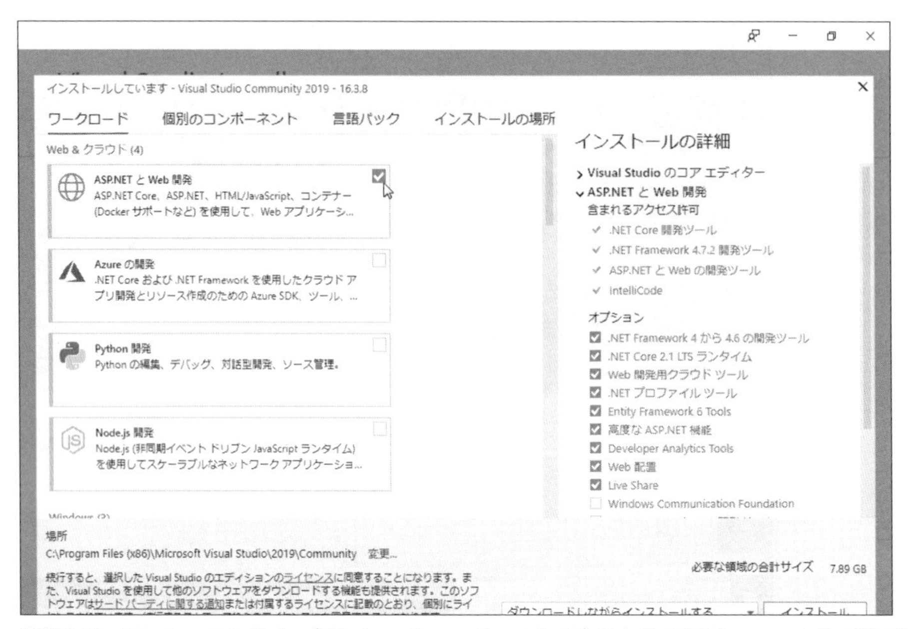

画面3-23　Windowsコンテナー(Windows Server Coreベース)による.NET FrameworkやASP.NETアプリケーションの開発には［ASP.NETとWeb開発］を選択する

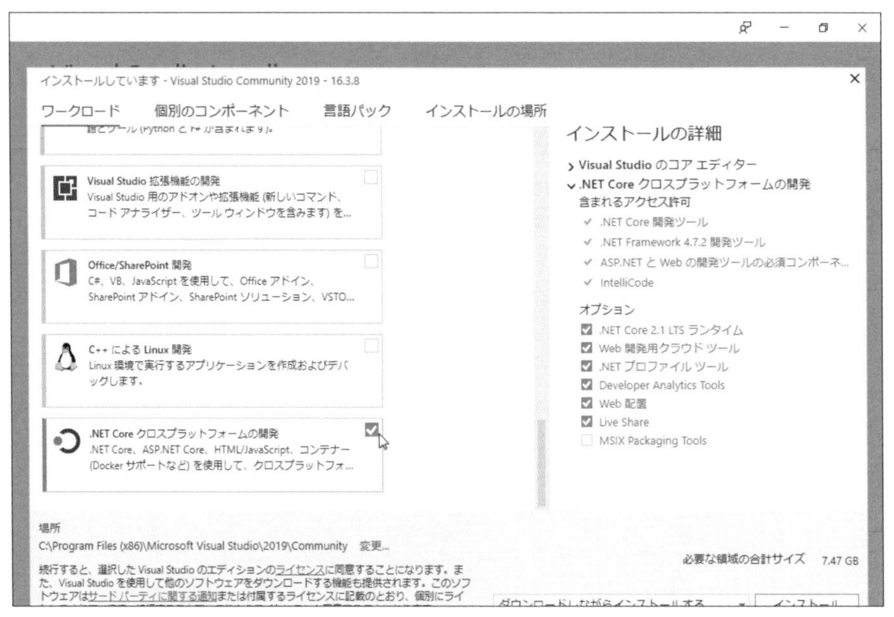

画面3-24　Windowsコンテナー（Nano Serverベース）またはLinuxコンテナーによる.NET CoreやASP.NET Coreアプリケーションの開発には［.NET Coreクロスプラットフォームの開発］を選択する

■ .NET Frameworkと.NET CoreとターゲットOSの選択

Windows上でDockerベースのアプリケーション開発を行うには、最初にアプリケーションプラットフォームとして.NET Frameworkと.NET Coreのどちらを使用するか選択します。.NET FrameworkはWindowsと完全な互換性がありますが、Windowsへの依存性が高く、イメージのサイズが大きくなります。一方、.NET CoreはNano ServerとLinuxのクロスプラットフォームに対応し、フットプリントが小さく、すばやくイメージを構築し、コンテナーを開始できるという利点があります。

手早く.NET Frameworkまたは.NET Coreアプリケーションを開発するには、新しいプロジェクトを作成する際に［ASP.NET Webアプリケーション（.NET Framework）］または［ASP.NET Core Webアプリケーション］テンプレートを選択します。次に、新しいアプリケーションを作成する際に［Dockerのサポート］または［Dockerサポートを有効にする］チェックボックスを選択します（画面3-25または画面3-26）。または、既存のプロジェクトをソリューションエクスプローラーで右クリックして［追加］—［Dockerサポート］を選択します。

［ASP.NET Webアプリケーション（.NET Framework）］はターゲットOSとしてWindowsのみに対応しています。［ASP.NET Core Webアプリケーション］の場合はターゲットOSとしてWindowsまたはLinuxのいずれかを選択します（画面3-26）。Windowsを選択した場合、Nano Serverベースの.NET Coreイメージが使用されます（画面3-27）。一方、Linuxを選択した場合は、Linuxベースの.NET Coreイメージが使用されます。LinuxをターゲットOSとしたアプリケーション開発は、Docker DesktopをネイティブなLinuxコンテナー環境として実行している場合と、Docker DesktopをWindowsコンテナー環境として実行していてLCOWが有効になっている場合の両方で可能です（画面3-28）。

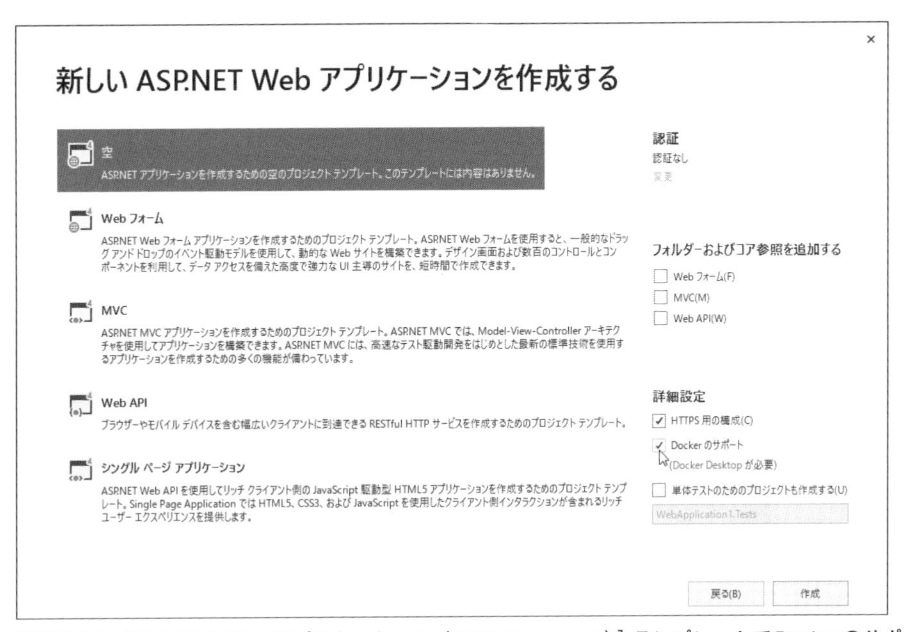

画面3-25　［ASP.NET Webアプリケーション（.NET Framework）］テンプレートでDockerのサポートを有効化する。ターゲットOSはWindows固定

画面3-26 ［ASP.NET Core Webアプリケーション］テンプレートでDockerのサポートを有効化し、ターゲットOSとしてWindowsまたはLinuxを指定する

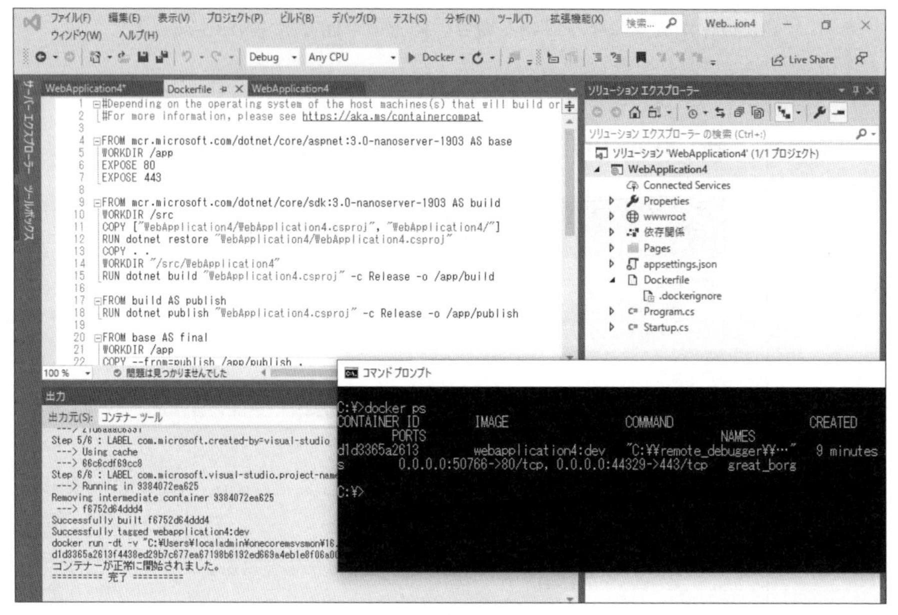

画面3-27 ターゲットOSをWindowsとした場合の.NET Coreアプリケーション。Nano Serverベースの.NET Coreイメージ（この例ではasp.net:3.0-nanoserver-1903）が使用される

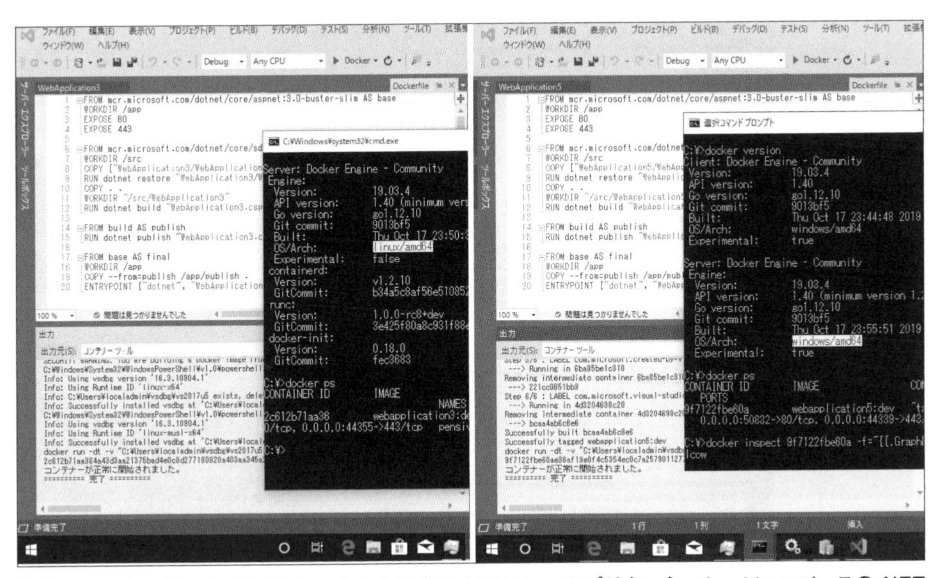

画面3-28　ターゲットOSをLinuxとした場合の.NET Coreアプリケーション。Linuxベースの.NET Coreイメージ（asp.net:3.0-buster-slim）が使用される。Linuxコンテナーは、ネイティブなLinuxコンテナー環境（画面左）とWindowsコンテナー環境のLCOW（画面右）のどちらにも対応

■ 新しい［コンテナー］ツールウィンドウ

2019年12月初めにリリースされたVisual Studio 2019 16.4（16.4.0）からは、Docker対応の新機能として［コンテナー］ツールウィンドウが利用可能になりました。

この新しい［コンテナー］ツールウィンドウは［表示］—［その他のウィンドウ］—［コンテナー］から開くことができ、コンテナーの一覧表示／情報表示／開始／停止／削除の操作ができるほか、標準出力および標準エラーの参照やファイルシステムへのアクセス、コンテナーへの端末接続、イメージの参照／情報表示／削除の操作を実行できます。

このほか、Visual Studioの最新リリースの新機能や変更点については、以下のリリースノートを参照してください。

Visual Studio 2019の最新のリリースノート
https://docs.microsoft.com/ja-jp/visualstudio/releases/2019/release-notes

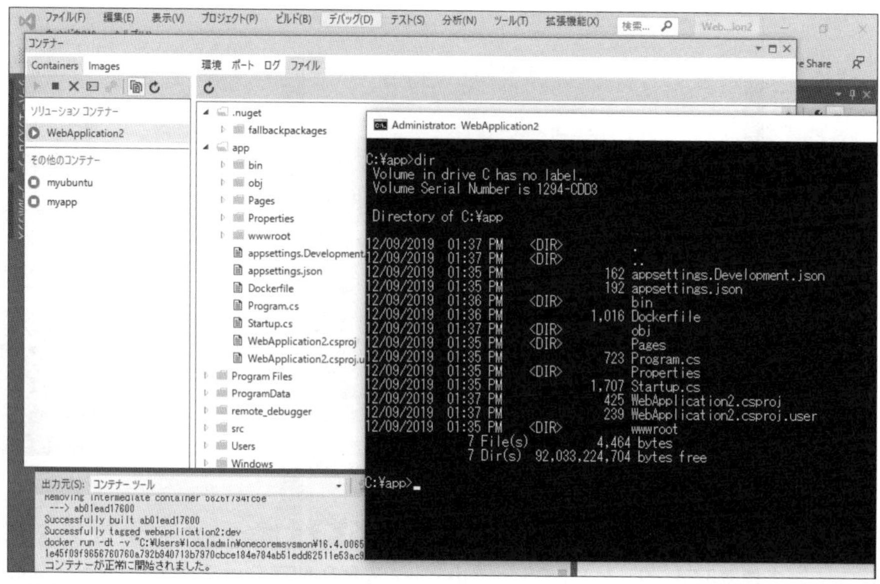

画面3-29 Visual Studio 2019 16.4から利用可能になった［コンテナー］ツールウィンドウ

3.4.2 Windows版Visual Studio Code

Visual Studio Codeは、Windows、Linux、およびmacOSに対応したマイクロソフトが提供するオープンソースの高機能コードエディターです。Visual Studio Codeは、Remote Development Extension Packを追加することで、ローカルまたはリモートのLinuxコンテナー環境に接続して、Dockerベースのアプリケーションのコーディングやテストを実行できます。Windows 10の場合は、Windows版Visual Studio Codeを使用して、ローカルのDocker DesktopのLinuxコンテナー環境に接続することができます。

Visual Studio Code
https://code.visualstudio.com/

Remote Development Extension Pack
https://aka.ms/vscode-remote/download/extension

本書の執筆時点では、Remote Development Extension Pack（2019年12月リリースのバージョン0.19.0の場合）に含まれるRemote - Containersエクステンションは、Windowsコンテナー環境に対応していませんが、ローカルのDocker Desktopとの接続について簡単に説明します。

Docker DesktopがインストールされているWindows 10の環境に、上記の最初のURLからVisual Studio CodeのWindows x64、安定版（Stable）のインストーラーをダウンロードして実行し、インストールします（画面3-30）。その後、2つ目のURLにアクセスし、Remote Development Extension Packのページにある［Install］ボタンをクリックします。すると、

Visual Studio CodeでRemote Development Extension Packのページが開くので、もう一度［Install］ボタンをクリックします（画面3-31）。

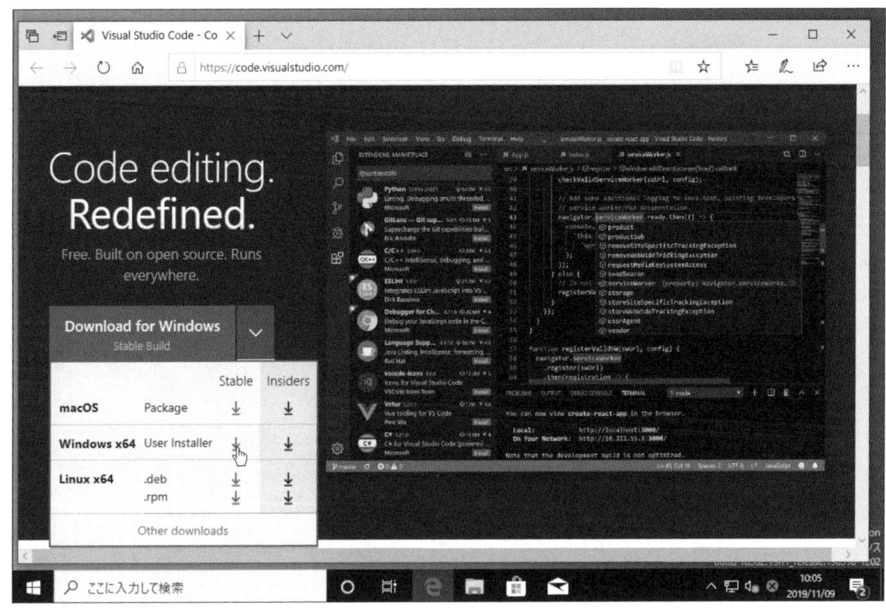

画面3-30　Visual Studio CodeのWindows x64の安定版（Stable）のインストーラーをダウンロードしてインストールする

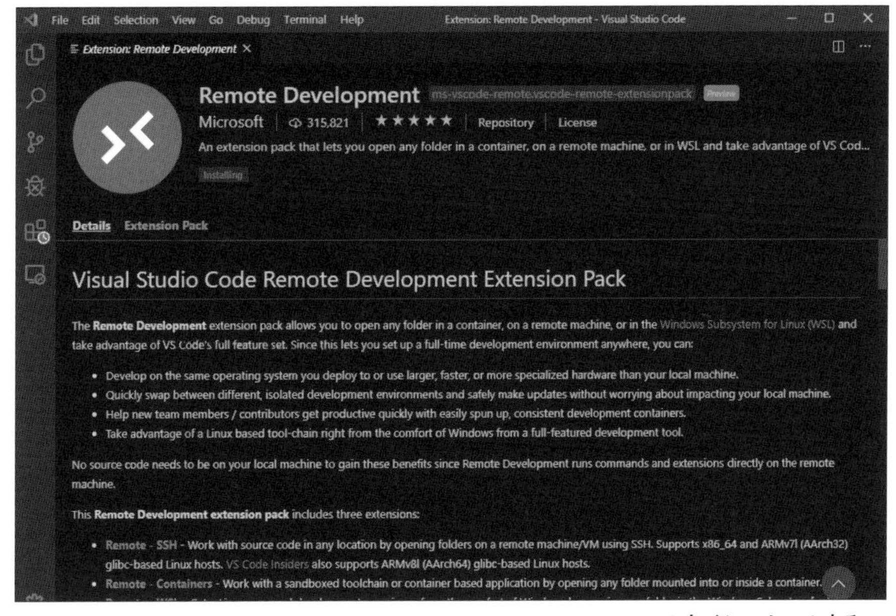

画面3-31　Visual Studio CodeにRemote Development Extension Packをインストールする

F1またはCtrl+Shift+Pキーを押してコマンドパレット（>）を開き、Remote-Containers:と入力すると、Remote Development Extension Packの利用可能なコマンドの一覧が一覧表示されるので、任意のコマンドを選択します（画面3-32）。例えば、［Remote-Containers: Attach to Running Container］を選択すると、ローカルのDocker Desktopで実行中のコンテナーが一覧表示され、コンテナーに接続（attach）することができます。コンテナーに接続すると、Visual Studio Codeでアプリケーション開発を行えるようにするためのDev Containersコンポーネントが接続先のコンテナーにセットアップされ、イメージがビルドされて、接続が完了します（画面3-33）。

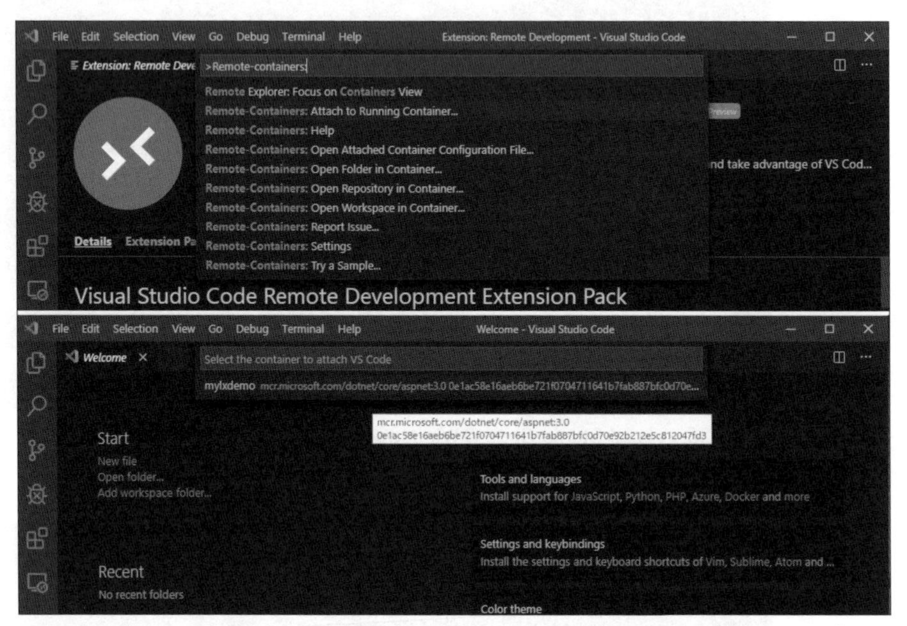

画面3-32　F1キーを押してコマンドパレットを開き、Remote-Containers:と入力し、［Remote-Containers: Attach to Running Container］を選択すると、実行中のLinuxコンテナーに接続できる

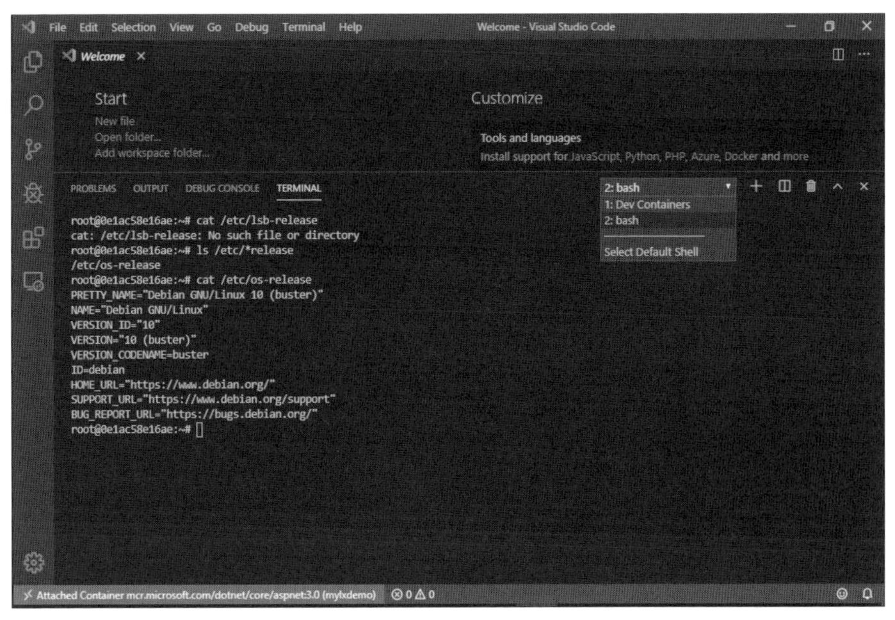

画面3-33 Visual Studio Codeを接続するために、選択したLinuxコンテナーにDev Containersコンポーネントがセットアップされ、イメージがビルドされてから、接続が行われる

注意

Visual Studio CodeはWindowsコンテナーとLCOWをサポートしない

Visual Studio Codeの現在のRemote Development Extension Packは、Docker DesktopのLinuxコンテナー環境のみに対応しています（表3-2）。Windowsコンテナー環境のWindowsコンテナー、およびLCOWのLinuxコンテナーはサポートしていません。例えば、実行中のこれらのコンテナーに接続した場合、エラーが発生します。

表3-2 Docker Desktop上のWindows/Linuxコンテナーと開発ツールの互換性

	Docker DesktopのWindowsコンテナー環境		Docker DesktopのLinuxコンテナー環境
コンテナーのベースOS	Windowsコンテナー	Linuxコンテナー（LCOW）	Linuxコンテナー
Windows版Visual Studio	○	○	○
Windows版Visual Studio Code	×	×	○

第4章 イメージとコンテナーの管理

第4章では、最初にWindowsベースのコンテナーホストにおけるイメージやコンテナーの格納場所について説明し、Dockerによるローカルのコンテナーおよびイメージの管理、およびクラウドのコンテナーレジストリを使用したイメージ管理について説明します。

イメージとコンテナーの違い

第3章まではDockerにおけるイメージ（Dockerイメージ）とコンテナー（Dockerコンテナー）という用語の違いについて明確に触れてきませんでしたが、ここでいったん整理しましょう。コンテナー（Container）は器という意味がありますが、Dockerコンテナーも同様です。Dockerコンテナーは、イメージを読み込んで実行するための器です。イメージには、Dockerやマイクロソフトが提供する公式イメージと、そのイメージをベースにアプリケーションスタックやアプリケーションを組み込んでカスタマイズしたイメージがあります。カスタマイズしたイメージは、コンテナーの任意の時点のスナップショットと言うこともできます。また、イメージはリポジトリという名前を持ち、タグとあわせて、ローカル、パブリックリポジトリ、プライベートリポジトリで管理されます。

本書では「イメージからコンテナーを作成、実行する」と表現している部分もありますが、「コンテナーを作成してイメージを読み込み、実行する」という表現がより適切です。

4.1 ローカルイメージとコンテナーの格納場所

Docker Enterprise for Windows ServerとDocker Desktop for Windowsは、アプリケーション（Docker EngineおよびCLIのバイナリ）がC:¥Program Files¥dockerディレクトリにインストールされ、既定でC:¥ProgramData¥dockerディレクトリをDockerのルートディレクトリ（Docker Root Dir）として使用します。Windows版Dockerにおけるイメージやコンテナーの格納方法を知ることは、ディスク領域不足やシステムのI/Oパフォーマンス低下など、システムの安定性を損なう事態を回避するために重要です。特に、Windows Server CoreやWindowsのベースOSイメージはサイズが大きいため、多数のバージョンのイメージを保存する場合は注意が必要です。

4.1.1 Windows版Dockerのストレージドライバー

OS環境やファイルシステムの違いは、Windows版DockerとLinux版Docker（バイナリは/usr/bin、ルートディレクトリは/var/lib/docker）の実装の大きな違いですが、Docker CLIやDocker APIがその違いの大部分を吸収してくれます。

Windows版Dockerは、NTFSボリュームのファイルシステム上にイメージやコンテナーを保存して管理します。Windows版Dockerは、ストレージドライバー（Storage Driver）としてwindowsfilter（Windows用）とlcow（Linux用）の2種類を使用します。一方、Linux版Dockerはoverlay2やdevicemapperなどのストレージドライバーを使用してLinuxファイルシステム（extfsなど）上でイメージやコンテナーを管理します。使用されているストレージドライバーやDockerルートディレクトリ（Docker Root Dir）については、docker infoコマンドで確認することができます（画面4-1）。

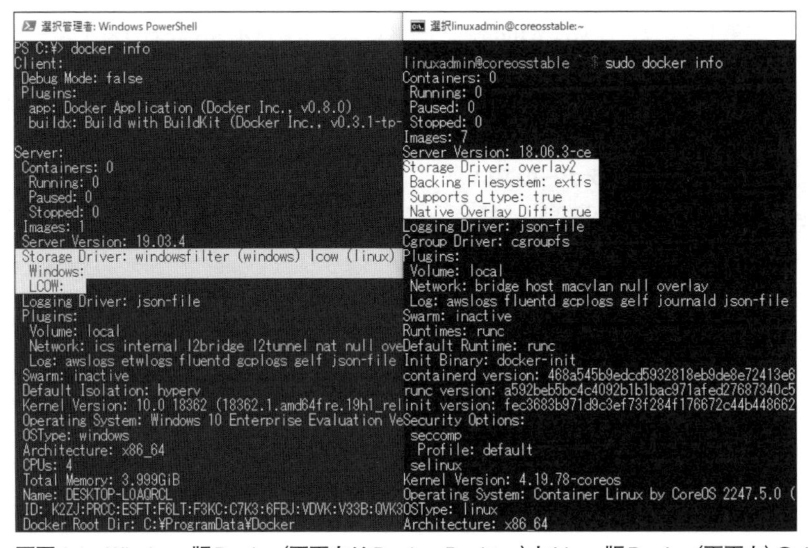

画面4-1 Windows版Docker（画面左はDocker Desktop）とLinux版Docker（画面右）のdocker infoの出力

4.1.2 Windowsコンテナーのイメージの実体

Windowsコンテナーのイメージおよびコンテナーは、windowsfilterストレージドライバーを使用して、既定ではC:¥ProgramData¥docker¥windowsfilterディレクトリの配下に格納されます。各イメージやコンテナーが使用するディレクトリは、docker inspectコマンドでGraphDriverのDataで確認することができます。イメージやコンテナーが複数のレイヤーを持つ場合、GraphDriverのDataは最上位のレイヤーを参照しています。

```
C:¥> docker inspect <イメージ名またはコンテナー名またはID> -f="{{.GraphDriver.Data}}"
⏎
```

画面4-2は、Nano ServerのベースOSイメージの1つ（windows/nanoserver:1903）のディレクトリをエクスプローラーで開いたところです。イメージのディレクトリ内にはFiles、Hives、およびUtilityVMの3つのサブディレクトリが確認できます。Filesディレクトリにはイメージのルートファイルシステム（C:¥）のディレクトリツリーがフラットな形式で存在します。Hivesディレクトリはコンテナーに仮想レジストリを提供するもので、ホストOSのレジストリとの差分を吸収します。UtilityVMディレクトリはこのイメージをHyper-V分離モードで実行させるための仮想マシンのデータ（後述します）が含まれます。

イメージのディレクトリの最上位には、blank-base.vhdxとblank.vhdxの2つの仮想ハードディスク形式（Hyper-Vの仮想マシンで使用されるものと同じ形式、Windows 8およびWindows Server 2012以降のHyper-Vの既定の形式）のファイルも存在します。blank-base.vhdxは容量可変タイプの空のディスクであり、Filesサブディレクトリとともに、このイメージから作成されるコンテナーに対して20GBのC:ドライブを提供します。blank.vhdxはblank-base.vhdxを親とする差分ディスクであり、このファイルのコピーからコンテナーごとのsandbox.vhdx（後述します）が作成されます。

UtilityVMサブディレクトリには、Filesサブディレクトリ、SystemTemplateBase.vhdx、SystemTemplate.vhdxが存在します。SystemTemplateBase.vhdxはOS環境を含む仮想ハードディスクであり、SystemTemplate.vhdxはSystemTemplateBase.vhdxを親とする差分ディスクです。これらのファイルから準備される仮想マシン（Hyper-Vからは参照できません）が、Hyper-V分離モードのWindowsコンテナーに対してカーネル環境を提供します。

画面4-2　Nano ServerのベースOSイメージ（windows/nanoserver:1903）が保存されているディレクトリツリー

次の画面4-3は、Nano ServerのベースOSイメージ（windows/nanoserver:1903）から作成、実行したコンテナーに関連付いたディレクトリツリーです。なお、Windowsコンテナーのサブディレクトリ名は、**docker inspect**コマンドで確認できる以外に、**docker ps --no-trunc**で出力される完全なコンテナーIDとも一致します。

このディレクトリには、sandbox.vhdxとlayerchain.jsonの2つのファイルしかありません。sandbox.vhdxは先ほどのベースOSイメージのblank.vhdxのコピーから作成されたblank-base.vhdxを親とする差分ディスクです。コンテナーのファイルシステムやレジストリに対する変更は、この差分ディスクであるsandbox.vhdxに書き込まれるため、ベースOSイメージには影響しません。もう1つのlayerchain.jsonは、複数のレイヤーで構成されるイメージやコンテナーの情報を格納しているJSON形式のテキストファイルです。

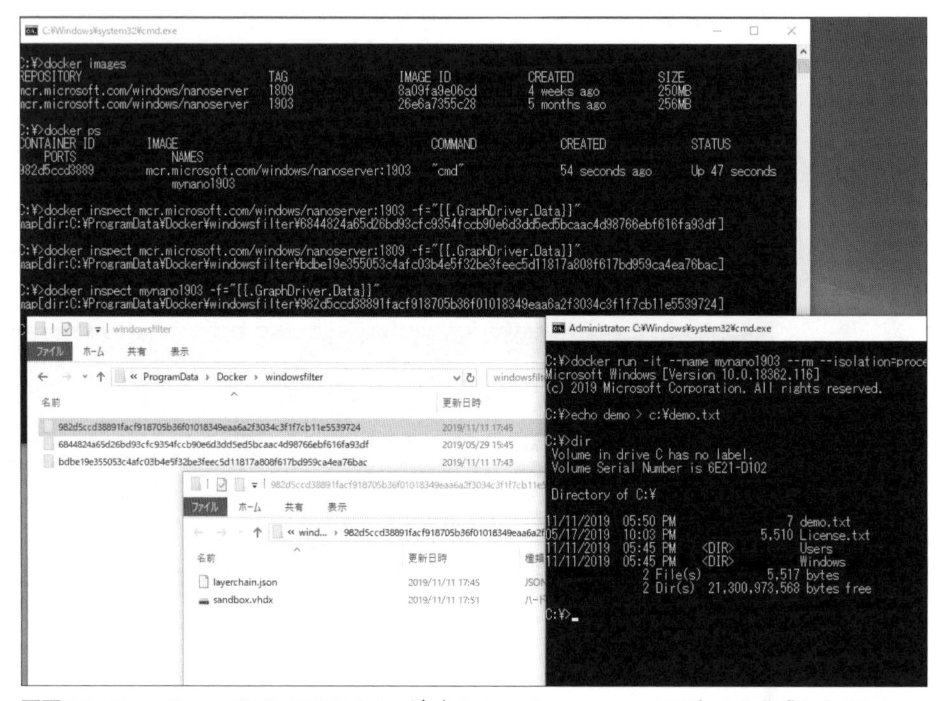

画面4-3 Nano ServerのベースOSイメージ（windows/nanoserver:1903）から作成したWindowsコンテナーのディレクトリ。ファイルシステムやレジストリに対する変更はsandbox.vhdxに書き込まれる

プロセス分離モードで実行中のWindowsコンテナーのディレクトリと、イメージのディレクトリ、コンテナーの環境を図示すると図4-1のようになります。Windowsコンテナーのプロセスはホスト上のプロセスとして実行されますが、ファイルシステムやレジストリは抽象化され、これらに対する変更がホストのOS環境やコンテナーに読み込まれたイメージを変更することはありません。

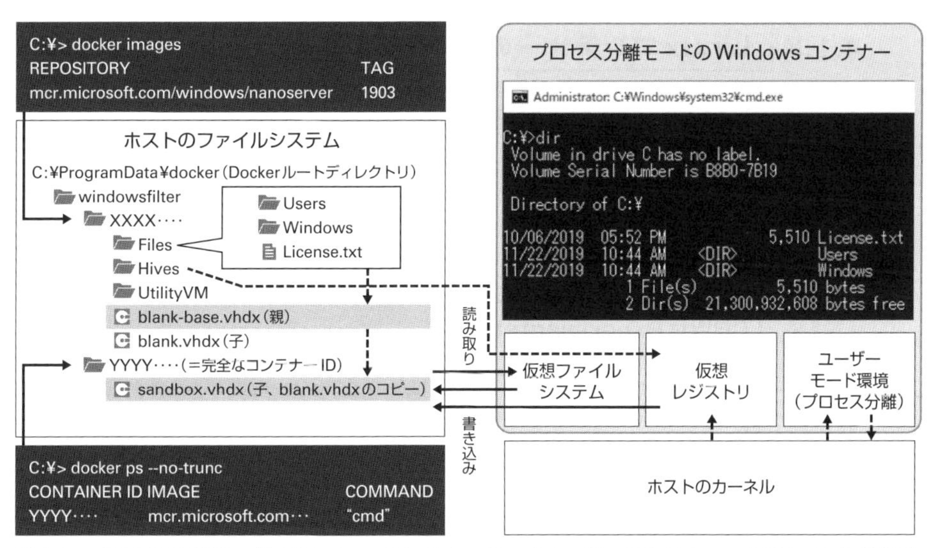

図4-1　プロセス分離モードのWindowsコンテナーの、イメージ、コンテナー、ホストOSとの関係

Nano ServerのベースOSイメージ（windows/nanoserver:1903）から作成、実行したWindowsコンテナーのルートにC:¥demo.txtを作成して保存し、コンテナーを終了してから**docker commit**コマンドでコンテナーからイメージを作成してみます。すると、作成したイメージのディレクトリのFilesサブディレクトリ内にコンテナーで作成したdemo.txtが存在することを確認できるはずです（画面4-4）。

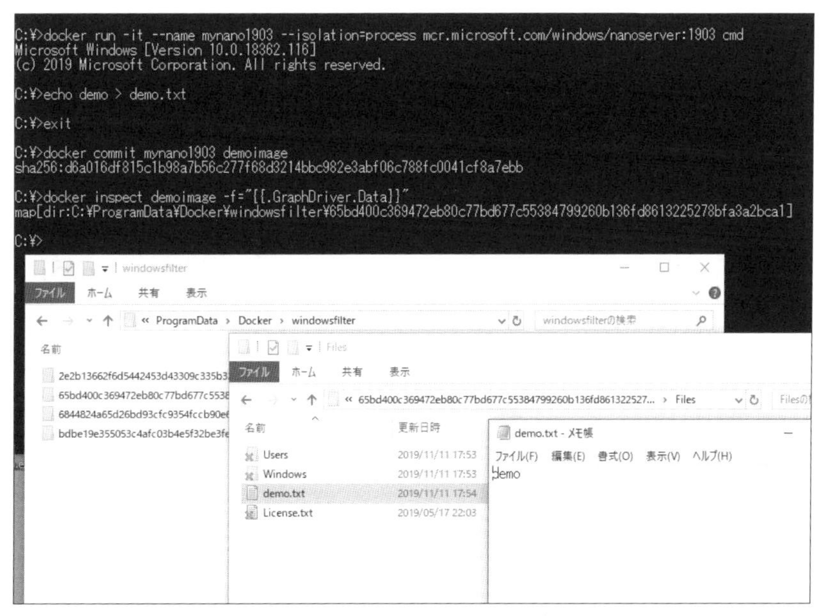

画面4-4　docker commitコマンドでコンテナーをイメージとして保存すると、作成されたイメージのFilesディレクトリにファイルシステムに対する変更が反映されているのがわかる

4.1.3 Linuxコンテナーのイメージの実体

Docker Enterprise 3.0はWindows Server 2019またはWindows Server, version 1809以降との組み合わせで、Docker DesktopはWindows 10バージョン1809以降との組み合わせで、Experimental機能としてLinux Containers on Windows（LCOW）をプレビュー評価できます。LCOWで実行されるLinuxコンテナーは、lcowストレージドライバーを使用してWindowsファイルシステム上で管理されます。

注意

LCOWはExperimental機能

本書の執筆時点において、Docker Enterprise for WindowsおよびDocker Desktop for WindowsのLCOWサポートはExperimental機能（試験段階の機能）という位置付けです。運用環境では使用しないでください。また、LCOWの実装は今後、現在の実装とは違うものに変更される可能性があります。

docker inspectコマンドでLinuxコンテナーのイメージやコンテナーのディレクトリを調べるとC:¥ProgramData¥docker¥lcowディレクトリの配下に格納されていることがわかります。

イメージのサブディレクトリには、layer.vhdという仮想ハードディスクファイルの2つのファイルのみが存在します（画面4-5）。コンテナーのサブディレクトリも同様です。WindowsのファイルシステムはNTFSであり、extfsといったLinuxのファイルシステムをフラットな形式で保持することはできません。そのため、Linuxコンテナーのイメージやコンテナー全体を格納するために仮想ハードディスク形式（Hyper-Vの新しいVHDX形式ではなく、Virtual PCやVirtual Serverからの古いVHD形式）が利用されています。layerchain.jsonは複数のレイヤーのチェーンを保持しているJSON形式のテキストファイルです。

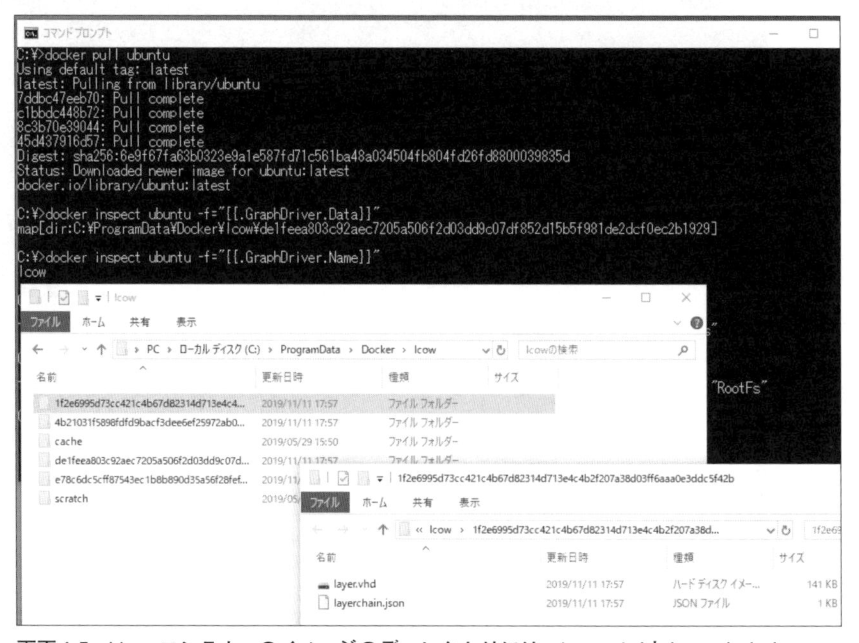

画面4-5 Linuxコンテナーのイメージのディレクトリには、layer.vhdとlayerchain.json

Docker DesktopのLinuxコンテナー環境（非LCOW）の場合

Docker Desktop for Windowsは、Windowsコンテナー環境でLCOWを利用してLinuxコンテナーを実行できますが、ネイティブなLinuxコンテナー環境に切り替えてLinuxコンテナーを実行するモードもあります。ネイティブなLinuxコンテナー環境に切り替えると、Hyper-V仮想マシンとしてDockerDesktopVM（旧称、MobyVM）が準備され、実行状態となり、この仮想マシンのゲストOSであるLinux（Moby Linux）がDocker Engineの機能をWindows 10に提供します。Linuxコンテナーのイメージやコンテナーはすべて仮想マシンのゲストOSの中で管理されるため、overlay2ストレージドライバーとDockerルートディレクトリ/var/lib/dockerが使用されます（画面4-6）。

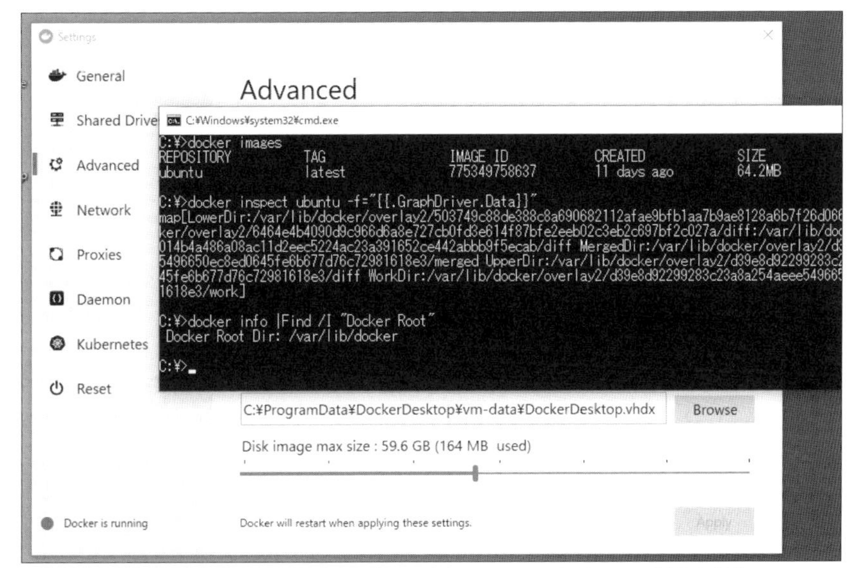

画面4-6　Docker Desktopをネイティブな Linux コンテナー環境に切り替えた場合、Linuxコンテナーのイメージやコンテナーのデータは、Hyper-V仮想マシンDockerDesktopVMのLinux環境の中で管理される

4.1.4 Dockerルートディレクトリの変更

Windows版Dockerにおける既定のDockerルートディレクトリはC:¥ProgramData¥dockerです。この場所はWindowsのOSボリューム上のパスであり、Dockerで使用されるディスク領域やディスクI/OはOSのパフォーマンスに大きく影響する可能性があります。特に、多数の大きなイメージとコンテナーを扱うWindows Serverの運用環境ではすぐに問題になるでしょう。

Dockerルートディレクトリは、別のボリューム上のパスに変更可能です。それには、C:¥ProgramData¥docker¥config¥daemon.jsonにgraphオプションを追加して新しいルートディレクトリを設定し、DockerサービスまたはDocker Desktopを再起動します。Dockerルートディレクトリを新しい場所に変更すると、設定ファイルのサブディレクトリであるconfigやcerts.dは元の場所のまま、アプリケーションデータであるイメージやコンテナーのディレクトリが空の状態で新たに準備されます（元の場所からの移動ではありません）。

次の例は、Dockerルートディレクトリを E:¥dockerimagesに変更します。daemon.jsonが存在しない場合は、ANSIまたはUTF-8のテキストファイルを新規作成します。daemon.jsonが存在し、別のオプションが構成されている場合は、カンマ(,)で区切ってgraphオプションの行を追加します。なお、daemon.jsonでパスを記述する際、以下の例のようにWindowsのディレクトリの区切り文字¥を¥¥とエスケープしてください。新しい場所のディレクトリは作成済みである必要はありません。事前に空のディレクトリとして作成しても構いませんし、既に適切なDockerルートディレクトリの内容が準備されていればそれが使用されます(新しいパスに変更後に既定のパスに戻し、その後再び同じパスに変更した場合など)。

```
{
    "graph": "E:¥¥dockerimages"
}
```

Docker Desktopの場合は、[Settings] ダイアログボックスの [Daemon] ページで[Advanced]に切り替えることで、daemon.jsonの編集とDocker Desktopの再起動(Restart)ができます。※1

Dockerルートディレクトリを新しいパスに変更した場合、元の場所にイメージやコンテナーのデータは残ります。そのため、元のDockerルートディレクトリの状態でコンテナーやイメージをクリーンアップしてから変更することをお勧めします。次の例は、Windows ServerのWindows PowerShellで作業する場合のコマンドラインです。最初のコマンドラインですべてのコンテナーを削除し、次のコマンドラインで未使用のイメージを削除しています。

```
PS C:¥> docker rm -f $(docker ps --all --quiet) ⏎
PS C:¥> docker system prune --all ⏎
PS C:¥> notepad C:¥ProgramData¥docker¥config¥daemon.json ⏎
PS C:¥> Restart-Service Docker ⏎
```

※1 Docker Desktopバージョン2.2.0.0以降はUIが変更されており、[Settings] ダイアログボックスの[Docker Engine]で編集します。

画面4-7　daemon.jsonでgraphオプションを使用して新しいDockerルートディレクトリを作成し、Dockerサービスを再起動する（この例はコマンドプロンプトから実施）

注意

既存のデータのコピーはNG

既定のDockerルートディレクトリの内容を維持するために、Windowsの**XCOPY**や**ROBOCOPY**コマンド、またはエクスプローラーを使用して新しい場所にコピーしたとしても、取得済みのイメージや作成済みのコンテナーは正常に機能しません。なぜなら、layerchain.jsonには元の場所のパスが含まれるからです。公式イメージについては、取得し直してください。カスタムイメージについては、プライベートリポジトリなどを間に介して、新しい場所に復元することができます。

4.2 ローカルイメージの管理

ローカルに保存されるイメージおよびコンテナーの管理について説明します。これは、Dockerの基本的な操作であり、Windowsコンテナーに限定されるような操作はありません。

4.2.1 公式イメージの取得と更新

Dockerの既定のコンテナーレジストリはDocker Hubのhttps://index.docker.io/v1/です。Linuxベースの公式イメージは、Docker CLIを使用してDocker Hubから取得できますが（既定のレジストリのためdocker.io/<イメージ名:タグ>のdocker.io/は省略可能）、Windows

コンテナーのマイクロソフト公式イメージはマイクロソフトの配信ネットワークであるMicrosoft Container Registry（MCR）から取得します。取得済みのイメージは、**docker images**コマンドで確認することができます。

次の例は、Windows Server, version 1903のNano ServerのベースOSイメージ（windows/nanoserver:1903）を取得します（画面4-8）。

```
C:¥> docker pull mcr.microsoft.com/windows/servercore:1903 ⏎
C:¥> docker images ⏎
```

docker runコマンドや**docker build**コマンドは実行時にローカルのイメージを検索し、取得済みでなければ**docker run**コマンドで指定されたイメージをDocker HubまたはMCR（またはその他のプライベートリポジトリ）から自動的に取得します。

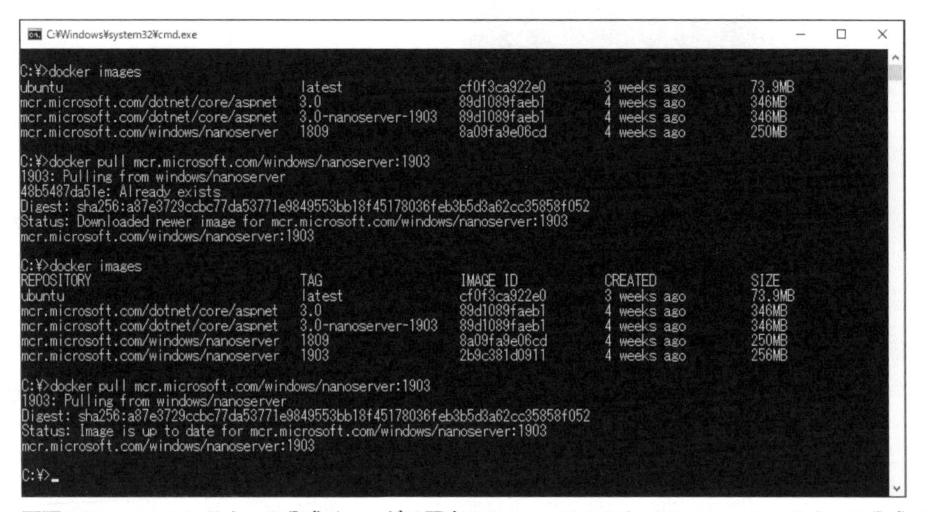

画面4-8　Linuxコンテナーの公式イメージは既定のDocker Hubから、Windowsコンテナーの公式イメージはMCRから取得する

公式イメージは、バージョンや更新レベルなどの違いにより複数のタグを持つことがあります。WindowsコンテナーのベースOSイメージの場合、Windows Serverのバージョン（ビルド）、サービスチャネル（LTSCまたはSAC）、言語（多言語対応はltsc2016およびsac2016のイメージのみ）、あるいは更新レベル（更新プログラムのKB）ごとにタグ付きイメージが用意されています。省略した場合は、既定のタグ（:latestなどイメージにより異なります）が使用されます。

Windows Serverのバージョン（ビルド）に紐付いたタグのイメージは、毎月（日本時間では、通常、第2火曜日の翌日または数日中）に新しいセキュリティ更新を含むイメージが利用可能になります。**docker pull**コマンドは新しい更新バージョンのイメージが利用可能である場合、ローカルの同じタグに紐づいたイメージを最新のものに更新します。

4.2.2 イメージのタグ管理

ローカルイメージには、イメージを扱いやすくするため、あるいは明確に識別するために、同じイメージIDに対して、docker tagコマンドを使用して別のイメージ名や別のタグを設定することができます。

```
C:¥> docker tag <イメージ名:タグまたはイメージID> <イメージまたは新しいイメージ名:新しいタグ> ⏎
```

例えば、docker pullコマンドでローカルのベースOSイメージが更新版に差し替えられた場合、元のイメージは残りますが、タグは失われ（<none>）、識別が難しくなります。その場合は、docker inspectコマンドを使用してベースOSイメージの詳細なビルド番号（OsVersion）や作成日時（Created）を調べ、この詳細なビルド番号に基づいたタグを付け、タグが失われた状態を解消するとよいでしょう（画面4-9）。古いイメージを使用していない場合は、docker rmiコマンド（後述します）で削除することもできます。

```
C:¥> docker inspect <イメージID> -f="{{.OsVersion}}" ⏎
C:¥> docker inspect <イメージID> -f="{{.Created}}" ⏎
```

最初にイメージを取得した時点で詳細なビルド番号に基づくタグ付けを済ませておけば、docker pullコマンドによる更新版への差し替え後もタグが失われる状態を回避することができます（画面4-10）。

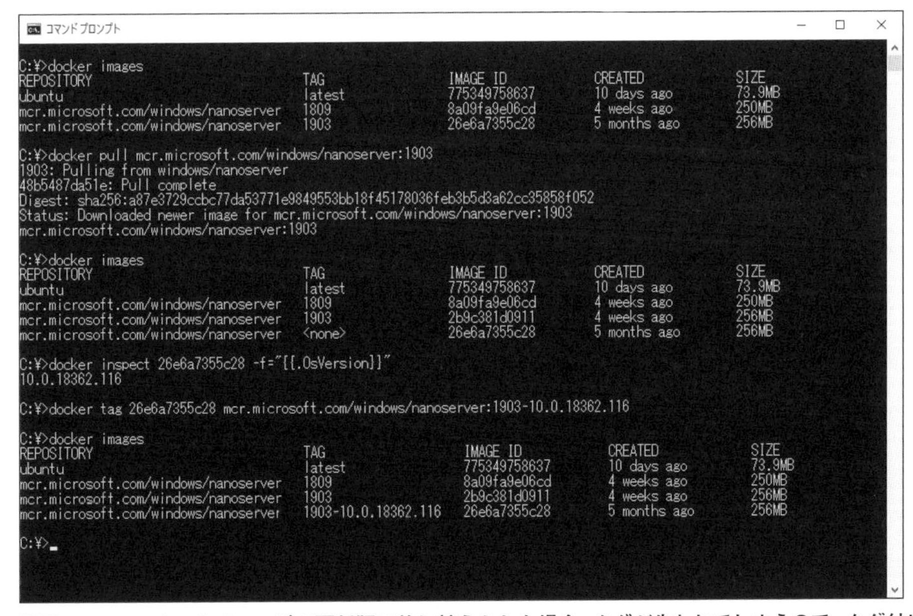

画面4-9　ローカルのイメージが更新版に差し替えられた場合、タグが失われてしまうので、タグ付けし直す（イメージが不要であれば削除してもよい）

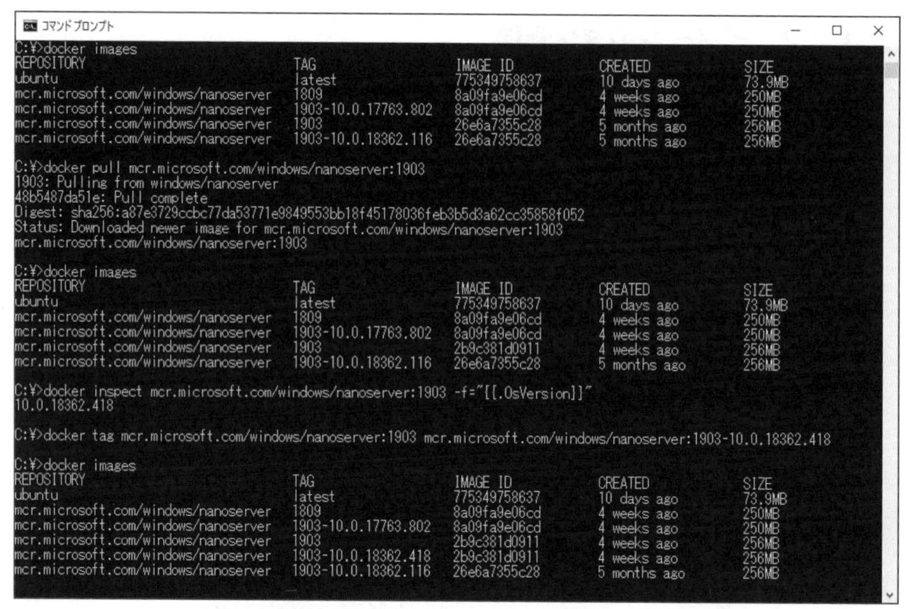

画面4-10　イメージを最初に取得した段階でそのイメージを識別するタグを付けておけば、イメージが更新されてもタグが失われることはない

4.2.3　イメージのコミットとビルド

第1章の「1.1.2　コンテナーベースのアプリ開発のワークフロー」で簡単に説明したように、コンテナーベースのアプリケーション開発は、コンテナーを用いてイメージをカスタマイズし、アプリケーションを含むイメージを構築する形になります。ホストOSのセキュリティ更新は、コンテナーのOS環境の脆弱性を解決するものではありません。コンテナーのOS環境から脆弱性を排除するためには、パッチ済みのイメージを使用してアプリケーションのイメージを再構築します。パッチ済みのイメージが未提供の緊急時には、レジストリの設定やサービスの再起動といった回避策を含める形で再構築します。

次の例は、Docker CLIを使用したWindowsコンテナーのイメージの構築の最も基本的な操作を示しています。**docker run -it**コマンドでベースとなるイメージのコンテナーを作成し、実行するコマンドにシェルとしてcmd.exeまたはpowershell.exeを指定して実行して、コンテナーのシェルで何らかのカスタマイズ作業を行います。または**docker run -d**コマンドでコンテナーを作成、実行し、**docker exec -it**コマンドでシェルに接続してカスタマイズ作業を行います。

```
C:¥> docker run -it --name <コンテナー名> <その他のオプション> <イメージ名:タグ> <コマンド (cmd.exeまたはpowershell.exe) > ⏎
(コンテナー) C:¥> ...
(コンテナー) C:¥> EXIT ⏎
```

次に、docker psコマンドでコンテナーが停止状態にあることを確認し（実行中の場合はdocker stopコマンドで終了してください）、docker commitコマンドを使用してコンテナーから新しいイメージを作成して、最後にdocker rmコマンドで中間ファイルであるコンテナーを削除します（画面4-11）。なお、コンテナーのイメージはレイヤー化されており、イメージを作成すると最上位のレイヤーの部分がイメージとして保存されます。


```
C:¥> docker ps -a ⏎
C:¥> docker commit <コンテナー名> <イメージ名:タグ> ⏎
C:¥> docker rm <コンテナー名> ⏎
```

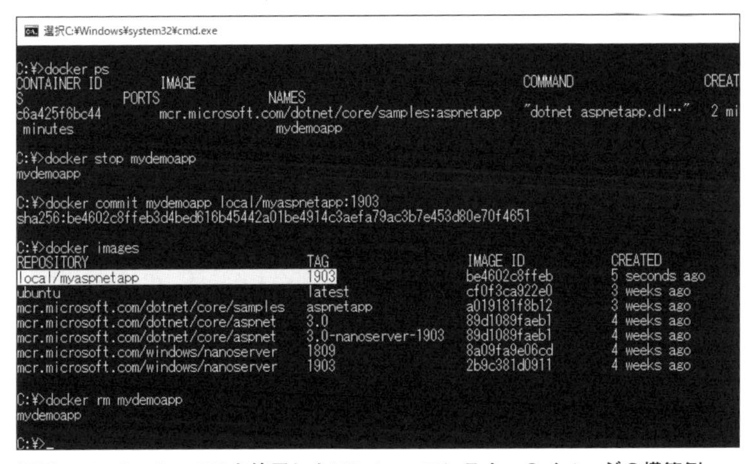

画面4-11　Docker CLIを使用したWindowsコンテナーのイメージの構築例

dockerfileを使用すると、dockerfileのあるディレクトリをカレントディレクトリとして、次のように1行のコマンドラインでイメージの構築を行えます。--rmは構築が成功した際に中間ファイル（コンテナー）を自動的に削除するオプションです。構築に失敗した場合は中間コンテナーを手動で削除し、問題を取り除いてから再実行してください。

```
C:¥work> docker build --rm -t <イメージ名> . ⏎
```

dockerfileを使用したWindowsコンテナーのイメージの構築については、第1章の「1.2.5 Windowsコンテナーのベース OSイメージとその用途」で簡単に説明しましたが、この節の最後にdockerfileを使用しない場合と使用した場合のカスタマイズ例を「カスタムIISイメージの作成」および「カスタムIISイメージの作成（dockerfileを使用）」に示します。

Windowsコンテナーのイメージのビルド時の注意点

dockerfileの**FROM**命令にWindowsコンテナーのイメージを指定する場合は、イメージに使用されたベースOSとホストのバージョン（ビルド）の互換性に注意してください。特に、プロセス分離モードが既定であるWindows Serverのコンテナーホストの場合、プロセス分離モードの互換性のないイメージをビルドする際には、**docker build**コマンドにHyper-V分離モード（**--isolation=hyperv**オプション）の指定をしないと、ビルドに失敗します。Docker Desktop

はHyper-V分離モードが既定ですが、互換性のあるイメージの場合、プロセス分離モード（**--isolation=process**オプション）を指定することで、少ないリソースですばやくビルドできる場合があります。

4.2.4 コンテナーとイメージの削除

ローカル環境から不要なイメージを削除するには、docker rmiコマンドを次のように実行します。同じイメージに複数のタグが設定されている場合、<イメージ名>:<タグ>の指定によるdocker rmiの実行はそのタグを削除し、イメージは削除しません。

```
C:¥> docker rmi <イメージ名:タグまたはイメージID> ⏎
```

ただし、削除しようとしているイメージを使用しているコンテナーが存在する場合、"unable to remove repository reference "<イメージ名>:<タグ>""と表示され、このイメージを使用しているコンテナーのコンテナーIDが示されます。その場合は、コンテナーを削除してから、イメージを削除します。

停止中のものを含むローカルのすべてのコンテナーを一覧表示するには、docker ps -a（または--all）を実行します。また、コンテナーを削除するには、docker rmコマンドを使用します（画面4-12）。

```
C:¥> docker ps -a ⏎
C:¥> docker rm <コンテナー名またはコンテナーID> ⏎
```

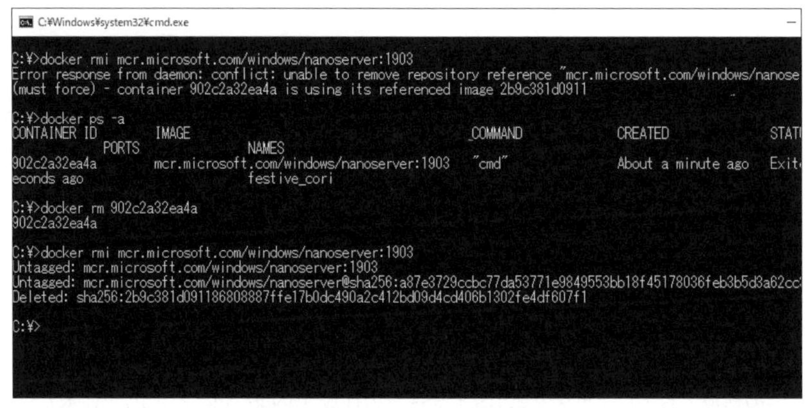

画面4-12 イメージを使用するすべてのコンテナーを削除してから、イメージを削除する

Windows PowerShell（またはPowerShell Core）で次のコマンドラインを実行すると、ローカルのすべてのコンテナーを一括で削除することができます。-q（または--quiet）オプションは、コンテナーIDだけを表示させるオプションです。このコマンドラインは、PowerShellの$変数を使用しているため、必ずPowerShellで実行する必要があります。

```
PS C:¥> docker rm $(docker ps -a -q) ⏎
```

メモ

カスタムIISイメージの作成

次の一連のコマンドラインは、コマンドプロンプトまたはWindows PowerShellで実行することで、Windows Server 2019のベースOSイメージにIIS（Webサーバー）の役割を追加し、簡単なHTMLファイルindex.htmlを既定のWebサイトに配置して、カスタムIISイメージmyiis:demo01を作成します。なお、ホストのC:¥workにIISでホストするindex.htmlが準備済みであるものとします。このコマンドラインは、Windows Server 2019またはWindows Server, version 1809またはWindows 10 version 1809で実行することを想定したものです。より新しいバージョンのWindows ServerまたはWindows 10の場合は、**docker run**コマンドに**--isolation=hyperv**を指定してHyper-V分離モード（Windows 10の既定）で実行してください。**--isolation=hyperv**を指定しない場合、コンテナーは作成されますが、"The system cannot find the file specified." というエラーが発生して実行に失敗します。

```
PS C:¥> docker run -it --name iistemp -v C:¥work:C:¥work:ro mcr.microsoft.com/window
s/servercore:ltsc2019 cmd ⏎
 (コンテナー) C:¥> DISM /Online /Enable-Feature /FeatureName:IIS-WebServerRole ⏎
 (コンテナー) C:¥> COPY C:¥work¥index.html C:¥Inetpub¥wwwroot ⏎
 (コンテナー) C:¥> EXIT ⏎
```

docker ps -aコマンドを実行してコンテナーが停止していることを確認し（実行中の場合は**docker stop**コマンドで停止）、**docker commit**コマンドでイメージをコミットして、**docker rm**コマンドで作業用のコンテナーを削除します。

```
PS C:¥> docker ps -a ⏎
PS C:¥> docker commit iistemp myiis:demo01 ⏎
PS C:¥> docker rm iistemp ⏎
```

作成したイメージからWindowsコンテナーを作成し、Webブラウザーでhttp://localhost:8081にアクセスして、IISの既定のWebサイトでカスタムコンテンツがホストされていることを確認します。Hyper-V分離モード（Windows 10の既定）で実行する場合は、**docker run**コマンドに**--isolation=hyperv**を追加してください。

```
PS C:¥> docker run --name mydemo01 -d -p 8081:80 myiis:demo01 ⏎
PS C:¥> docker start mydemo01 ⏎
```

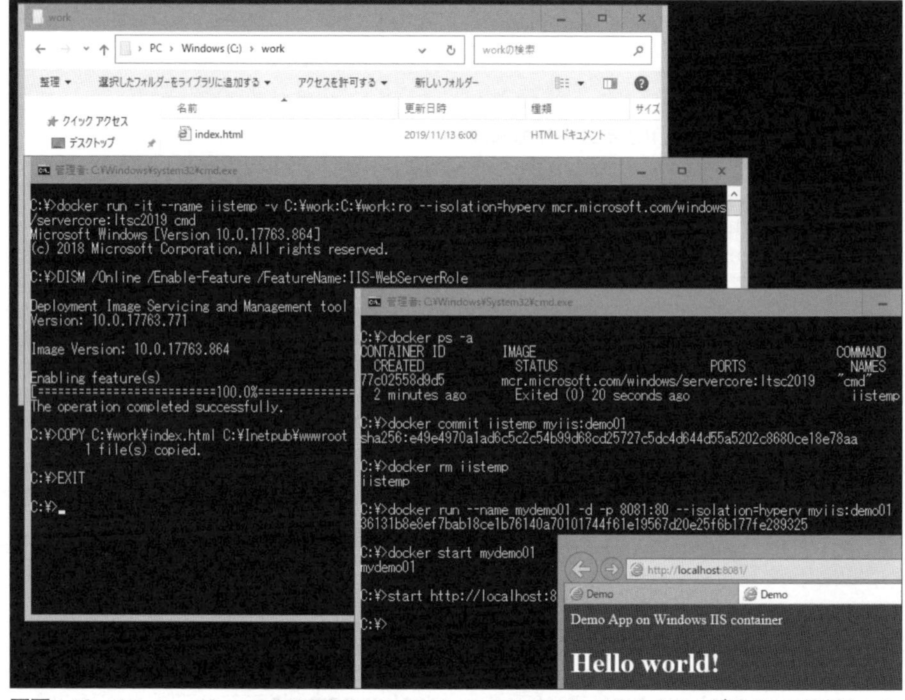

画面4-13 Windows Server 2019のWindows Server CoreベースOSイメージにIISの役割とコンテンツを追加してカスタマイズする例。Windows Server, version 1909のホストで実行しているため--isolation=hypervオプションを指定している

メモ

カスタムIISイメージの作成（dockerfileを使用）

先ほどの「カスタムIISイメージの作成」と同様のカスタムイメージを、dockerfileを使用して構築してみます。まず、ホストのC:¥workディレクトリにdockerfileという名前のテキストファイルを作成し、次のように記述します。また、ホストのC:¥workにIISでホストするindex.htmlが準備済みであるものとします。最後の**CMD**命令の**[ ]**内は、コンテナーで実行するコマンドの指定です。この例では、IISのサービス（w3svc）を30秒間隔で監視するPowerShellスクリプトのループ処理を実行させることで、**-d**オプションで実行してもコンテナーがすぐに終了しないようにしています。

```
FROM mcr.microsoft.com/windows/servercore:ltsc2019
RUN cmd /c "DISM /Online /Enable-Feature /FeatureName:IIS-WebServerRole"
WORKDIR /inetpub/wwwroot
COPY index.html .
CMD ["powershell.exe","-Command","while(1){Get-Date; Get-Service('w3svc'); sleep
30}"]
```

Windows Server 2019またはWindows Server, version 1809またはWindows 10バージョン1809のコンテナーホストの場合は、C:¥workをカレントディレクトリとして次のコマンドラインを実行することで、カスタムイメージmyiis:demo02を構築できます。

```
C:¥> CD C:¥work ⏎
C:¥work> docker build --rm -t myiis:demo02 . ⏎
```

より新しいバージョンのWindows ServerまたはWindows 10のコンテナーホストの場合は、次のようにHyper-V分離モードを明示的に指定して実行してください。


```
C:¥work> docker build --isolation=hyperv --rm -t myiis:demo02 . ⏎
```

作成したイメージからWindowsコンテナーを作成し、Webブラウザーでhttp://localhost:8082にアクセスして、IISの既定のWebサイトでカスタムコンテンツがホストされていることを確認します。Hyper-V分離モード（Windows 10の既定）で実行する場合は、**docker run**コマンドに**--isolation=hyperv**を追加してください。**CMD**命令に指定した実行コマンドの出力結果にアクセスするには、**docker logs**コマンドを使用します。

```
PS C:¥> docker run --name mydemo02 -itd -p 8082:80 myiis:demo02 ⏎
```

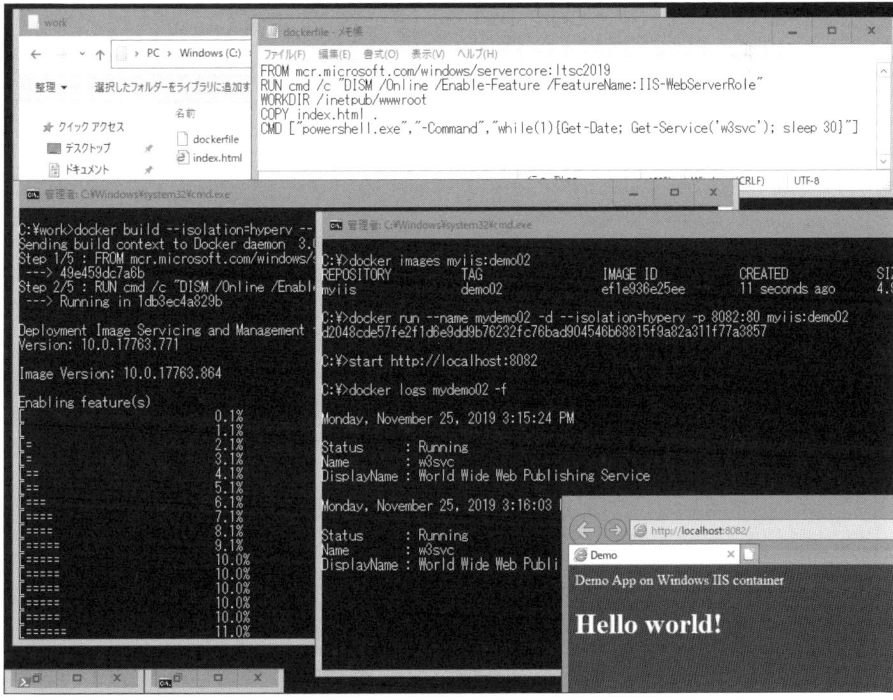

画面4-14　dockerfileを使用してWindows Server 2019のWindows Server CoreベースOSイメージにIISの役割とコンテンツを追加してカスタマイズする例。Windows Server, version 1909のホストで実行しているため--isolation=hypervオプションを指定している

4.3 コンテナーレジストリの使用

Dockerコンテナーのイメージは、パブリックまたはプライベートなコンテナーレジストリを介して共有することができます。ここでは、Docker Hubのプライベートリポジトリと、Microsoft AzureのContainer Registryについて説明します。

4.3.1 Docker Hub

Docker IDを取得すると、Docker Hub上で1つのプライベートリポジトリを無料で利用できます。例えば、Docker Desktop for Windowsの環境でカスタムイメージを構築し、Docker Hubのプライベートリポジトリを介してWindows Serverのコンテナーホストやクラウドの Dockerコンテナー環境に展開することが可能です。

プライベートリポジトリを利用するには、Docker IDでDocker Hubにサインインし、[Create Repository +] をクリックしてプライベートリポジトリ（Private）を選択して作成します。なお、2つ以上のプライベートリポジトリやパブリックリポジトリを利用するには、有料のリポジトリプランにアップグレードする必要があります。

Docker Hub
https://hub.docker.com/

Docker Hubのプライベートリポジトリにカスタムイメージを登録するには、次のように**docker login**コマンドでログインし、**docker push**コマンドを実行してイメージをアップロードして、**docker logout**コマンドでログアウトします（画面4-15）。なお、ローカルに存在するイメージを<Docker ID>/<プライベートリポジトリ名:タグ>で識別できるように、**docker tag**コマンドを使用してローカルのイメージに事前にタグ付けしておく必要があります。

docker pushコマンドでアップロードされるイメージには公式イメージのレイヤーは含まれません。公式イメージのレイヤーは外部レイヤー（Foreign Layers）としてスキップされ、イメージには外部レイヤーに対する参照情報が含まれます。

```
C:¥> docker login ⏎
Username: <Docker ID> ⏎
Password: <パスワード> ⏎
C:¥> docker tag <カスタムイメージ> <Docker ID/プライベートリポジトリ名:タグ> ⏎
C:¥> docker push <Docker ID/プライベートリポジトリ名:タグ> ⏎
C:¥> docker logout ⏎
```

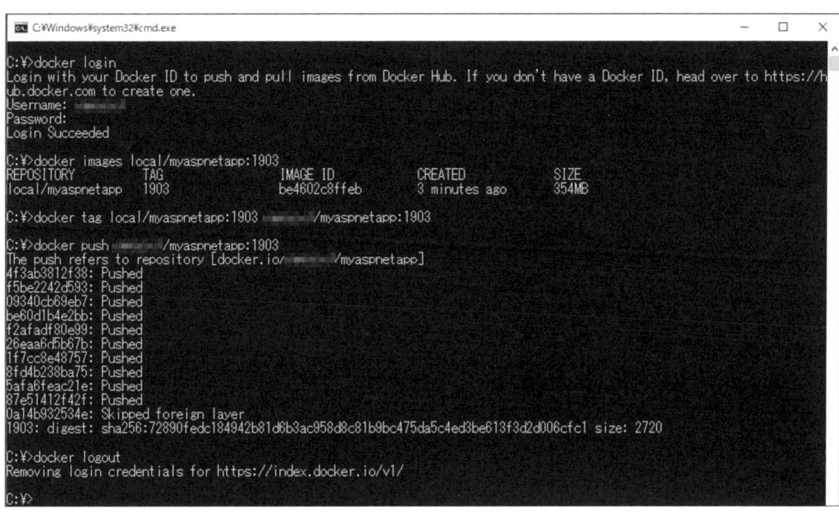

画面4-15　ローカルのカスタムイメージをDocker Hubのプライベートリポジトリに登録する

Docker Hubのプライベートリポジトリからカスタムイメージを取得してコンテナーとして実行するには、次のようにdocker loginコマンドでログインし、docker pullコマンドでイメージを取得して使用します（画面4-16）。

```
C:¥> docker login ↵
Username: <Docker ID> ↵
Password: <パスワード> ↵
C:¥> docker pull <Docker ID/プライベートリポジトリ名:タグ> ↵
C:¥> docker logout ↵
C:¥> docker run ... ↵
```

画面4-16　Docker Hubのプライベートリポジトリからイメージを取得する

Docker Desktopからのプライベートリポジトリの参照

Docker DesktopはDocker Hubへのサインイン／サインアウトとプライベートリポジトリへのアクセスをGUIから操作することが可能です。それにはタスクバー上のDocker Desktopアイコン（クジラ）を右クリックして［Sign in/Create Docker ID］を選択してDocker HubにDocker IDとパスワードでサインインし、次に［Repositories］を選択します。

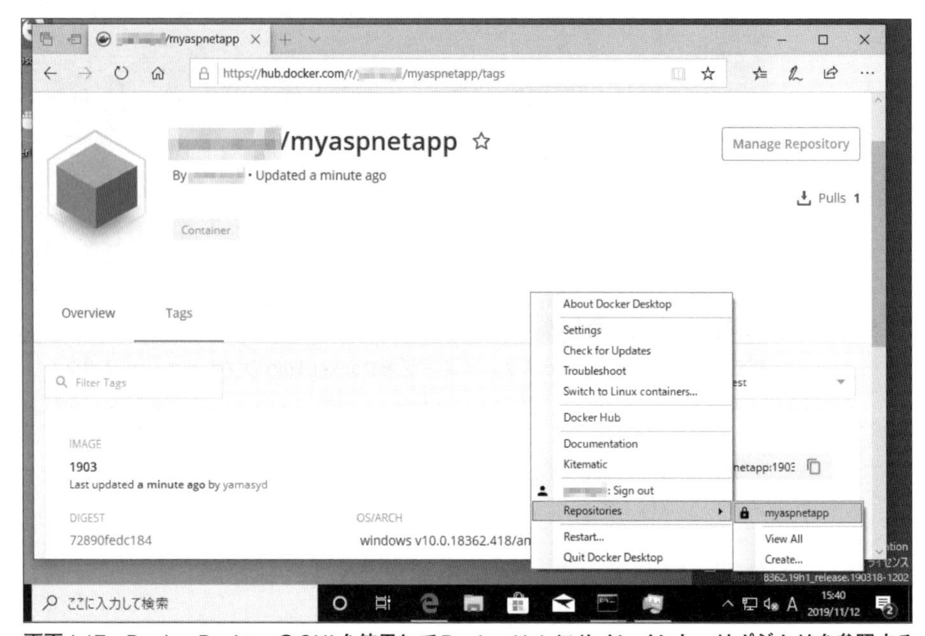

画面4-17　Docker DesktopのGUIを使用してDocker Hubにサインインし、リポジトリを参照する

4.3.2 Azure Container Registry（ACR）

Azure Container Registry（コンテナーレジストリ、ACR）は、DockerとOCI（Open Container Initiative）※2のイメージに対応したプライベートなコンテナーレジストリをAzureのリソースとして管理することを可能にする、スケーラブルで信頼性の高いAzureの有料サービスです。ACRの概要やプラン、料金については、以下の公式サイトで確認してください。

Container Registry
https://azure.microsoft.com/ja-jp/services/container-registry/

※2　OCIはコンテナーのランタイムとイメージ関連のオープンな業界標準のプロジェクトです。Dockerとマイクロソフトは、他の主要なクラウドサービスベンダーやLinuxディストリビューターとともに、このプロジェクトのメンバーです。

Open Container Initiative
https://www.opencontainers.org/

ACRには、Basic（付属ストレージ10GB）、Standard、およびPremiumのプランがあります。どのプランも機能的には同じであり、リポジトリ数に上限はありませんが、StandardおよびPremiumはより高いパフォーマンスと大容量の付属ストレージ、GEOレプリケーションサポート（Premiumのみ）が提供されます。

ACRはWindows 10のDocker DesktopやオンプレミスのWindowsおよびLinuxベースのコンテナーホストからDockerのプライベートリポジトリとして利用できます。また、Azureが提供するDocker対応のサービスに近い場所にあるため、Azureのサービスを利用する場合、イメージの高速な転送が可能です。

ACRを利用するには、Azureポータルを使用してContainer Registry（コンテナーレジストリ）のリソースを作成します。それには、Azureポータルで［≡］メニューから［+リソースの作成］を開き、［Container Registry］を選択します。［コンテナーレジストリの作成］ページでは、レジストリ名、Azureサブスクリプション、リソースグループ（新規作成または既存から選択）、場所（Azureのリージョン）を選択し、管理者ユーザーを有効にします（後からでも有効化できます）。最後にSKUとしてBasicまたはStandardまたはPremiumを選択し、［作成］ボタンをクリックします（画面4-18）。この一連の手順は、Azure PowerShellやAzure CLIを使用して行うこともできます。

画面4-18 Azureポータルを使用してコンテナーレジストリを作成する

ACRのコンテナーレジストリを作成したら、コンテナーレジストリのリソースの［概要］ページを開き、［ログインサーバー］の値を確認します。この値は、<レジストリ名>.azurecr.ioになります（画面4-19）。また、［設定］の［アクセスキー］のページを開き、管理者ユーザーが有効化されていることを再確認してください。

画面4-19 ［ログインサーバー］に表示される<レジストリ名>.azurecr.ioの値を控えておく

これでACRのコンテナーレジストリの準備は完了です。この時点で、Docker CLIからACRのプライベートリポジトリが利用可能になっています。

ACRのコンテナーレジストリをDockerのプライベートリポジトリとして使用するには、Docker CLIの利用環境でAzure CLIまたはAzure PowerShellが利用可能である必要があります。以降では、Azure PowerShellを使用した方法で説明します。

Azure PowerShellは、Windows PowerShell 5.1またはクロスプラットフォーム対応のPowerShell Core 6以降で以下のいずれかのコマンドラインを実行することで、現在のユーザー（CurrentUser）またはすべてのユーザー（AllUsers）の環境に簡単にインストールできます。※3Azure PowerShellのインストール方法は予告なく変更されることがあります。最新情報は、以下の公式ドキュメントで参照してください。

Azure PowerShell モジュールのインストール
https://docs.microsoft.com/ja-jp/powershell/azure/install-az-ps

```
PS C:¥> Install-Module -Name Az -AllowClobber -Scope CurrentUser ⏎
または
PS C:¥> Install-Module -Name Az -AllowClobber -Scope AllUsers ⏎
```

Azure PowerShellの準備ができたら、次の一連のコマンドラインを実行して、Azureに接

※3 Azure PowerShellの新しいAzモジュールが2018年12月にリリースされました。Azureの最新機能に対応するには、従来のAzureRmモジュールから新しいAzモジュールにできるだけ早く移行することが推奨されています。なお、Windows PowerShell 5.1にAzureRmモジュールとAzモジュールを同時にインストールすることはできません。AzureRmモジュールをアンインストールしてからAzモジュールをインストールします。Windows用のPowerShell Core 6以降を導入して、PowerShell Core環境にAzモジュールをインストールすることで、Windows PowerShell 5.1のAzureRmモジュールを維持することもできます。なお、Windows用のPowerShell Core 6以降では、AzureRmとAzモジュールの共存が可能です。

続し、ACRのコンテナーレジストリの資格情報を取得して、docker loginコマンドに渡します（画面4-20）。ログインに成功した場合は、docker pushおよびdocker pullコマンドでACRのプライベートリポジトリへのイメージの登録や取得が可能になります。ACRのプライベートリポジトリにイメージを登録する場合は、<ACRのログインサーバー>/<リポジトリ名:タグ>で参照できるように、docker tagコマンドを使用してローカルのイメージに事前にタグ付けしてください。

ACRのコンテナーレジストリからログアウトするには、docker logoutコマンドにACRのログインサーバー名を指定します（画面4-21）。

```
PS C:¥> Connect-AzAccount ⏎
PS C:¥> $registry = Get-AzContainerRegistry -ResourceGroupName "<リソースグループ名>"
-Name "<レジストリ名>" ⏎
PS C:¥> $creds = Get-AzContainerRegistryCredential -Registry $registry ⏎
PS C:¥> $creds.Password | docker login $registry.LoginServer -u $creds.Username
--password-stdin ⏎
PS C:¥> docker tag <カスタムイメージ:タグ> <ACRのログインサーバー>/<リポジトリ名:タグ>
⏎
PS C:¥> docker push <ACRのログインサーバー>/<リポジトリ名:タグ> ⏎
PS C:¥> docker <ACRのログインサーバー>/<リポジトリ名:タグ> ⏎
PS C:¥> docker logout $registry.LoginServer ⏎
```

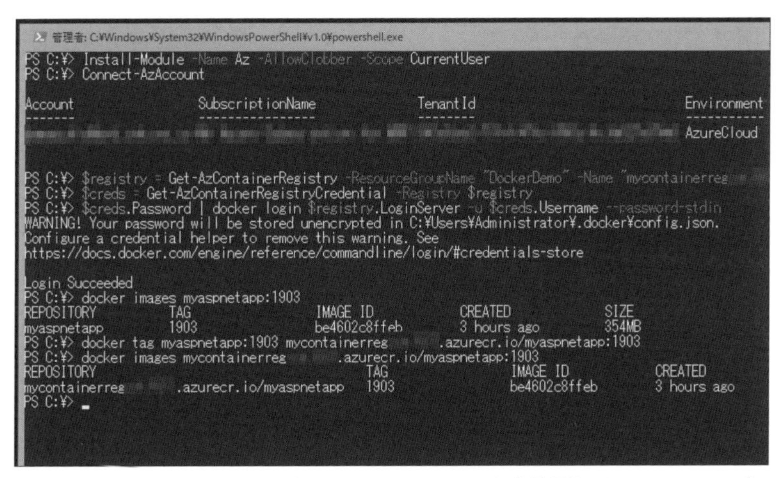

画面4-20 Azure PowerShellとdocker loginコマンドを使用してACRのコンテナーレジストリにログインする

```
管理者: C:¥Windows¥System32¥WindowsPowerShell¥v1.0¥powershell.exe
myaspnetapp          1903                     be4602c8ffeb         3 hours ago          354MB
PS C:¥> docker tag myaspnetapp:1903 mycontainerreg        .azurecr.io/myaspnetapp:1903
PS C:¥> docker images mycontainerreg        .azurecr.io/myaspnetapp:1903
REPOSITORY                                    TAG                 IMAGE ID            CREATED
mycontainerreg        .azurecr.io/myaspnetapp   1903                be4602c8ffeb        3 hours ago
PS C:¥> docker push mycontainerreg        .azurecr.io/myaspnetapp:1903
The push refers to repository [mycontainerreg        .azurecr.io/myaspnetapp]
4f3ab3812f38: Pushed
f5be2242d593: Pushed
09340cb69eb7: Pushed
be60d1b4e2bb: Pushed
f2afadf80e99: Pushed
26eaa6d5b67b: Pushed
1f7cc8e48757: Pushed
8fd4b238ba75: Pushed
5afa6feac21e: Pushed
87e51412f42f: Pushed
0a14b932534e: Skipped foreign layer
1903: digest: sha256:72890fedc184942b81d6b3ac958d8c81b9bc475da5c4ed3be613f3d2d006cfc1 size: 2720
PS C:¥> docker pull mycontainerreg        .azurecr.io/myaspnetapp:1903
1903: Pulling from myaspnetapp
Digest: sha256:72890fedc184942b81d6b3ac958d8c81b9bc475da5c4ed3be613f3d2d006cfc1
Status: Image is up to date for mycontainerreg        .azurecr.io/myaspnetapp:1903
mycontainerreg        .azurecr.io/myaspnetapp:1903
PS C:¥> docker logout $registry.LoginServer
Removing login credentials for mycontainerreg        .azurecr.io
PS C:¥>
```

画面4-21　ACRのプライベートリポジトリとの間でdocker push/pullコマンドによるイメージの登録と取得が可能になる

ACRのコンテナーレジストリに登録されたリポジトリは、Azureポータルのコンテナーレジストリの［サービス］にある［リポジトリ］ページで確認および削除することができます（画面4-22）。

画面4-22　AzureポータルのACRに登録されたリポジトリ

第5章 サービスとしてのコンテナー実行環境～ Azure ～

Microsoft Azureには、Dockerコンテナーに対応した複数のサービスがあります。AzureのIaaS（Infrastructure as a Services、サービスとしてのインフラストラクチャ）であるAzure仮想マシンおよび仮想ネットワークの環境に、Windows ServerまたはLinuxベースのDockerコンテナーホストやクラスターを展開し、テストや開発、あるいは運用環境として利用することはもちろん可能です。この章で取り上げるのは、マネージドサービス（管理されたサービス）として利用可能なDocker対応のサービスです。例えば、次のようなサービスがあります。

- Azure App Service（Web App for Containers）
  https://azure.microsoft.com/ja-jp/services/app-service/
- Azure Container Instances（ACI）
  https://azure.microsoft.com/ja-jp/services/container-instances/
- Azure Kubernetes Service（AKS）
  https://azure.microsoft.com/ja-jp/services/kubernetes-service/
- Azure Container Registry（ACR）
  https://azure.microsoft.com/ja-jp/services/container-registry/

この章では、サーバーレスで手軽に利用できるApp Service（Web App for Containers）およびAzure Container Instances（ACI）について簡単に説明します。どちらも、Dockerやマイクロソフトの公式イメージを利用することで、ローカルにDocker環境を持たなくても試すことができますし、ローカルのDocker環境で開発したアプリケーションのイメージをクラウドにデプロイして実行することもできます。

Azure Kubernetes Service（AKS）は、利用者専用のKubernetesクラスター環境をAzure上にホストし、コンテナー化されたアプリケーションのデプロイと管理を簡素化するマネージドサービスです。Kubernetesを含むオーケストレーションツールに関しては、入門書である本書の範囲を超えるものです。詳しくは、上記の製品サイトやそのリンク先の公式ドキュメントを参照してください。Azure Container Registry（ACR）については、第4章で説明しました。

Azureが提供するその他のコンテナー対応サービス、および要件に適したDockerコンテナーのプラットフォームの選択については、以下のサイトが参考になるでしょう。

お客様のコンテナーニーズに合ったAzureサービスをお探しください
https://azure.microsoft.com/ja-jp/product-categories/containers/

注意

クラウドサービスの変化のスピードに注意

Dockerコンテナー対応のAzureのサービスは、LinuxとWindowsの両方のコンテナーに対応していますが、Linuxコンテナーへの対応が先行しています。WindowsコンテナーはDockerの世界では後発であり、マイクロソフトが提供するAzureと言えどもLinux対応が先行しており、Windowsコンテナーへの対応はプレビュー段階のものが多いことに注意してください。また、Azureのサービスは日々、新機能が追加されたり、UIが変更されたり、機能が廃止されたりします。その影響により、本書で説明している内容と機能や画面操作、コマンドラインが利用できなくなる場合があります。最新情報は、各サービスの製品サイトおよびそのリンク先のドキュメントで確認してください。

また、この章ではAzureのサービスについてのみ説明していますが、Windowsコンテナーのサポートは、Azureだけでなく、Amazon Elastic Container Service（ECS）やAmazon Elastic Kubernetes Service（EKS）、Google Compute Engine（GCE）やGoogle Kubernetes Engine（GKE）など他社クラウドでも既に始まっています。これらのサービスでの利用方法については、各クラウドサービスの公式ドキュメントなどで確認してください。

5.1 Azure App Service (Web App for Containers)

Azure App Serviceは、さまざまなタイプのWebアプリを短時間でデプロイすることができる、PaaS（Platform as a Service、サービスとしてのプラットフォーム）型のクラウドサービスです。Azure App Serviceは、Web Apps（Webアプリ）とも呼ばれ、アプリケーションスタックより下位のレイヤーをマネージドサービスとして提供します。

Azure App Serviceは、Windowsベースの.NET、Java、Node.js、PHP、またはPythonの環境、およびLinuxベースの.NET Core、Node.js、PHP、またはRubyの環境を提供します。もともとはこれらの環境を提供するサービスでしたが、現在はDockerコンテナーを使用したアプリケーションのデプロイにも対応しています。この機能は、Web App for Containersとも呼ばれます。アプリケーション開発者は下位のレイヤーを管理する必要はなく、コードを書いてデプロイするだけで簡単に利用できます。

ここでは、LinuxコンテナーおよびWindowsコンテナーを使用して、アプリケーションをAzure App Serviceにデプロイする方法について説明します。なお、本書の執筆時点でWindowsコンテナーはプレビュー段階にあり、利用可能なAzureリージョンが限定されています（東日本と西日本リージョンでは利用できません）。Linuxコンテナーは正式なサービスとして一般提供されています。Linuxコンテナー向けのWeb App for Containersは、App Services on LinuxやWeb Apps on Linuxと呼ばれることもあります。

5.1.1 Linuxコンテナーのデプロイ

Azure App ServiceのWeb App for Containersを使用すると、LinuxコンテナーまたはWindowsコンテナーのイメージを、LinuxまたはWindowsで稼働するWebアプリケーションとしてAzure App Serviceにデプロイすることができます。

DockerのプラットフォームとしてはLinuxが先行しています。Web App for Containersも例外ではなく、先にLinuxに正式対応しました。Windowsは本書の執筆時点でプレビュー段階であり、テストや評価目的で利用できます。本書はWindowsコンテナーの入門書ですが、最初にLinuxコンテナーをいかに簡単にAzure App Service上にデプロイできるのかを見てみましょう。次に説明するWindowsコンテナーにあるような制約はありません。

ここでは一例として、オープンソースのWebサーバーであるnginxのDocker公式イメージをAzure App Serviceにデプロイしてみます。

1. Azureポータルで［≡］メニューから［+リソースの作成］を選択し、［Webアプリ］をクリックしてリソースの作成を開始します（画面5-1）。

画面5-1 ［+リソースの作成］から［Webアプリ］をクリックしてリソースの作成を開始する

2. ［Webアプリ］の作成ページの［基本］タブが表示されるので、［プロジェクトの詳細］でリソースグループを新規作成するか、既存のリソースグループを選択します。既存のリソースグループを選択する場合、デプロイ先のリージョンとは必ずしも一致している必要はありません

3. ［インスタンスの詳細］では、最初に［アプリ名］にアプリケーションの名前を入力します。Azure App Serviceにデプロイするアプリケーションは、ここで指定した<名前>.azurewebsites.netのURLでHTTPまたはHTTPSで公開されることになります。次に、

［公開］で［Dockerコンテナー］を選択し、［オペレーティングシステム］で［Linux］を選択して、［地域］でアプリケーションをデプロイするAzureリージョン（東日本のJapan Eastや西日本のJapan Westなど）を指定します。Azure App Serviceは地域に存在するApp Serviceプランに紐付きます。初めての利用の場合は、選択した地域にApp Serviceプランが新規作成されます。［基本］タブでは最後に、［SKUとサイズ］を指定します。Linuxコンテナーをデプロイ可能な最小のプランは、有料のBasic B1以上です（無料のF1プランでは利用できません）。なお、LinuxのB1プランはデプロイ後30日間、無料で利用できるという特典があります。すべてを指定したら［次：Docker］ボタンをクリックします（画面5-2）。

画面5-2　LinuxのDockerコンテナーをデプロイするための設定を行い、［次：Docker］ボタンをクリックする

4. 続いて、［Docker］タブでデプロイするDockerコンテナーのイメージを指定します。ここでは、Docker Hubのパブリックリポジトリやプライベートリポジトリ、Azure Container Registry（ACR）のプライベートリポジトリにあるイメージを指定できます。今回は、［イメージソース］として［Docker Hub］を選択し、［アクセスの種類］から［パブリック］を選択して、［イメージとタグ］に**nginx**と入力します（画面5-3）。ここでは、Docker CLIの**docker run**コマンドに指定するイメージとタグの形式をそのまま使用できます。タグを省略した場合は、そのイメージの既定のタグが使用されます。なお、初期状態では［イメージソース］に［クイックスタート］、［サンプル］に［NGINX］が設定されていますが、本来の手順としてDocker Hubのパブリックリポジトリを明示的に指定しました。

画面5-3 Azure App Serviceにデプロイする Linuxコンテナーのイメージを指定する。この例はDocker HubのDocker公式イメージnginxを指定

5. ［Docker］タブで［確認および作成］ボタンをクリックすると、［確認および作成］タブに切り替わり、ここまで指定した内容が検証されます。問題がなければ、［作成］ボタンをクリックしてデプロイを開始します（画面5-4）。

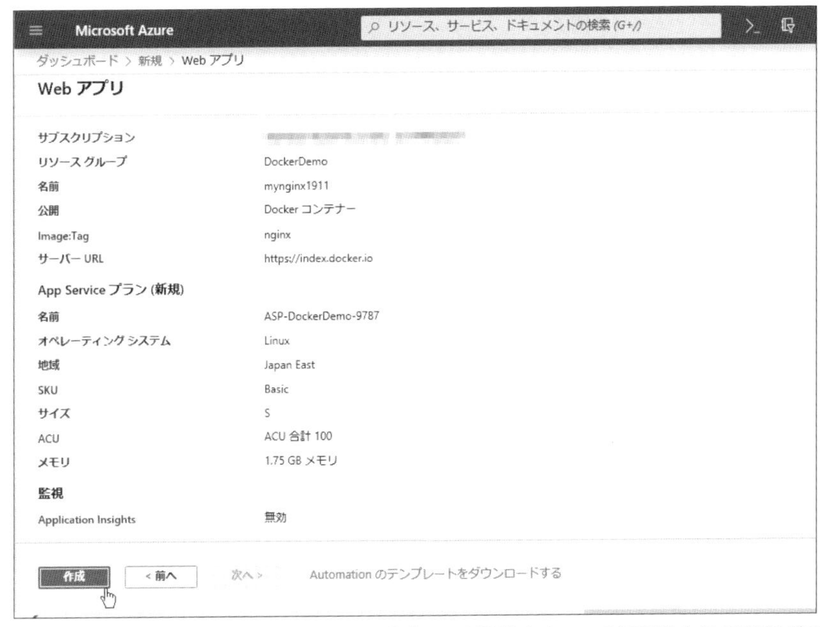

画面5-4 ［作成］ボタンをクリックしてデプロイを開始する。この例の場合は20秒ほどでデプロイが完了した

6. 通常、30秒以内にデプロイが完了します。デプロイ完了の通知メッセージが表示されたら、［リソースに移動］をクリックしてAzure App Serviceリソースのページに移動します。リソースの［概要］ページに示されたURLをクリックしてWebブラウザーでアクセスすれば、nginxの既定のWebサイトが表示されるはずです（画面5-5）。

画面5-5　わずか数十秒でLinuxベースのWebアプリケーション（この例ではnginx）のでデプロイが完了

7. 動作確認ができたら、無駄な課金を防ぐために、リソースのページの［削除］をクリックして、アプリケーションとApp Serviceプランを削除します。

5.1.2 Windowsコンテナーのデプロイ

Azure App ServiceにおけるWindowsコンテナーのサポートは、本書の執筆時点でプレビュー段階であり、プレビューを理由とする制限があります。また、Linuxコンテナーとの技術的な違いからくる注意点もあります。

先に指摘しておくと、本書の執筆時点では、Microsoft Container Registry（MCR）の公式イメージをデプロイする方法は用意されていません。ローカルのDocker環境などでカスタマイズしたイメージを、Docker HubやAzure Container Registry（ACR）のプライベートリポジトリを介してデプロイする必要があります。ただし、［クイックスタート］の［サンプル］として［ASP.NET Web Forms（mcr.microsoft.com/azure-app-service/samples/aspnethelloworld:latest）］が初期設定で用意されているので、これを利用すればローカルのDocker環境やプライベートリポジトリを使用することなく、Windowsコンテナーを試してみることができます。なお、このサンプルはWindows Server 2016バージョンのWindows Server Core（:ltsc2016）のASP.NETサンプルアプリです。

ここでは一例として、Docker HubまたはACRのプライベートリポジトリに、Azure App Serviceでサポートされるバージョンのイメージがあるものとして、それをAzure App Serviceにデプロイしてみます。Azure App Serviceでサポートされるバージョンのイメージについては後で説明します。

1. Azureポータルで［≡］メニューから［＋リソースの作成］を選択し、［Webアプリ］をクリックしてリソースの作成を開始します。［Webアプリ］の作成ページの［基本］タブが表示されるので、リソースグループを新規作成するか、既存のリソースグループを選択したら、［インスタンスの詳細］の［アプリ名］にアプリケーションの名前を入力します。ここまではLinuxコンテナーの場合と同様です。

2. Windowsコンテナーをデプロイするには、［公開］で［Dockerコンテナー］を選択し、［オペレーティングシステム］で［Windows］を選択します。プレビュー時点では、Windowsコンテナーをデプロイ可能なリージョンが制限されています。［地域］に表示されるリージョンの1つ（東南アジアのSoutheast Asiaなど）を選択してください。また、WindowsコンテナーはPremium（Windows）Containerプラン（プレビュー段階では50%オフの料金で利用可能です）であるPC2、PC3、またはPC4でサポートされます。［SKUとサイズ］に指定可能な最小プランはPC2です（画面5-6）。

画面5-6　WindowsのDockerコンテナーをデプロイするための設定を行い、［次：Docker］ボタンをクリックする

3. 続いて［Docker］タブでデプロイするDockerコンテナーのイメージを指定します。独自のWindowsコンテナーのイメージを指定するには、Docker HubまたはACRのプライベートリポジトリを指定します。Docker Hubのプライベートリポジトリからデプロイする場合は、［イメージソース］から［Docker Hub］を選択し、［アクセスの種類］から［プライベート］を選択して、Docker IDの資格情報を入力し、プライベートリポジトリ内のイメー

ジを＜イメージ名＞または＜イメージ名:タグ＞で指定します（画面5-7）。ACRのプライベートリポジトリからデプロイする場合は、［イメージソース］から［Azure Container Registry］を選択します。すると、Azureポータルにサインインしている Azureアカウントの ACRのコンテナーレジストリ（第4章で説明しました）が検索され、イメージとタグをドロップダウンリストから選択してイメージを指定することができます（画面5-8）。

画面5-7　Docker Hubのプライベートリポジトリ内のWindowsコンテナーイメージを指定する

画面5-8　Azure Container Registry（ACR）のプライベートリポジトリにあるイメージとタグを選択して指定する

4. [Docker] タブで [確認および作成] ボタンをクリックすると、[確認および作成] タブに切り替わり、ここまで指定した内容が検証されます。問題がなければ、[作成] ボタンをクリックしてデプロイを開始します。Linuxコンテナーの場合と同様に、通常、30秒以内にデプロイが完了します。ただし、Windowsコンテナーはイメージサイズが大きい上、おそらくAzure App ServiceではHyper-V分離モードが利用されているため(詳細については公表されていません)、スタートアップにしばらく時間を要します。そのため、完全な実行状態になるまで数分かかる場合があります (画面5-9)。Webブラウザーに以下のURLを入力すると、Windowsコンテナーの進行状況を確認することができます (画面5-10)。

5

```
https://<アプリケーションの名前>.scm.azurewebsites.net/api/logstream
```

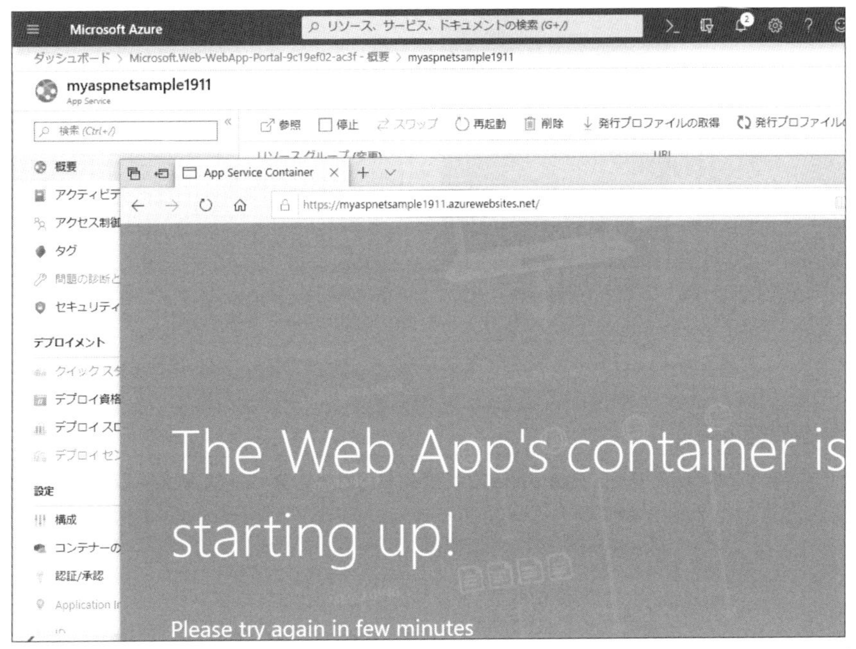

画面5-9 デプロイは30秒以内に完了するが、Windowsコンテナーが読み込まれるまでには数分かかることも

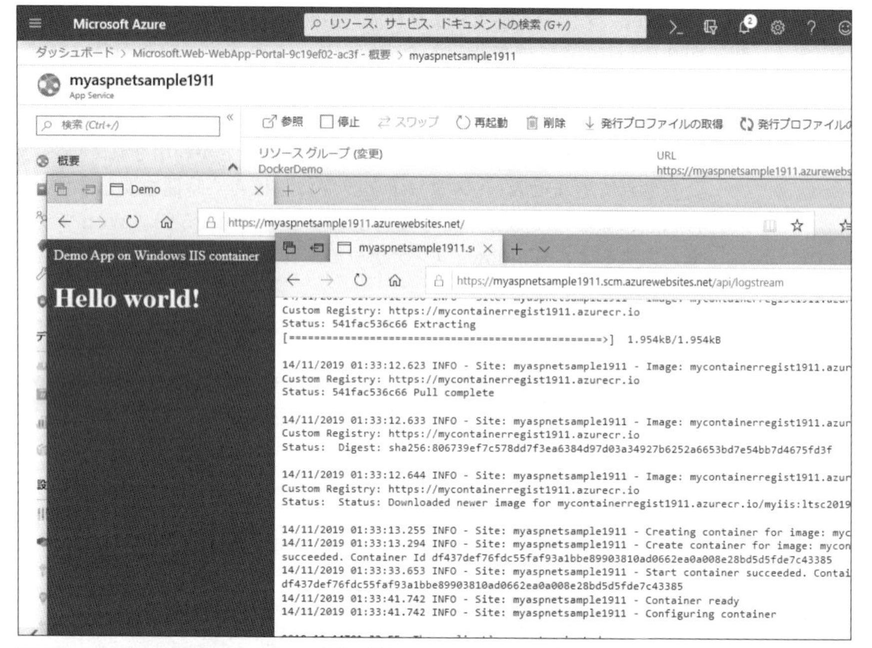

画面5-10　Windowsコンテナーの進行状況はhttps://<アプリケーションの名前>.scm.azurewebsites.net/api/logstreamで参照することができる

5. 動作確認ができたら、無駄な課金を防ぐために、リソースのページの［削除］をクリックして、アプリケーションとApp Serviceプランを削除します。

メモ

Azure App Serviceでサポートされているベースイメージ（2019年末時点）

Azure App ServiceにおけるWindowsコンテナーのサポートは、本書の執筆時点でパブリックプレビューの段階であり、利用可能なAzureのリージョンが限定されています。また、Windowsコンテナーのベース OSイメージとしては、以下に示すWindows Server CoreのLTSCバージョン2016（:ltsc2016タグ）および2019（:ltsc2019タグ）、およびNano ServerのSACバージョン1809（:1809タグ）に基づいたイメージがサポートされます。また、これらのベースOSイメージに基づく、Windows IIS、.NET Framework.、およびNET Coreのマイクロソフト公式イメージも使用できます。

- mcr.microsoft.com/windows/servercore:ltsc2016（2019年3月からプレビュー段階）
- mcr.microsoft.com/windows/servercore:ltsc2019（2019年4月からプレビュー段階）
- mcr.microsoft.com/windows/nanoserver:1809（2019年4月からプレビュー段階）

パブリックプレビューのサービスの一般提供（GA）については、以下のAzureのアナウンスで確認してください。

https://azure.microsoft.com/ja-jp/blog/topics/announcements/

5.2 Azure Container Instances (ACI)

Azure App ServiceはWebアプリケーション (HTTPまたはHTTPS) 用のマネージドサービスなのに対して、Azure Container Instances (ACI) はより汎用的なDockerコンテナー (例えばデータベースなど) のプラットフォームを、サーバーレスのマネージドサービスとして提供します。Azureで最も高速かつ簡単にDockerコンテナーを実行する方法はACIを利用する方法です。ACIでは、Azureポータルを使用して簡単にDockerコンテナーをデプロイできるほかに、コマンドライン1行でコンテナーをデプロイできる方法も用意されています。

ACIはLinuxコンテナーとWindowsコンテナーの両方に対応していますが、ここではWindowsコンテナーについてのみ説明します。ACIでサポートされるWindowsコンテナーのバージョンについては、最後に説明します。プレビュー段階のものは利用可能なリージョンが限定されることに注意してください。

5

メモ

Azure Container Instancesでサポートされているベースイメージ(2019年末時点)

Azure Container Instances (ACI) は、WindowsコンテナーのベースOSとしてWindows Server CoreのLTSCバージョン2016 (:ltsc2016タグ) を正式にサポートしています。本書の執筆時点では、Windows Server CoreのLTSCバージョン (:ltsc2019タグ) およびNano ServerのSACバージョン1809 (:1809タグ) のイメージの使用はパブリックプレビューの段階にあります。以下に示すベースOSイメージに基づく、Windows IIS、.NET Framework.、およびNET Coreのマイクロソフト公式イメージも使用できます。

- mcr.microsoft.com/windows/servercore:ltsc2016 (正式サポート)
- mcr.microsoft.com/windows/servercore:ltsc2019 (2019年5月からプレビュー)
- mcr.microsoft.com/windows/nanoserver:1809 (2019年5月からプレビュー)

本書の執筆時点では、一般提供中のWindowsコンテナーを東日本リージョンで利用できます。プレビュー段階のWindowsコンテナーは一部のリージョンに限定されています (2019年末時点では利用できませんでしたが、現在は東日本リージョンで利用可能です)。利用可能性の最新情報は、以下の公式ドキュメントで確認してください。

AzureリージョンのAzure Container Instancesのリソースの可用性

https://docs.microsoft.com/ja-jp/azure/container-instances/container-instances-region-availability

また、パブリックプレビューのサービスの一般提供 (GA) については、以下のAzureのアナウンスで確認してください。

https://azure.microsoft.com/ja-jp/blog/topics/announcements/

5.2.1 Azureポータルを使用したコンテナーのデプロイ

Azure Container Instances (ACI) には、Docker Hubのパブリックリポジトリの公式イメージ (Linuxコンテナー) や、Microsoft Container Registry (MCR) で提供されるマイクロソフトの公式イメージ (Windowsコンテナー)、Docker HubやAzure Container Registry (ACR) のプライベートリポジトリ (LinuxコンテナーおよびWindowsコンテナー) からDockerコンテナーをデプロイすることができます。ACIはコマンドラインから簡単に

Dockerコンテナーをデプロイして実行できますが、ACIの概念や基本機能を知るためにAzureポータルで一度試してみることをお勧めします。

1. Azureポータルで［≡］メニューから［＋リソースの作成］を選択し、［Container Instances］をクリックしてリソースの作成を開始します（画面5-11）。

画面5-11 ［Container Instances］をクリックしてリソースの作成を開始する

2. ［コンテナーインスタンスの作成］ページの［基本］タブが表示されるので、［プロジェクトの詳細］でリソースグループを新規作成するか、既存のリソースグループ（デプロイ先のリージョンとは一致している必要はありません）を選択します。

3. ［コンテナーの詳細］では、最初に［コンテナー名］を入力します。このコンテナー名は、コンテナーグループ（後述します）の名前であり、Dockerコンテナーのイメージ名と一致している必要はありません。次に、［地域］でコンテナーのデプロイ先のAzureリージョンを選択します。Windowsコンテナーの場合、利用可能なリージョンが制限されることに注意してください。一般提供でサポートされるイメージとプレビューでサポートされるイメージでも、利用可能なリージョンは異なります。［基本］ページでは最後に、デプロイするDockerイメージとサイズ（CPU数とメモリ）を指定します。Docker HubにあるLinuxコンテナーの公式イメージを利用する場合は、［イメージの種類］として［パブリック］を選択し、［OSの種類］として［Linux］を選択して、［イメージ名］に<イメージ名:タグ>の形式で簡単に指定できます。Windowsコンテナーの場合は次のいずれかの方法で指定できます。

■ **MCRで提供されるマイクロソフトの公式イメージを使用する場合**

［イメージの種類］として［パブリック］を選択し、［イメージ名］にMCRのURI（mcr.microsoft.com）から始まるイメージ名を入力して、［OSの種類］として［Windows］を選択します（画面5-12）。

Microsoft Azure　リソース、サービス、ドキュメントの検索 (G+/)
ダッシュボード > 新規 > コンテナー インスタンスの作成
コンテナー インスタンスの作成
プロジェクトの詳細
デプロイされているリソースとコストを管理するサブスクリプションを選択します。フォルダーのようなリソース グループを使用して、すべてのリソースを整理し、管理します。
サブスクリプション * My Azure Subscription
リソース グループ * DockerDemo
新規作成
コンテナーの詳細
コンテナー名 * mywincotainergroup01
地域 * (米国) 米国東部
イメージの種類 * パブリック プライベート
イメージ名 * mcr.microsoft.com/dotnet/core/samples:aspnetapp-nanoserver-1809
OS の種類 * Linux Windows
サイズ * 1 vcpu、1.5 GiB メモリ、0 gpu
サイズを変更します
確認および作成　< 前へ　次: ネットワーク >

画面5-12　MCRで提供されるマイクロソフトの公式イメージを使用する場合

■ Docker Hubのプライベートリポジトリを使用する場合

[イメージの種類] として [プライベート] を選択し、[イメージ名] に<プライベートリポジトリ>/<イメージ名:タグ>の形式で入力して、[イメージレジストリのログインサーバー] にはindex.docker.ioと入力します。[イメージレジストリのユーザー名] および [イメージレジストリのパスワード] にDocker IDの資格情報を入力し、[OSの種類] として [Windows] を選択します（画面5-13）。

Microsoft Azure　リソース、サービス、ドキュメントの検索 (G+/)
ダッシュボード > 新規 > コンテナー インスタンスの作成
コンテナー インスタンスの作成
コンテナーの詳細
コンテナー名 * mywincotainergroup01
地域 * (米国) 米国東部
イメージの種類 * パブリック プライベート
イメージ名 * /myaspdotnet
イメージ レジストリのログイン サーバー * index.docker.io
イメージ レジストリのユーザー名 *
イメージ レジストリのパスワード * ••••••••••••••
OS の種類 * Linux Windows
サイズ * 1 vcpu、1.5 GiB メモリ、0 gpu
サイズを変更します
確認および作成　< 前へ　次: ネットワーク >

画面5-13　Docker Hubのプライベートリポジトリを使用する場合

■ Azure Container Registry（ACR）のプライベートリポジトリを使用する場合

［イメージの種類］として［プライベート］を選択し、［イメージ名］に<ACRのコンテナーレジストリ名.azurecr.io>/<プライベートリポジトリ名:タグ>の形式で入力します。［イメージレジストリのログインサーバー］と［イメージレジストリのユーザー名］と［イメージレジストリのパスワード］は、ACRの［アクセスキー］ページに表示される値を入力し、［OSの種類］として［Windows］を選択します（画面5-14）。

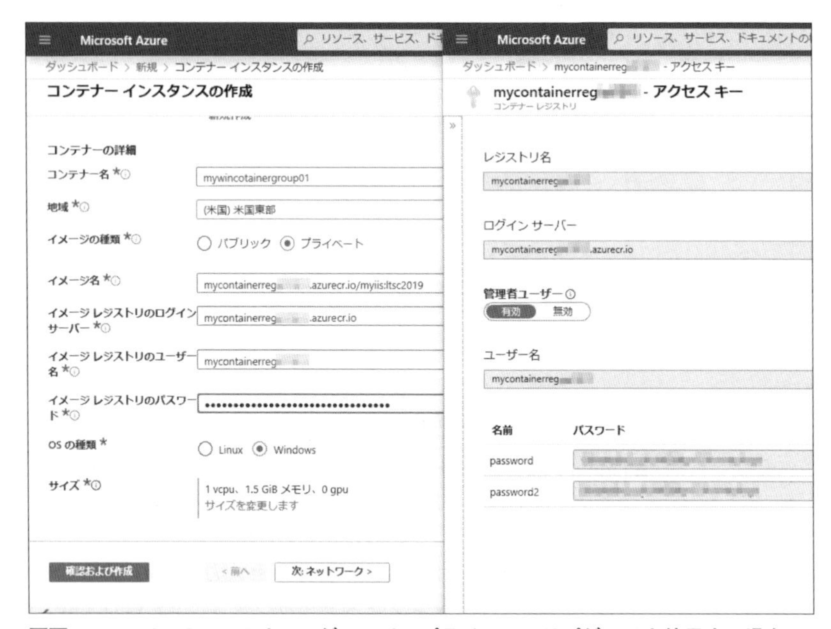

画面5-14　ACRのコンテナーレジストリのプライベートリポジトリを使用する場合

4. ［基本］ページの指定が終わったら、［次：ネットワーク］ボタンをクリックし、［パブリックIPアドレス］と［ポート］と［DNS名ラベル］をデプロイするコンテナーの役割に応じて構成します（画面5-15）。パブリックIPアドレスで公開する場合、ここで指定した<DNSラベル名>.<リージョン（eastusなど）>.azurecontainer.ioでコンテナーのネットワークにアクセス可能になります。

Microsoft Azure　リソース、サービス、ドキュメントの検索 (G+/)

ダッシュボード > 新規 > コンテナー インスタンスの作成

コンテナー インスタンスの作成

基本　ネットワーク　詳細　タグ　確認および作成

ポートとプロトコルや、DNS 名ラベルなど、コンテナーのネットワーク設定を構成できます。パブリック IP アドレスを含めないように選択する場合であっても、コマンド ラインを使用してコンテナーとログにアクセスすることができます。
Azure Container Instances ネットワークの詳細情報

パブリック IP アドレスを含める　◉ はい　◯ いいえ

ポート

ポート	ポートのプロトコル
80	TCP

DNS 名ラベル　myiis2019demo　.eastus.azurecontainer.io

確認および作成　< 前へ　次: 詳細 >

画面5-15　コンテナーの特定のポートをパブリックIPに対して公開するように構成する

5. ［確認および作成］ボタンをクリックすると、［確認および作成］タブに切り替わり、ここまでの設定が検証されます。検証結果に問題がなければ、［作成］ボタンをクリックしてデプロイを開始します（画面5-16）。

画面5-16　［作成］ボタンをクリックしてコンテナーのデプロイを開始する

6. デプロイが完了するまでには、イメージのサイズにも依存しますが、数分かかります（Windows Server Coreイメージの場合は10分以上かかる場合もあります）。デプロイが完了したらACIのリソース（コンテナーインスタンス）のページに移動します。また、パブリックIPに対してポートを公開している場合は、Webブラウザーやその他のネットワークアプリケーションを使用して動作を確認します（画面5-17）。

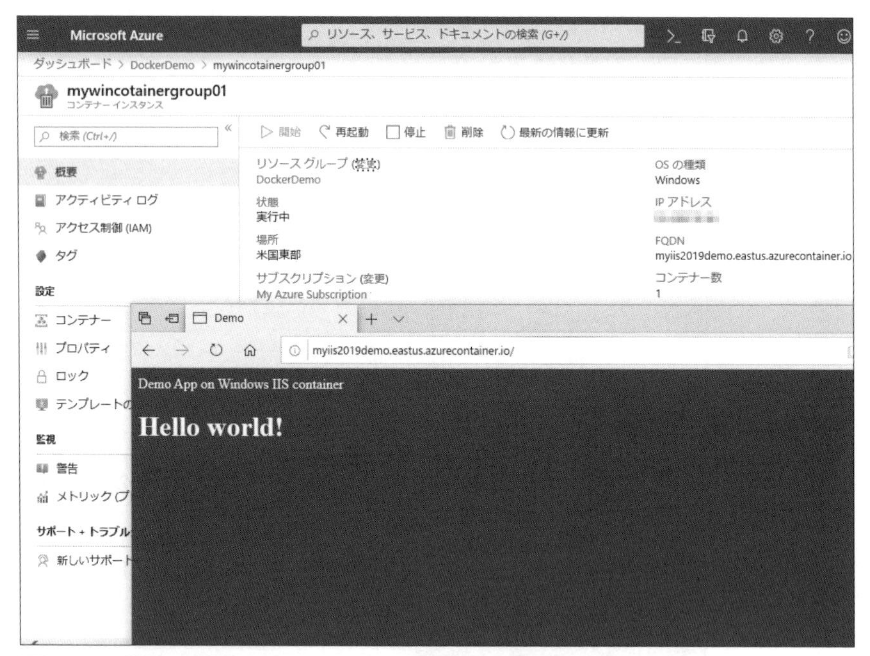

画面5-17　数分でWindowsコンテナーのデプロイが完了し、アプリケーションにアクセスできるようになる

7. ACIのリソース（コンテナーインスタンス）の［概要］ページでは、コンテナーの再起動や停止、削除が可能です。Azureの他のサービスとは異なり、ACIのコンテナーは停止中課金されることがありません。さらに、［コンテナー］ページに切り替えると、コンテナーに対する操作イベントや、コンテナーから出力されたログメッセージを確認したり、/bin/bashや/bin/sh、その他のコマンドシェルを使用してアタッチしたりすることが可能です。Windowsコンテナーの場合は、［接続］タブの［Choose Start Up Command］で［Custom］に**cmd.exe**（Windows Server CoreまたはNano Serverの場合）または**powershell.exe**（Windows Server Coreの場合）と入力することで対話的に接続できます（画面5-18）。

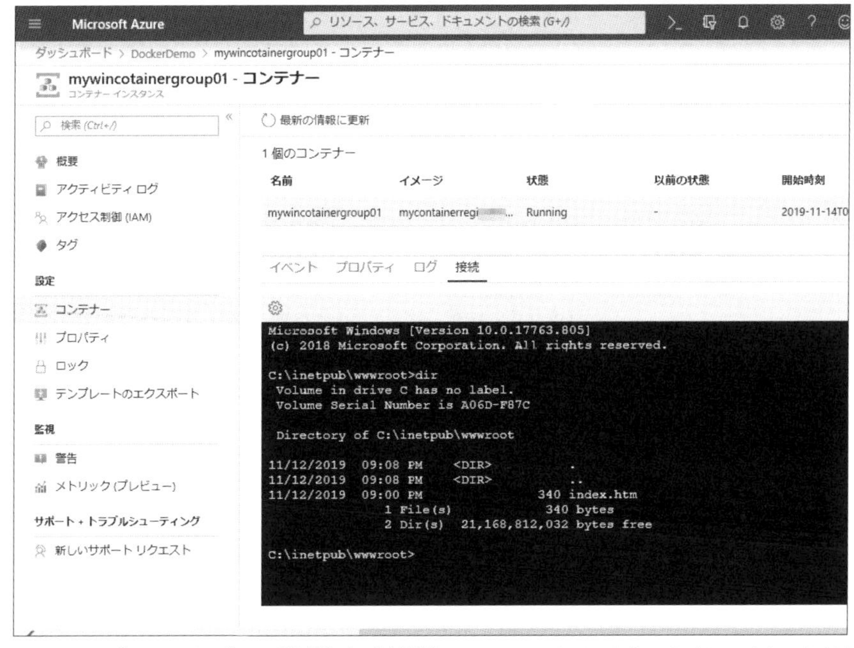

画面5-18 ［コンテナー］の［接続］タブを開き、cmd.exeでコンテナーのインスタンスに接続

8. 動作確認ができたら、無駄な課金を防ぐために、［概要］ページの［削除］をクリックして、コンテナーを削除します。

5.2.2 Azure PowerShellを使用したコンテナーのデプロイ

Azure PowerShellやAzure Command-Line Interface（Azure CLI）を使用すると、数行のコマンドラインで簡単にAzure Container Registry（ACR）にDockerコンテナーをデプロイすることができます。コンテナーのデプロイ後は、AzureポータルのACIのリソース（コンテナーレジストリ）ページから、Azureポータルからデプロイしたときと同じようにコンテナーを操作できます。

Azure PowerShellやAzure CLIはWindowsやLinux、macOSのローカル環境にインストールすることも可能ですが、Azure Cloud Shellを利用するのが便利です。例えば、Azureへの接続操作（Connect-AzureRmAccountやConnect-AzAccountやaz login）はAzure Cloud Shellを使用する場合には不要です（ポータルにサインイン中の資格情報で自動接続されます）。ここでは、Azure Cloud Shellを使用した手順で説明します。Azure Cloud Shellは、Azureポータルの［Cloud Shell］アイコンからアクセスすることもできますし、以下のURLから直接アクセスすることもできます。Azure PowerShellを利用するには、シェルとしてPowerShellを選択してください。Bashを選択した場合でも、pwshと入力することで、PowerShellを開始することができます。

Azure Cloud Shell
https://shell.azure.com/

プライベートリポジトリのイメージをデプロイする場合はコマンドラインが複雑になるので、ここではマイクロソフトの公式イメージをAzure PowerShellでACIにデプロイしてみます。使用したイメージは、.NET Coreの公式サンプルであるmcr.microsoft.com/dotnet/core/samples:aspnetapp-nanoserver-1809です。バージョン1809のWindowsコンテナーのイメージは、プレビューとしてデプロイ可能です（デプロイ可能なリージョンの制限に注意してください）。

次の2行のコマンドラインは、Azure Cloud Shellを使用して、Azure PowerShellでACIにDockerコンテナーをデプロイします。リソースグループはDockerDemo2という名前で米国東部（eastus）に新規作成し、コンテナーグループ名mywincontainergroup02、DNS名ラベルmyaspnetapp1809demo02、ポート80で公開するように指定しています。

```
PS Azure:\> New-AzResourceGroup -Name DockerDemo2 -Location eastus ⏎
PS Azure:\> New-AzContainerGroup -ResourceGroupName DockerDemo2 -Name mywincontainergro
up02 -Image mcr.microsoft.com/dotnet/core/samples:aspnetapp-nanoserver-1809 -OsType Win
dows -DnsNameLabel myaspnetapp1809demo02 -port 80 ⏎
```

デプロイが完了するとコンテナーのデプロイ情報が出力されます。Nano Serverベースのコンテナーの場合、デプロイは数分で完了します。Webブラウザーでhttp://myaspnetapp1809demo02.eastus.azurecontainer.io（URLはAzureポータルでリソースの［概要］ページで確認できます）にアクセスすると、ASP.NET Coreのサンプルアプリケーションが実行されていることを確認できます（画面5-19）。

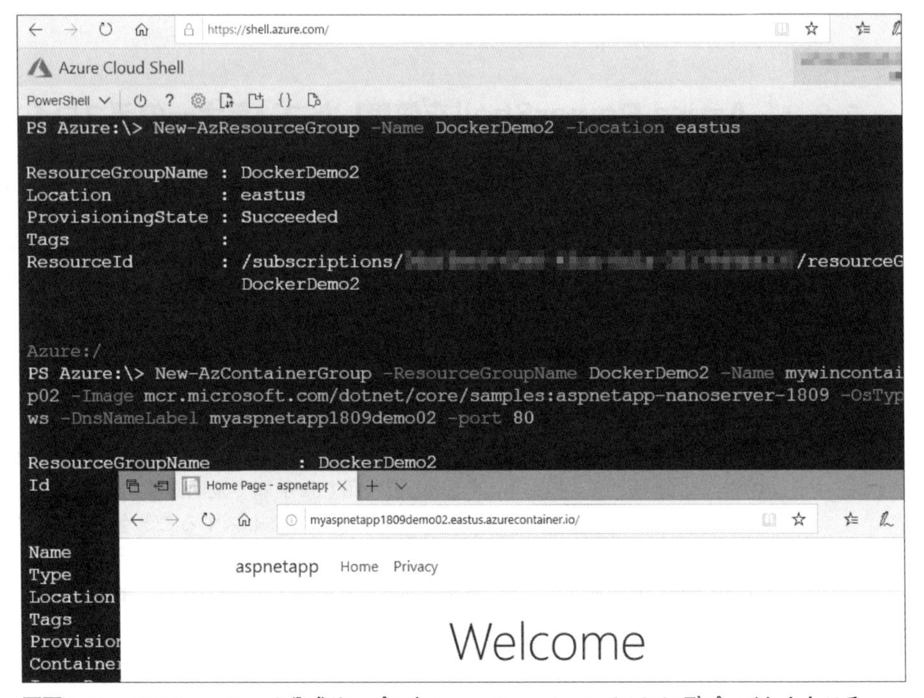

画面5-19　ASP.NET Coreの公式サンプルをAzure PowerShellでACIにデプロイしたところ

動作確認が終わったら、次の2行のコマンドラインを実行することで、デプロイしたコンテナーと関連するリソースおよびリソースグループを削除し、完全にクリーンアップできます。

```
PS Azure:\> Remove-AzContainerGroup -ResourceGroupName DockerDemo2 -Name mywincontainer
group02 ↵
PS Azure:\> Remove-AzResourceGroup -Name DockerDemo2 ↵
```


5.2.3 Azure CLIを使用したコンテナーのデプロイ

Azure PowerShellで行ったのと同様の操作を、今度はAzure CLIで実行してみます。Azure Cloud ShellをBashに切り替えて操作してもいいですし、PowerShellのままAzure CLIのazコマンドを実行することもできます。

今回は、Windows Server 2016バージョンのWindows Server IIS公式イメージであるmcr.microsoft.com/windows/servercore/iis:windowsservercore-ltsc2016を使用します。このバージョンのイメージは、東日本リージョンで正式にサポートされます。次の2行のコマンドラインは、Azure Cloud Shellを使用して、Azure CLIでACIにDockerコンテナーをデプロイします。リソースグループはDockerDemo3という名前で東日本（japaneast）に新規作成し、コンテナーグループ名mywincontainergroup03、DNS名ラベルmyiis2016demo03、ポート80で公開するように指定しています。

```
~$ az group create --name DockerDemo3 --location japaneast ↵
~$ az container create --name mywincontainergroup03 --image mcr.microsoft.com/windows/s
ervercore/iis:windowsservercore-ltsc2016 --os-type Windows --resource-group DockerDemo3
--dns-name-label myiis2016demo03 --ports 80 ↵
```

デプロイが完了するとコンテナーのデプロイ情報が出力されます。Webブラウザーでhttp://myiis2016demo03.japaneast.azurecontainer.io（URLはAzureポータルでリソースの［概要］ページで確認できます）にアクセスすると、IISの既定のWebサイトが実行されていることを確認できます（画面5-20）。Windows Server 2016ベースのイメージはサイズが大きく、かつACIでWindowsコンテナーはHyper-V分離モードで実行されるため、スタートアップにしばらく時間がかかります。今回は15分程度かかりました。

動作確認が終わったら、次の2行のコマンドラインを実行することで、デプロイしたコンテナーと関連するリソースおよびリソースグループを削除し、完全にクリーンアップできます。

```
~$ az container delete --resource-group DockerDemo3 --name mywincontainergroup03 ↵
~$ az group delete --resource-group DockerDemo3 ↵
```

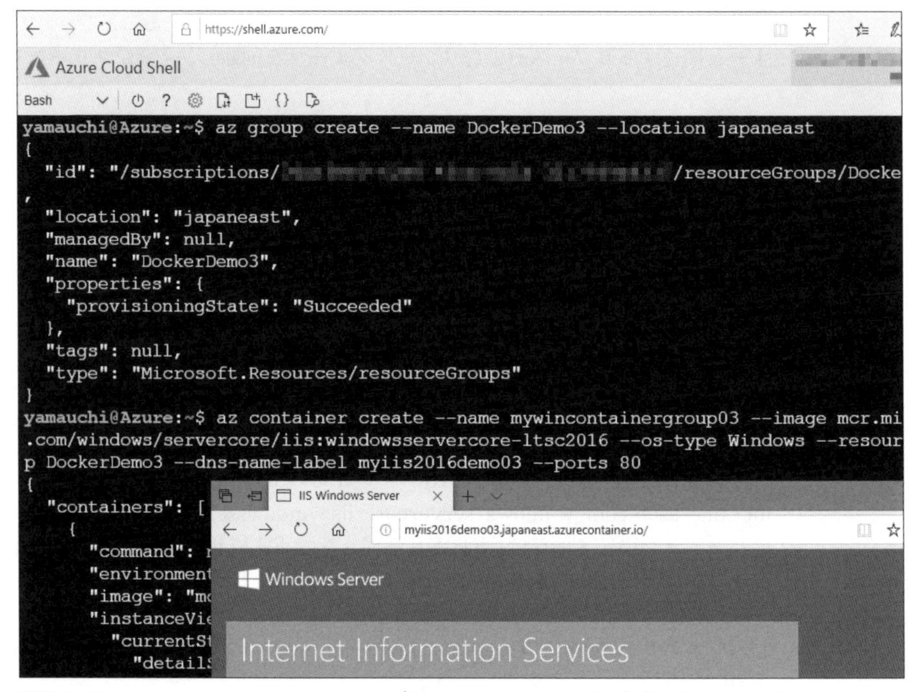

画面5-20 Windows Server IISのイメージをAzure CLIでACIにデプロイしたところ

メモ

Azure PowerShellとAzure CLIをローカルにインストールして使用するには

Azure PowerShell※1およびAzure CLIは、クロスプラットフォームのツールであり、Windows、Linux、macOSのローカルにインストールして使用できます。なお、ローカルのAzure PowerShellやAzure CLIを使用する場合は、**Connect-AzureRmAccount**（Azure PowerShellのAzure Rmモジュールの場合）や**Connect-AzAccount**（Azure PowerShellの新しいAzモジュールの場合）や**az login**（Azure CLIの場合）によるAzureへのサインイン操作が必要になります。Azure Cloud Shellを使用する場合はAzureポータルやAzure Cloud Shellアプリにサインイン済みであるため、改めてサインイン操作する必要はありません。

Azure PowerShellモジュールのインストール
https://docs.microsoft.com/ja-jp/powershell/azure/install-az-ps

Azure CLIのインストール
https://docs.microsoft.com/ja-jp/cli/azure/install-azure-cli

※1 Azure PowerShellの新しいAzモジュールが2018年12月にリリースされました。Azureの最新機能に対応するには、従来のAzureRmモジュールから新しいAzモジュールにできるだけ早く移行することが推奨されています。なお、Windows PowerShell 5.1にAzureRmモジュールとAzモジュールを同時にインストールすることはできません。AzureRmモジュールをアンインストールしてからAzモジュールをインストールします。Windows用のPowerShell Core 6以降を導入して、PowerShell Core環境にAzモジュールをインストールすることで、Windows PowerShell 5.1のAzureRmモジュールを維持することもできます。なお、Windows用のPowerShell Core 6以降では、AzureRmとAzモジュールの共存が可能です。

おわりに

本書のはじめに、「“Windows 10の最新のデスクトップ環境をDockerコンテナーで展開したい”あるいは“WindowsのデスクトップアプリをDockerコンテナーで提供したい”と期待しているなら、本書ではそのヒントは手に入れることはできません。」と書きました。最後に、なぜそれができないのかというヒントを示しておわりにしたいと思います。

WindowsコンテナーはGUIアプリケーションの表示を描画する場所も機能も備えていないため、GUIアプリケーションをWindowsコンテナーで実現することは不可能です。ニーズによっては、将来的にどうなるかわかりませんが、少なくとも現時点ではできません。

Dockerは、アプリケーションの開発と展開のスピードアップを図るため、主にクラウドアプリの開発現場で使用されます。WindowsかLinuxかに関係なく、デスクトップ環境で動作するGUIアプリケーションのコンテナー化は、アイデアとしては面白いですが、これまでは想定されていなかった利用方法です。Windowsコンテナーに限って言えば、IIS、.NET Framework、ASP.NETのアプリケーション実行環境を提供することが想定されています。.NET Core、ASP.NET Coreは、Windowsコンテナー（Nano Server）とLinuxコンテナーの両方に対応しています。

LinuxデスクトップのDocker環境では、X Window Systemの機能を利用してLinuxコンテナー内のアプリケーション（Xクライアント）をLinuxデスクトップ（Xサーバー）に表示させるという方法で、GUIアプリケーションをコンテナー化できるようです（Windowsユーザーは混乱するかもしれませんが、X Window Systemのクライアントとサーバーの関係は他の一般的なクライアント／サーバーシステムとは逆になります）。しかし、LinuxデスクトップのXサーバーに依存するため、これは真のコンテナー化とは言えないでしょう。

WindowsのGUIアプリケーションを実行してそのGUIを表示するには、ローカルコンソールやリモートデスクトップ接続（RDPプロコトルによる接続）に表示されるデスクトップが必要です。その他のリモートコントロールソフトウェアを使用する方法もありますが、ローカルコンソールにリモート接続する別の方法（VNCなどのプロトコル）を提供しているだけです。

Windowsコンテナーは、完全なゲストOSが稼働する仮想マシンとは異なり、完全なOS環境を提供するわけではありません。次の画面は、Windows Server Coreの1909バージョンのイメージをプロセス分離モードのWindowsコンテナーとして実行したものです。Remote Desktop Services（TermService）やServer（LanmanServer）、Windows Defender Firewall（MpsSvc）サービスが無効化されているか、機能しないことがわかるでしょう。コンテナーには認証（ユーザー名やパスワード）なしで管理者と同等の権限で接続することができ、ユーザーの資格情報はローカルユーザーとしては存在しないuser manager¥containeradministratorです。

```
C:¥>docker run -it --rm mcr.microsoft.com/windows/servercore:1909 powershell -NoLogo
PS C:¥> Start-Service "Remote Desktop Services"
Start-Service : Service 'Remote Desktop Services (TermService)' cannot be started due to the followin
start service TermService on computer '.'.
At line:1 char:1
+ Start-Service "Remote Desktop Services"
+ ~~~~~~~~~~~~~~~~~~~~~~~~~~~~~~~~~~~~~~~
    + CategoryInfo          : OpenError: (System.ServiceProcess.ServiceController:ServiceController) [
   ServiceCommandException
    + FullyQualifiedErrorId : CouldNotStartService,Microsoft.PowerShell.Commands.StartServiceCommand

PS C:¥>  (Get-Service "Remote Desktop Services").StartType
Disabled
PS C:¥>  (Get-Service "Server").StartType
Automatic
PS C:¥> Start-Service "Server"
Start-Service : Failed to start service 'Server (LanmanServer)'.
At line:1 char:1
+ Start-Service "Server"
+ ~~~~~~~~~~~~~~~~~~~~~~
    + CategoryInfo          : OpenError: (System.ServiceProcess.ServiceController:ServiceController) [
   ServiceCommandException
    + FullyQualifiedErrorId : StartServiceFailed,Microsoft.PowerShell.Commands.StartServiceCommand

PS C:¥>  (Get-Service "Windows Defender Firewall").StartType
Disabled
C:¥>whoami
user manager¥containeradministrator

C:¥>net user

User accounts for ¥¥

-------------------------------------------------------------------------------
Administrator            DefaultAccount           Guest
WDAGUtilityAccount
The command completed with one or more errors.
```

画面1：Windows Server CoreのWindowsコンテナーでは、リモートデスクトップサービスなどいくつかのサービスが無効化されているか、機能しない

画面2は、DockerのコンテナーホストでWindows SysinternalsのProcess Explorer（Procexp.exe）を実行し、コンテナー側で同じくWindows SysinternalsのPsList（Pslist.exe）を実行したものです（Windowsコンテナー内でWindows Sysinternalsのユーティリティを使用する場合は、**-accepteula**を指定してLicense Agreementウィンドウの画面出力を回避してください）。プロセス分離モードでWindowsコンテナーを起動すると、ホスト側に新しいwininit.exe（Windowsスタートアップアプリケーション）プロセスが作成され、コンテナー用のユーザー環境が準備されて、CExecSvc.exeの子／孫プロセスとしてコンテナーに指定したコマンドが実行されます。コンテナー側のPslist.exeの出力と比較すると、コンテナー用にホスト側で準備されたwininit.exeとその子／孫プロセスが一致しているのがわかるでしょう。ホスト側とコンテナー側でプロセスIDも一致しています。Hyper-V分離モードの場合はUtilityVMにwininit.exeのプロセスツリーが準備されますが、コンテナー側からは同様のプロセスツリーが見えます。

注目していただきたいのは、winlogon.exe（Windowsログオンアプリケーション）やdwm.exe（デスクトップウィンドウマネージャー）プロセスなど、重要なプロセスがコンテナー側には存在しないという点です。winlogon.exeプロセスは、ローカルの対話型ユーザーのログオンとログオフを担うもの、dwm.exeは可視ウィンドウの描画と合成を担うものです。つまり、コンテナー内のユーザー環境には対話的にログオンしたデスクトップの画面が存在しないのです。Windows Sysinternalsのpsloggedon.exeで確認すると、Windowsコンテナーのユーザー User Manager¥ContainerAdministratorのログオンの種類は、対話的（Interactive）ではなくサービス（Service）と報告されます。

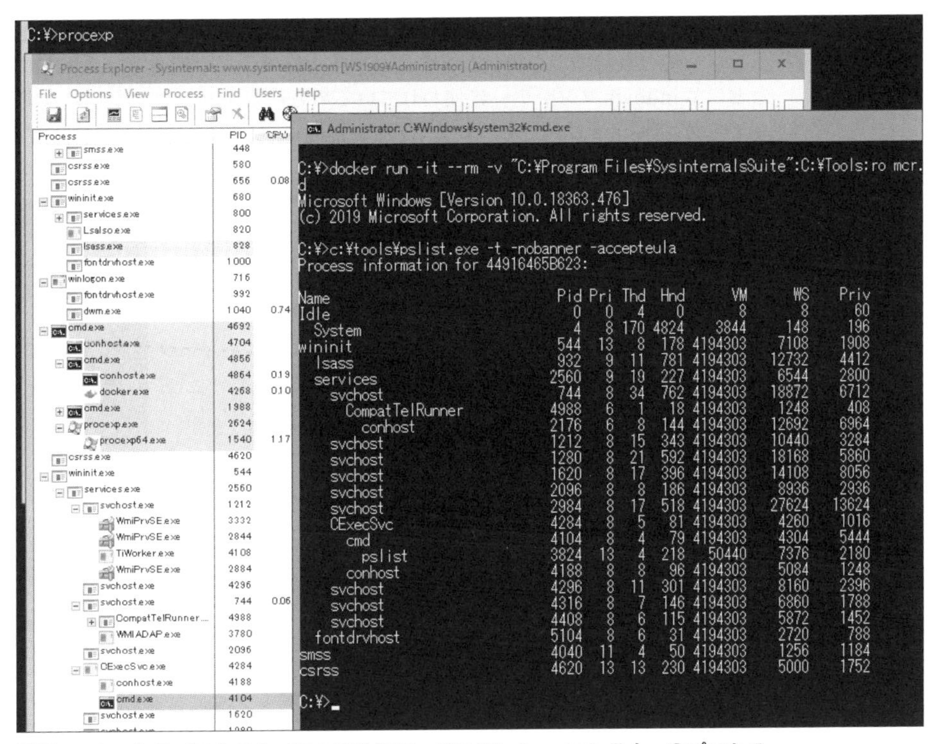

画面2：ホストのプロセスとプロセス分離モードのWindowsコンテナーのプロセス

Windows Server 2019（1809）およびWindows 10バージョン1809以降とDocker Engine 19.03以降の組み合わせにおいて、Windowsコンテナー内でGPUデバイスの使用がサポートされました。この新機能を聞いて、今後、GUIがサポートされるのではと期待しないでください。この新機能はDirectX APIのハードウェアアクセラレーションのサポートをコンテナー内で利用可能にするもので、機械学習（Machine Learning、ML）など、GPUを画像処理以外の用途に転用するGPUプログラミングに使用することが想定されています。

Bringing GPU acceleration to Windows containers
https://techcommunity.microsoft.com/t5/Containers/Bringing-GPU-acceleration-to-Windows-containers/ba-p/393939

このように、現状、WindowsコンテナーではGUIアプリケーションを提供することはできません。Dockerに対するGUIアプリケーション対応のニーズ（デスクトップアプリの配布やセキュリティの分離など）が高まれば、今後どうなるかわかりません。

しかし、Windows 10はセキュリティ境界の分離という目的で、別の方法でGUIアプリケーションのコンテナー化に既に対応しています。Windows 10 Enterpriseバージョン1709からはWindows Defender Application Guard（WDAG、バージョン1803からPro、バージョン1903からEducationでも利用可能）が、Windows 10バージョン1903（Homeを除く）からはWindowsサンドボックスが利用可能になっています。これらは仮想化ベースのセキュリティ（Virtualization-Based Security、VBS）というテクノロジに基づいたセキュリティ機能で、

WDAGはMicrosoft Edgeの隔離環境を、WindowsサンドボックスはWindows 10のデスクトップ全体の隔離環境を提供します。ファイルシステムの持ち方やネットワーク機能の提供などにWindowsコンテナーに使われているのと同じテクノロジが使われている可能性はありますが、Dockerは関与していません。

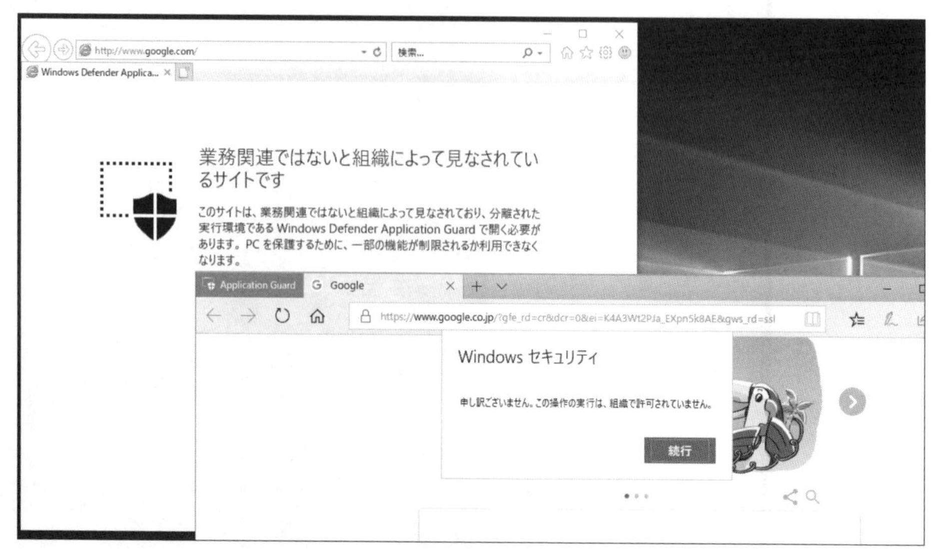

画面3：Windows Defender Application Guard（WDAG）は隔離されたブラウジング環境

画面4：Windows 10バージョン1903から利用可能になったWindowsサンドボックス

WDAGやWindowsサンドボックスはセキュリティ境界の分離を目的としたWindows 10のコンテナーテクノロジです。このほかに、Windows Subsystem for Linux（WSL）は

Windows上でLinuxのネイティブなバイナリを利用可能にする相互運用性を目的としたコンテナーテクノロジです。これにもDockerは関与していません。現在開発中のWSL 2（仮想化ベースのセキュリティの分離環境を利用してネイティブなLinuxカーネルの実行を可能とするテクノロジ）とDockerは関連性がありますが、Docker Desktopの現在のDockerDesktopVMの代わりにWSL 2で実行可能になるネイティブなLinuxカーネル環境を利用するというものであり（WSLのLinuxシェルにDocker CLIの環境を統合する機能もあります）、Windowsコンテナーに関係するものではありません。

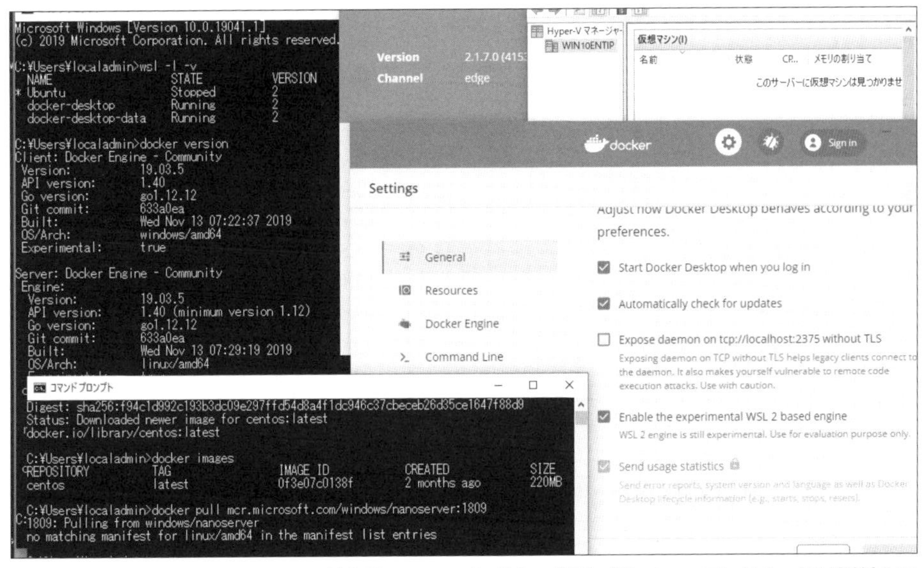

画面5：Docker DesktopのWSL 2対応は、Linuxコンテナー専用。Windowsコンテナーには関係ない

索　引

記号

A

B

C

D

E

F

G

H

I

K

L

M

N

O

P

R

S

T

U

V

W

Y

あ

か

さ

た

な

は

ま

ら

著者紹介

山内 和朗（やまうち かずお）

フリーランスのテクニカルライター。大手SIerのシステムエンジニア、IT専門誌の編集者、地方の中堅企業のシステム管理者を経て、2008年にフリーランスに。「山市良」の筆名でIT専門誌やIT系Webメディアへの寄稿、ITベンダーのWebコンテンツの制作、技術文書（ホワイトペーパー）の執筆、Windows系技術書の執筆や翻訳を行う。2008年10月から2019年までMicrosoft MVP - Cloud and Datacenter Management（旧カテゴリ：Hyper-V）を毎年受賞。岩手県花巻市在住。

■ 主な著書・訳書

『Windows Server 2016テクノロジ入門　改訂新版』（日経BP、2019年）
『Windowsトラブル解決コマンド＆テクニック集』（日経BP、2018年）
『インサイドWindows　第7版　上』（訳書、日経BP、2018年）
『Windows Sysinternals徹底解説　改訂新版』（訳書、日経BP、2017年）
『Windows Server 2016テクノロジ入門　完全版』（日経BP、2016年）
『Windows Server 2012 R2テクノロジ入門』（日経BP、2014年）
『Windows Server 2012テクノロジ入門』（日経BP、2012年）
『Windows Sysinternals徹底解説』（訳書、日経BP、2012年）
『Windows Server仮想化テクノロジ入門』（日経BP、2011年）
『Windows Server 2008 R2テクノロジ入門』（日経BP、2009年）

■ ブログ

山市良のえぬなんとかわーるど
https://yamanxworld.blogspot.com/

●本書についてのお問い合わせ方法、訂正情報、重要なお知らせについては、下記Webページをご参照ください。なお、本書の範囲を超えるご質問にはお答えできませんので、あらかじめご了承ください。

https://project.nikkeibp.co.jp/bnt/

●ソフトウェアの機能や操作方法に関するご質問は、ソフトウェア販売元または提供元の製品サポート窓口へお問い合わせください。

Windows版Docker & Windowsコンテナーテクノロジ入門

2020年 4 月 6 日　初版第1刷発行

著　　者　山内 和朗
発 行 者　村上 広樹
編　　集　生田目 千恵
発　　行　日経BP
　　　　　東京都港区虎ノ門4-3-12　〒105-8308
発　　売　日経BPマーケティング
　　　　　東京都港区虎ノ門4-3-12　〒105-8308
装　　丁　コミュニケーションアーツ株式会社
DTP制作　株式会社シンクス
印刷・製本　図書印刷株式会社

ISBN978-4-8222-8654-5　Printed in Japan